기독교문서선교회(Christian Literature Center: 약칭 CLC)는 1941년 영국 콜체스터에서 켄 아담스에 의해 시작되었으며 국제 본부는 미국 필라델피아에 있습니다.
국제 CLC는 59개 나라에서 180개의 본부를 두고, 약 650여 명의 선교사들이 이동 도서차량 40대를 이용하여 문서 보급에 힘쓰고 있으며 이메일 주문을 통해 130여 국으로 책을 공급하고 있습니다. 한국 CLC는 청교도적 복음주의 신학과 신앙 서적을 출판하는 문서선교기관으로서, 한 영혼이라도 구원되길 소망하면서 주님이 오시는 그날까지 최선을 다할 것입니다.

고대 근동 시리즈는 홍수 이후의 수메르 문명에서부터 페르시아가 멸망하는 기원전 331년까지를 주로 다루며, 기원전 27년 아우구스투스에 의해 로마제국이 시작되고 로마의 통치 아래 이스라엘 땅에서 예수님이 탄생한 내용까지 포함한다.

추천사 1

김 진 섭 박사
백석대학교 평생교육신학원 학장, 사) 이스라엘포럼 대표

유대인과 이스라엘에 대해 가장 관심이 많은 민족이 있다면 단연 한국인이다. 이는 이방인을 개로 여기는 유대인과 유대인을 돼지로 여기는 이방인 모두를 유일하신 "주(구약의 여호와[욜 2:32] = 신약의 예수님[롬 10:9, 13]) 예수(예슈아) 그리스도(마쉬아흐)"께서 십자가 안에서 '한 새사람'(엡 2:15)으로 만드신 주권적 섭리로 이해할 수 있을 것이다.

그 주권적 섭리는 다음과 같이 요약할 수 있다. 우리 인류에게 주신 믿음과 삶의 유일한 표준인 **오직 성경**(Sola Scriptura)은 그 기록 목적이 "**오직 예수 그리스도를 오직 믿음**(Sola Fide)으로만 구원을 받는다"는 복된 지혜를 주려는 데 있다(딤후 3:15). 이 복된 지혜는 하나님의 구원 역사의 전체 경륜에서 그 복의 대상인 유대인과 이방인이 본질상 공존이 불가능한 존재이나 십자가의 예수 그리스도 안에서 '한 새사람'이 된다는 점에서 밝히 드러난다.

그 뿌리가 바로 혈통적 지정학적 유대인의 조상인 아브라함이요 그 성취는 이미 아브라함 언약에서 예견되며 이스라엘과 인류 역사 속에서 "수단의 특정성"(네 안에서)과 "목표의 보편성"(땅의 모든 족속이 복을 받으리라")의 이중 구조로 오늘까지 이르게 된 것이다.

좀 더 구체적으로 말한다면 아브라함에게 약속하신 "너를 축복하는 자에게는 내가 복을 내리고 너를 저주하는 자에게는 내가 저주하리니 '땅의 모든 족속이 너로 말미암아 복을 얻을 것이라 하신지라"(창 12:3)라는 약속은 그 뒤 이삭(창 26:2-4), 야곱(창 28:13-15), 모세(출 3:6-8; 6:2-8)를 이어 신약에서 궁극적으로 "아브라함의 씨"인 메시아 예수님 안에서 온전히 성취된 것이다(갈 3:28-29).

또 그의 이름(예수)으로 죄 사함을 받게 하는 회개가 예루살렘에서 시작하여 모든 족속에게 전파될 것이 기록되었다(눅 24:47). 유대인이 지닌 선민의식은 "그 [성경]책의 백성, 기도의 백성, 선교의 백성"으로 특징 짓는다면, 한국 그리스도인 역시 약 140년 전 복음이 한국에 들어올 때부터 선교사들이 "한국 기독교는 성경 기독교, 기도 기독교, 선교 기독교"라고 세계에 알린 대로 유사한 선민의식을 가지고 있다.

이 특이한 하나님의 섭리를 염두에 두고, 최근 여러 형태로 유대인과 이스라엘에 대한 관심이 한국 사회와 교회에 상승되는 이러한 시점에서, 정연호 박사의 『유대교의 역사: 바리새파의 재발견』은 독자들에게 다음과 같은 유익들을 줄 것으로 기대하면서 추천사에 갈음하고자 한다.

첫째, 이 책은 번역서와 저서의 확연한 차이가 무엇인지를 잘 보여 준다. 번역서는 단순히 그 언어만 알아도 가능한 수준에서 번역자의 학문적 수준에 따른 '역자 주'를 첨가한 정도라면, 저서는 그 저자가 학습한 전문성, 그의 삶을 통한 인격 그리고 그 학문과 인격의 전제가 되는 신앙이 반드시 포함되기 때문이다. 바로 이런 점에서 정연호 박사를 오늘 여기까지 두루 훈련시키시고 소중하게 사용하시는 성삼위 하나님의 인도와 역사를 살펴볼 수 있다.

그는 '장로회신학대학교 예루살렘 성지연구소'의 현지 책임자로 파견되어 (1991.11.6), 히브리대학교(Hebrew University of Jerusalem)에서 히브리어로 쓴 "금송아지 우상 숭배의 죄에 대한 성경의 부정적 입장의 발흥"에 관한 논문으로 철학박사 학위를 받고, 예루살렘에 소재한 홀리랜드대학교(University of the Holy Land, UHL)의 교수(2005-)로서, 아세아 학생처장 및 대외협력 부총장의 보직으로 섬기면서, 구약학, 유대학, 성경지리학에 전문성을 두고 제자들을 양육하고 있는 한국 교회를 위한 중요한 영적 지도자이자 학자이다.

따라서 저자가 이 책에서 독자에게 전하려는 내용들은 필독 참고 문헌 선정까지라도 그의 구약성경과 신약성경에 미치는 유대학의 상관성에 대한 전문 학자로서의 숙고와 배려가 있음을 유의하고 정독해야 할 것이다.

둘째, 한국 그리스도인들이 가장 모르고 궁금해 하는 부분 중의 하나가 바로 구약이 종료되고 신약이 시작되는 제2성전 시대요 동시에 신약성경의 역사적, 지리적, 문화적 배경과 직접적 관련이 있는 "서기관, 바리새인, 사두개인, 하씨딤, 셀롯당원(Zealot), 에세네파(요세푸스, 『유대 고대사』 13.5.)와 그 지류로서의 쿰란 종파와 구약성경의 신약 인용(quotation), 인유(allusion), 반향(echo)에 대한 올바른 이해를 필요로 한다.

바로 이런 맥락에서 이 분야의 전문가가 집필한 이 필독서는 아브라함으로부터 그 기원을 찾는 유대교의 뿌리와 그 역사를 통시적으로 범주화하되 먼저 유대교의 정의와 함께 역사적 발전의 거시적 다섯 단계의 핵심적 요소들을 간결하고 적절하게 설명한다.

(1) 구약의 이스라엘 종교: 아브라함(창 18:19)-바벨론 포로
(2) 제2성전 시대 유대교(구약-신약 중간 시대)
(3) 유다 지파를 중심한 랍비 바리새파 유대교(A.D. 70~550)
(4) 유대인 게토(ghetto)와 자치(自治)
(5) 현 유대교(18세기~)

그리고 이를 지지하는 필수 참고 문헌들을 명료하게 제시함은 독자의 기초적 이해를 위해 매우 유익한 내용 구조로서 환영할 만하다.

셋째, 기독교와 유대교의 상관관계를 신약성경의 정황에서 분명하게 제시함으로써, 한국 그리스도인들이 어떻게 유대인과 이스라엘에 대해 '친교의 악수'(갈 2:9)를 열며, 더욱 깊어질 수 있는가에 대한 방향과 미래의 과제를 제시한다. 특별히 제5장 "에스라와 미드라쉬 그리고 성경"은 오늘 여기를 사는 이방인 그리스도인인 우리가 구약성경과 신약성경을 어떻게 올바로 읽을 것인가에 대한 값진 실천적 적용을 살피게 하는 핵심 부분이 된다.

먼저 "1. 유대인의 역사: 에스라에서 탈무드까지"에서 바리새파 유대교와 랍비 유대교의 역사를 간략히 재진술한 후에 "2. 바리새파와 미드라쉬"에서

그 해석 방법과 특징에 대해 상론한다. 먼저 유대교의 중심축이었던 바리새파가 성문 율법 뒤에 숨겨 두신 구전 율법을 찾아내는 '원문 해석'(미드라쉬)의 선조를 에스라로 삼는다(스 7:10, "여호와의 율법을 '연구하여'[다라쉬, שׁרד] 가르쳐 지키기로 결심하였다).

바벨론 포로 후기에 백성들이 성문 율법을 준행하는 삶이 가능하도록 에스라가 백성들에게 '해석'(미드라쉬)하여 가르치기 시작하면서 형성된 구전 율법은 모세 곧 하나님에게서 나왔다고 그들은 이해한다. 따라서 하나님의 기록된 말씀이 '해석'을 통해 현재화된다는 신학적 명제가 성립되었고, 구약성경의 바리새파의 미드라쉬적 해석을 통해 신약성경이 나올 수 있었고, 구약성경 자체가 영원한 진리이신 예수그리스도에 대한 증언이라는 신약성경의 말씀도 이런 맥락에서 이해하게 된다는 것이다.

바리새파 거두인 힐렐의 7가지 해석 방법과 그 특징을 신구약성경의 실례로써 상론하고, 이것이 후대에 "파르데스"(Pardes)라 불리우는 4개로 압축되거나, 탄나임 시대의 랍비 이스마엘에 의해 13개, 갈릴리 랍비 엘리에제르 벤 요세의 32개 해석법으로 확대되었음을 간략히 지적한다. 이 책의 제5장 "3. 바리새파와 예수 그리스도 그리고 신약성경"에서는 구체적인 6개의 신약 본문(마 2:17-18; 2:23; 3:3; 고전 10:1-2; 고후 3:13-16; 부활과 영생[출 3:6; 마 22:32=막 12:26=눅 20:37])에서 바리새파의 미드라쉬적 해석이 어떻게 적용되고 있는지 고찰한다.

끝으로 두 번째 결론에 해당하는 "4. 미드라쉬적 접근 1: 정경적 접근(Canonical Approach)에 대한 보완"은 저자 자신이 신학 교육을 받은 토양에서는 자연스러웠을 독일의 율리우스 벨하우젠(Julius Wellhausen, 1844~1918)의 문서설을 비롯한 각종 성경 비평학설의 폐해들을 지적하고 있다. 이에 더하여 구약성경과 신약성경의 저자는 성경이 명시하는 대로 성령 하나님이시라는(딤후 3:16; 벧후 1:21) 관점에서 보다 더 적극적이고 본격적인 연구가 계속되어야 한다고 본다. 그리고 두 번째 결론에 해당하는 "5. 미드라쉬적 접근 2: 21세기와 성경"은 저자와 더불어 같은 길을 걷는 모든 학자와 목회자가 한국 교회를 위해 짊어져야 할 과제를 제시하고 있다고 여겨진다.

추천사 2

이 정 숙 박사
횃불트리니티신학대학원대학교 교회사 교수, 5대 총장

그리스도인들에게 성경과 교회사는 필수과목이다. 성경을 통하여 하나님의 놀라운 구원을 이해하고 얼핏 세속사로만 보이는 인류의 역사를 하나님의 놀라운 섭리가 운행하는 교회사로 이해하고 나면 성경의 말씀을 현재의 시점에서 또한 내가 속한 현장에서 이해하게 되기 때문이다.

이 책의 저자는 '유대교 역사'의 과정을 꼼꼼하게 추적해 가며 성경이 말하는 하나님의 구원과 섭리를 드러내고 유대교가 보여 준 성경 해석의 원칙과 유연성의 문제를 다룬다. 이런 점에서 이 책은 성경과 교회사를 진지하게 생각하는 모든 사람에게 매우 유용한 교과서요, 기독교 교양 심화 서적이라 하겠다.

저자 정연호 박사는 성경학자로 예루살렘에 있는 홀리랜드대학교(University of the Holy Land, UHL)에서 15년간 교수로서 성경을 가르칠 뿐 아니라 유대인들과 유대교를 매일 매일 접하고 있는 이 분야 전문가이다. 그래서 예수님 당시 주요 등장 인물들, 즉 왕과 대제사장과 공회, 바리새인과 서기관, 사두개인과 열심당과 에세네파 등의 출현과 그 명멸의 과정을 역사적으로 일목요연하게 정리하는 데 특별히 바리새인들을 집중하고 있어 더 흥미롭다.

바리새인은 위선의 상징이지만 동시에 인간 의의 표상이기에 어떤 그리스도인도 쉽게 내칠 수 없는 인물이기 때문이리라. 오랜 기간 디아스포라로 살아온 저자가 고국의 교회와 그리스도인들에 대한 한없는 연민으로 이 글을 썼다는 것 또한 상당히 인상적이다.

그의 궁극적 관심은 "해석을 통한 성경 말씀의 현재화와 현장화"이다. 그는 한국 교회 주일 예배 대표 기도가 더 이상 "말씀대로 살지 못했다"는 침울한 기도가 아니라, "세상 속에서 주의 말씀대로 살 수 있도록 인도해 주신" 주님께 대한 감사와 기쁨의 고백"이 될 것을 기대하고 있다. 그렇게 하기 위해 "미드라쉬적 해석이 갖고 있는 신학적 창의성을 우리의 환경에 접목시킬 필요"가 있고 "인간의 역사적 환경의 제한성 때문에 야기된 말씀의 역사적 제한성은 재해석에 의해 역사적 공간과 시간을 뛰어 넘어 현재화"될 수 있다고 말한다.

이 '재해석의 능력'이야말로 오늘 한국 그리스도인들이 가장 관심을 가지고 배워야 할 분야이기에 이 책의 일독을 적극 추천한다.

추천사 3

최 인 식 박사
서울신학대학교 조직신학 교수

한국인으로 유대교를 폭넓고 깊이 있게 다룬 유대교 관련 책을 쉽게 찾아볼 수 없는 때에 정연호 박사께서 금번에 자신의 유대교 관련 책을 증보하여 출판하심을 진심으로 축하한다.

왜 유대교인가?

일반인에게는 현대 이스라엘의 세계관을 이해하는데 그들의 민족 종교를 이해함에 필수이기 때문이며, 기독교인에게는 예수, 바울, 요한, 베드로 등 신약성경의 주요 인물 혹은 저자들이 유대인이었기 때문이다. 무엇보다도 신구약성경의 주인공인 예수께서 유대교의 랍비였다는 사실, 그리고 신약성경의 절반을 쓴 바울은 유대교의 최고위 지도자층에 속해 있던 자였다는 사실은 기독교인에게 유대교 공부는 필수에 해당하는 것이라 말할 수 있다.

일반인들은 차치하더라도 기독교인들은 유대교를 얼마나 알고 있을까?

기독교인들에게는 '유대교' 하면, 아마도 대부분 '바리새인'을 떠올릴 것이며, '바리새인' 하면 '회칠한 무덤' 혹은 '독사의 새끼들' 혹은 '위선자' 혹은 '예수의 적대자' 등의 부정적 시각을 가지고 있는 것이 일반적일 것이다.

이러한 때, 저자는 유대교의 기원과 역사를 이스라엘 북·남왕국의 멸망으로부터 시작하여 랍비 유대교, 바리새파 유대교, 현대의 정통파, 개혁파, 보수파 유대교에 이르기까지 시대별로 계파별로 일괄정리해 놓음으로써 유대교의 흐름을 쉽게 파악할 수 있도록 하였다. 그 가운데 주요 인물들과 현대 이스라엘 안에서 유대교가 차지하는 영향력까지 소개해 줌으로써 유대교를 한층 더 입체적으로 이해하도록 돕고 있다. 무엇보다도 바리새파 유대교의 역사와 정치, 사회 문화 전반에 걸친 영향사를 밝혀 주고 있는데, 이는 신약성경의 배경을 이해하는데 귀중한 정보가 될 것이다.

신약성경 시대 이후 혹은 유대인들이 고국으로부터 추방당하고 나서 전 세계로 흩어진 후 유대교는 어떤 모습이었는가?

이에 대해 저자는 다섯 세대로 이루어진 '탄나임' 시대(A.D. 약 20년부터 200년까지), 미쉬나로부터 탈무드를 편찬한 '아모라임'(200-550) 시대의 유대교를 소개함으로써 유대사상의 발전상을 일견케 한다.

"기록된 말씀 이면에 감추어진 의미를 추구"하는 바리새파 유대교의 미드라쉬적 해석 전통이 신약성경에서 발견되고 있다고 하는 사실은 매우 중요한 성서 해석학적 관점을 제출한 것이다. 저서 후반부에 이 내용을 상술하고 있는데, 신약성경을 깊이 있게 해석하는데 도움이 될 것으로 사료된다.

성경의 형성 과정에서, 그리고 성경을 하나님의 말씀으로 믿고 해석하고 실천하는 오랜 역사 과정에서 그레코-로마식 전통과 히브리-유대식 전통은 불가분리의 두 축으로 인정되고 있다. 그러므로 양대 전통에 대한 균형 잡힌 이해는 특별히 성경 해석과 신학을 위해 필수적이다. 이러한 때에 정연호 교수의 이 책은 유대교 전통을 이해하는 데 현대 사회와 현대 교회에 크게 이바지할 것이 분명하다.

추천사 4

이 문 범 박사
『역사 지리로 보는 성경』 저자, 총신대학교 겸임교수

    성경 현장이 아니면 다루기 힘든 유대교의 발전사, 특히 바리새인에 대한 연구를 하신 이스라엘의 홀리랜드대학교(University of the Holy Land, UHL) 정연호 교수님의 『유대교의 역사: 바리새파의 재발견』은 신약성경의 역사와 배경을 아는데 필독서일 뿐 아니라 성경 해석에 새로운 관점을 제공하는 책이라 할 수 있다.
    로마 가톨릭은 개신교를 자신의 신앙을 지키며 '저항하는 자'라는 프로테스탄트라 불렀는데, 바리새인도 사두개파와 같은 반대 세력에서 '분리하는 자'라는 뜻의 '바리새파'라고 불렸다는 면에서 용어적인 공감을 가진다. 바리새파는 율법학자요 서기관인 에스라에서 시작된 경건주의자 하시딤의 후예로서 구약성경과 더불어 유대교의 양대 경전인 탈무드를 낳은 뿌리인 동시에 오늘날 모든 유대교파의 뿌리인 랍비 유대교의 원조이다. 이들의 미드라쉬적 성경 해석과 부활 및 영생사상은 신약성경과 기독교에 결정적인 영향을 미쳤다.
    예수님의 제자들은 한결같이 바리새파의 영향 아래에 있었고 사도 바울은 바리새파의 거두 가말라엘의 문하생이었다. 사두개파와 에세네파는 성전 멸망과 함께 사라졌지만, 바리새파에 의해 형성된 랍비 유대교는 정통파, 개혁파, 보수파 등 다양한 모습으로 갈라져 유대인의 정체성 형성의 근간이 되고 있음을 이 책을 통해 생생히 볼 수 있다. 또한, 독자는 이 책을 통해 예수님의 바리새파에 대한 비판은 바리새파에 대해 가장 많은 기대를 가지셨던 예수님의 애증(愛憎)적 표현임을 알 수 있을 것이다.

특히 이 책의 한 가지 매력이라면, 마지막에 유대교의 성경해석 방법이자 미쉬나와 탈무드를 낳은 미드라쉬적 해석을 소개하며 신약성경의 많은 부분이 미드라쉬적 성경 해석을 통해 나온 것임을 구체적 실례를 들어 설명하고 있다는 점이다.

저자이면서 내 사사(士師)이시기도 한 정연호 교수님은 한국 교회가 유대교를 반면교사로 삼아야 하는 동시에, 그들의 강점인 말씀 적용 능력을 배워야 한다고 호소한다. 그의 호소에는 특히 바리새인들의 변천을 보면서 현재 한국 교회의 위기를 극복해 가기를 간절히 바라는 마음이 담겨있다고 보여지며, 이는 로마서 10, 11장에 나오는 사도 바울의 마음이 아닐까 한다.

바리새파에 대해 아는 것은 구약에서 신약으로 이어지는 중간사를 아는 과정이며, 신약의 배경과 현대 이스라엘을 이해하는 길이기에 신약의 배경을 알기 원하는 분들에게 이 책을 강력히 추천한다.

유대교의 역사
바리새파의 재발견

Historical Process of Judaism
Written by YounHo Chung
All rights reserved.
Korean Edition Copyright ⓒ 2021 by Christian Literature Center, Seoul, Korea.

유대교의 역사: 바리새파의 재발견

2010년 5월 20일 초판 발행
2021년 5월 20일 개정증보판 발행

지 은 이 | 정연호

편　　집 | 구부회, 정희연
디 자 인 | 박성숙, 서민정
펴 낸 곳 | (사)기독교문서선교회
등　　록 | 제16-25호(1980.1.18.)
주　　소 | 서울특별시 서초구 방배로 68
전　　화 | 02-586-8761-3(본사) 031-942-8761(영업부)
팩　　스 | 02-523-0131(본사) 031-942-8763(영업부)
이 메 일 | clckor@gmail.com
홈페이지 | www.clcbook.com
송금계좌 | 기업은행 073-000308-04-020 (사)기독교문서선교회
일련번호 | 2021-39

ISBN 978-89-341-2279-1 (94230)
　　　 978-89-341-1768-1 (세트)

이 책의 저작권은 저자와 (사)기독교문서선교회가 소유합니다. 신저작권법에 의하여 한국 내에서 보호받는 저작물이므로 무단 전재와 무단 복제를 금합니다.

고대 근동 시리즈 34

유대교의 역사

바리새파의 재발견

정연호 지음

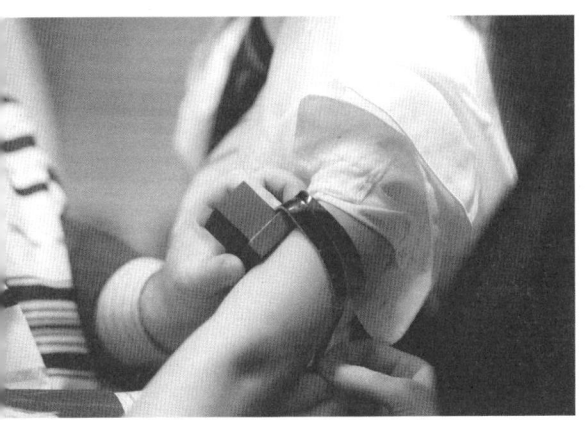

Historical Process of Judaism

CLC

목차

추천사 1_**김진섭 박사** | 백석대학교평생교육신학원 학장, 사) 이스라엘포럼 대표　　1
추천사 2_**이정숙 박사** | 횃불트리니티신학대학원대학교 교회사 교수, 5대 총장　　5
추천사 3_**최인식 박사** | 서울신학대학교 조직신학 교수　　7
추천사 4_**이문범 박사** | 『역사 지리로 보는 성경』저자, 총신대학교 겸임교수　　9

초판 서문　　16
개정증보판 서문　　18

제1장 유대교의 개념　　20
1. 유대교(유대이즘)란 무엇인가?　　20
2. 유대교의 기원과 역사　　21
3. 이스라엘 종교와 유대교　　22

제2장 바리새파 유대교와 오늘날의 유대교　　25
1. 바리새파 유대교　　26
2. 계몽주의와 유대교파: 정통파, 개혁파, 보수파　　27
3. 근대 시민 사회와 유대교　　28
4. 게토(ghetto)와 유대인 자치(autonomy)　　28
5. 유대인들의 게토에서의 해방과 유대교에 대한 도전　　30
6. 개혁파 유대교　　32
7. 보수파 유대교　　36
8. 정통파 유대교　　40
9. 현대 이스라엘과 유대교의 영향력　　45

제3장 바리새파 유대교: 제2성전 시대   **49**
1. 바리새파 유대교(Pharisaism)란?   49
2. 바리새파와 하씨딤   56
3. 바리새파 운동   60
4. 바리새파 출현의 종교적 정황   67
5. 바리새파의 영향력   70
6. 바리새파의 영향력의 시대별 고찰   73
7. 바리새파의 영향력의 평가   111

제4장 랍비 유대교(Rabbinical Judaism): 미쉬나와 탈무드 시대   **119**
1. 유대교의 경전과 학자들   119
2. 시대별로 본 유대교 학자들   120
3. 힐렐(Hillel)과 샤마이(Shammai): 미쉬나의 뿌리   121
4. 탄나임 (tannaim) 시대   127
5. 탄나임 학자들과 미쉬나(Mishnah, מִשְׁנָה)   158
6. 아모라임(Amoraim, אֲמוֹרָאִים) 학자들과 탈무드   162
7. 유대교 학자들과 학당   177

제5장 에스라와 미드라쉬 그리고 성경   **185**
1. 유대교의 역사: 에스라에서 탈무드까지   185
2. 바리새파와 미드라쉬   190
3. 바리새파와 예수 그리스도 그리고 신약성경   199
4. 미드라쉬적 접근1: 정경적 접근(Canonical Approach)에 대한 보완   210
5. 미드라쉬적 접근2: 21세기와 성경   223

참고 문헌   234

초판 서문

  역사 읽기는 지혜 찾기다. 영어로 history의 어원 자체가 지혜를 의미하는 원인도유럽어(Proto-Indo-European; *wid-tor*)에서 나왔다. 필자는 "유대교의 역사"에서 바리새파의 지혜를 찾고자 했다. 그래서 책의 부제를 "바리새파의 재발견"이라 붙였다.

  이 책을 좀 더 쉽게 읽는 길은 먼저 유대교의 개념에 대해 첫 부분만 조금 읽고, 바로 결론 부분, 제5장 "에스라와 미드라쉬 그리고 성경" 중에서 "1. 유대교의 역사: 에스라에서 탈무드까지"를 읽는 것이다. 탈무드는 바리새파의 지혜인 미드라쉬적 사고의 산물이다. 탈무드가 집대성되어 구약성경과 함께 랍비 유대교의 양대 경전으로 자리잡은 후, 크게 하나의 종파로 내려오다가 A.D. 17, 18세기의 계몽주의와 충돌하면서 개혁파, 보수파, 정통파 등으로 나뉘게 된다.

  에스라-서기관-바리새파-랍비 유대교의 흐름 속에서 오늘날 모든 유대교의 뿌리는 바리새파, 즉 에스라로부터 시작되는 유대교의 흐름은 제2성전 시대의 터널을 빠져 나오면서 바리새파 유대교로 수렴되고, 랍비 유대교로 승화되어 오늘에 이르고 있다. 결론 부분에서 바리새파의 지혜인 미드라쉬가 신약성경의 말씀과 기독교의 사상에 끼친 영향과 미드라쉬적 접근의 활용을 고찰해 보았다.

  이 책은 장로회신학대학교 예루살렘 성지연구소의 'Jerusalem Correspondence'에 매 주 한 편씩 실었던 글들과 홀리랜드대학교(University of Holy Land, UHL)에서 한 학기 강의 내용들을 중심으로 가다듬은 것이다. 이 책이 나오는데 직간접으로 지적 도움을 주신 선생님들이 계신다.

유대이즘에 대한 관심을 촉구해 주신 알렉스 로페(Alexander Rofé) 교수님, 제2성전 시대와 랍비 문헌의 지평을 열어 주신 M. 키스터(M. Kister), D. 슈바르츠(D. Schwartz) 교수님 그리고 수시로 대화하며 가르침을 준 친구이자, 베를린자유대학(Freie Universität) 유대학과 탈 일란(Tal Ilan) 교수님에게 감사드린다.

홀리랜드대학교 강의에 참여해 준 학생들에게 감사드린다. 끝으로 책의 출판을 제안해 주신 '한국성서학연구' 소장 장흥길 교수님께 감사드린다.

2009년 10월
유대력 새해 '로쉬 하샤냐'(ראש השנה)를 맞으며

· 일러 두기 ·
본문이나 각주에서 특별한 표시가 없는 한, 탈무드는 바벨론 탈무드를 의미한다.

개정증보판 서문

전 세계의 모든 나라와 민족에게 대재앙이 덮쳐서 살기 위한 대이동이 있게 될 경우 끝까지 살아 남을 족속이 있다면 어떤 민족이며 나라일까? 실제 B.C. 13세기 에게해 주변 지역에 대기근이 들어 민족들의 대이동이 있었고 수많은 족속이 사라진 적이 있었다. 유사한 대재앙이 있을 경우 육신적 생명을 유지할 뿐만 아니라 자신의 정체성을 잃지 않고 살아 남을 민족이 있다면, 나는 단연코 유대인이라고 말하고 싶다.

B.C. 722년에 동족 북이스라엘이 앗시리아에게 망하고, B.C. 586년에 남유다도 바벨론에게 망한다. B.C. 538년 바벨론 포로에서 귀환한 유대 지파의 사람들, 소위 유대인들에 의해 유대교가 시작된다. B.C. 6세기의 재앙으로 이들의 종교는 이전에 단순히 '동물 제사에 집착하던 이스라엘 종교(Israelite Religion)'에서 '연구하고 해석하는 유대교(Judaism)'로 바뀌게 만든다. 이들에게 A.D. 70년 또 다시 나라가 망하는 재앙이 닥쳤고 다시 나라가 서기까지는 근 2000년의 세월이 흘렀다.

무엇이 이들에게 그토록 긴 방랑의 세월에도 민족 정체성을 잃지 않게 하였고, 나라까지 되찾게 한 원동력이 되었는가?

10년 전 필자는 어떤 상황에서도 유대인을 유대인이 되게 한 원동력과 지혜가 유대교에 있음을 알고, 그 형성 과정을 살펴보고자 하였다. 이런 관심에서 이 책이 처음 출판된 지 11년이 지났다. 필자가 몸담고 있는 홀리랜드 대학교(University of the Holy Land, UHL)에서 연구와 강의를 거듭하게 되면서 오탈자(誤脫字)를 비롯한 내용상의 부족한 부분을 발견하게 되었고 이에 개정증보판을 출간하게 되었다.

이번 책에서 개정증보된 내용은 먼저 현대 이스라엘의 변화에 따라 크게 유대교의 개혁파, 보수파, 정통파에 어떤 변화가 있게 되었는지를 살펴보았다. 그리고 구약성경과 함께 유대교의 양대 경전이 되는 탈무드를 낳은 기반이 되었던 성경 해석의 원칙, 즉 미드라쉬 해석 원칙을 좀 더 자세하게 설명하고 신약성경에서 이러한 미드라쉬 해석이 어떻게 적용되고 있는지를 좀 더 자세하게 다루었다.

개정증보판을 기꺼이 수락해 주신 기독교문서선교회(CLC) 대표 박영호 목사님과 수고해 주신 편집진에게 진심으로 감사드리며, 바쁜 와중에도 원고 교정에 정성을 기울여 주신 김진섭 박사께도 심심한 감사를 드린다.

2020년 9월 19일
에렙 로쉬 하샤나(ערב ראש השנה)
예루살렘 프렌치힐 연구실에서

제1장

유대교의 개념

1. 유대교(유대이즘)란 무엇인가?

유대교는 유대인의 야훼 하나님에 대한 유일 신앙 체계이다. 중심 경전은 구약성경과 탈무드이다. 구약성경에는 유대이즘(히브리어 '야하둣' יהדות)이란 단어가 나타나지 않는다. 마카비하와 에스더서의 미드라쉬인 에스더 랍바(Esther Rabbah) 7:11에 처음 나타난다. 헬라화한 유대인들이 종교적이고 민족적 개념을 뜻하는 '유다이모스'(Ιουδαιμοσ)란 헬라어를 사용하기 시작한 데서 비롯된 것으로 보인다.[1]

유대이즘이 '종교적 개념이냐, 민족적 개념이냐, 아니면 양자를 포함하는 개념이냐'에 대해 학자들 간에 논쟁이 있으나, 양자를 포함하는 개념, 즉 종교 제의적 측면뿐만 아니라, 유대인의 전반적 '삶의 방식' 내지 '문화'를 포괄하는 개념이라고 보는 것이 적절할 것이다.[2]

유대이즘은 유대인의 삶의 모든 측면, 심지어 오늘날 세속적인 유대인의 삶까지도 포함하는 개념이라서 유대인의 세세한 삶과 관계된 개념이다. 달리 말하면 유대이즘은 유대인의 역사요 종교요 삶 자체이다. 그러나 일반적으로 유대이즘에 관한 학문적인 관심, 즉 유대학(Jewish Studies)의

1　G. Wigoder (ed.), *The New Encyclopedia of Judaism* (New York: New York University Press, 2002), 432.
2　C. E. Hayes, *The Emergence of Judaism* (Westport, CT: Greenwood Press, 2007), xiii참조.

관심은 히브리 성경과 랍비 문헌—미쉬나(מִשְׁנָה)[3] 탈무드 등—연구 및 그에 따른 종교적인 측면에 집중되고 있다. 이 경우에 유대이즘은 전적으로 유대교의 종교 체제를 일컫는 용어가 될 것이다.[4]

2. 유대교의 기원과 역사

유대이즘의 기원은 아브라함에게로 거슬러 올라간다. 유대 전승에 따르면 독자적으로 그리고 처음으로 유일 신앙 개념에 도달한 자가 아브라함이라고 한다.

> 내가 그로 그 자식과 권속에게 명하여 여호와의 도를 지켜 의와 공도를 행하게 하려고 그를 택하였나니 (창 18:19).

아브라함에서 시작된 유대이즘의 역사는 아브라함을 비롯한 족장들을 거쳐 야곱의 후손들이 겪는 애굽에서의 종살이로 이어진다. 이들의 출애굽과 시내산에서의 언약과 토라 수여, 가나안 정복과 사사시대에 이어 통일왕국과 솔로몬 성전으로 시작된 제1성전 시대는 분열왕국이 B.C. 586년 바벨론에 망하면서 끝이 난다.

B.C. 538년 바벨론 포로에서 돌아온 귀환민들이 B.C. 515년 스룹바벨 성전을 봉헌하면서 시작된 제2성전 시대는 유일한 주권 독립 국가였던 하스모니안 왕가 시대(B.C. 142-63년)가 저물고 A.D. 70년 성전이 파괴되면

---

[3] 후술하겠지만 "미쉬나"(מִשְׁנָה)란 용어는 '반복하다'라는 뜻을 지닌 히브리어 동사 '샤나'(shana, שָׁנָה)에서 나왔다. 미쉬나는 구전 율법을 집대성한 책으로서 A.D. 200년경 유다 하-나시가 그 전까지의 구전 율법을 체계적으로 편집하였다. 미쉬나에 대해 해석을 덧붙인 것을 "게마라"라고 하며, 미쉬나와 게마라를 합친 것이 "탈무드"이다.

[4] J. Neusner, *The Talmud: Introduction and Reader* (Atlanta, GA: Scholars Press, 1995), 13 참조.

서 종국을 맞는다. 그 후 유대인들은 전세계로 흩어지게 되는데, 특히 서방 세계에 많은 유대 공동체를 형성하게 된다.

이들은 서방의 반유대주의에 의해 수많은 박해를 받게 되고, 그 박해의 절정으로 나타난 홀로코스트(나치의 600만 학살)라는 극심한 고난의 터널을 거쳐 결국 1948년 이스라엘 국가를 재창건하게 된다. 아브라함에 의해 시작된 야훼 신앙의 종교적 모습은 바벨론 포로 이전의 이스라엘 종교와 포로 이후의 유대교로 나타난다.

3. 이스라엘 종교와 유대교

그러면 이스라엘 종교(Israelite Religion)와 유대교(Judaism)는 표현상 어떤 차이가 내포되어 있는가?

이스라엘 종교와 유대교의 차이에 관한 이해를 위해 이스라엘 12지파의 역사적 운명에 관한 이해가 먼저 필요하다.

1) 남북 왕국의 멸망과 이스라엘 종교의 변화

B.C. 922년 솔로몬을 끝으로 통일왕국이 끝나고 이스라엘 12지파는 남·북왕국으로 갈린다. 10지파는 북왕국에 속하고, 2지파(유다와 베냐민 지파)는 남왕국에 속하게 되었다. 북왕국은 B.C. 722년 앗시리아에 망하고 아시리아 제국의 여러 나라로 이주된 이래로 회복되지 않았고 돌아오지 못했으며 사실상 사라져 버렸다.[5]

---

[5] 왕하 17:6; 18:11에 의하면 에브라임 등 북왕국 거민들이 사로잡혀 이주된 곳이 고산 강가의 '할라', '하볼' 그리고 메대의 여러 성읍들이었다. 이런 지명들에 대한 정확한 동일시가 어렵지만 대략 이들이 흩어진 곳이 오늘날의 아프카니스탄과 파키스탄 그리고 인도 등이었던 것으로 추정한다. 특히 아프간과 파키스탄 지역에 사는 파탄(Pathan)

남왕국 역시 B.C. 586년 바벨론에 의해 망했으나 B.C. 538년 바벨론 포로에서 귀환하게 된다. 귀환한 유대 지파 사람들이 B.C. 515년 성전을 재건하면서 재개된 종교가 유대교이다. 바벨론 포로 후기에 유다 지파는 12지파를 대표하는 것으로 간주되며 이들은 나중에 '유대인'(히브리어 '예후디' יהודי, 영어로 '쥬' Jew)으로 불린다.[6]

한 마디로 유대교는 12지파 중 북왕국의 멸망(B.C. 722년)과 함께 사라져 버린 10지파를 제외한 유다(Judah) 지파 중심의 종교를 일컫는다. 따라서 유대교는 제2성전 시대(B.C. 515년-A.D. 70년; 에스라 6:15 참조) 이후의 유대인의 삶과 역사와 종교를 일컫는 개념이라고 볼 것이다.[7]

족을 열 지파'(lost 10 tribes)의 선조로 보는 연구가 있다. 파탄족의 인구는 아프간에 6-7백 만명, 파키스탄에 7-8백 만명 정도가 살고 있으며, 현재 모두 무슬림이다. 이들이 사라진 10지파의 후예라고 보는 주장에 관해 다음의 소책자를 참고하라: Rabbi A. Avihail and A. Biran, *The Lost Tribes in Assiria* (Jerusalem: Amishave, 1985). 한편 인도의 마니푸르(Manipur) 지역에 있는 '추라찬드푸르' (Churachandpur)'라는 곳에 유대교의 관습들(안식일 준수 등)을 지키며 자신들을 '므낫세 자손'(브네이 므낫세 בני מנשה)으로 주장하는 인도인들이 약 15년 전에 발견되어 지금까지 약 4,000명이 이스라엘로의 '알리야' (עלייה '귀환'을 의미)가 허락되었다.

[6] B.C. 538년 바벨론 포로에서 돌아 유대 지파 사람들은 "온 이스라엘"을 가리키는 것으로 나타난다. 에스라 2:70 "이에 제사장들과 레위 사람들과 백성 몇과 노래하는 자들과 문지기들과 느디님 사람들이 그 본성들에 거하고 **온 이스라엘**(히브리어로 '콜 이스라엘' **כל ישראל** *한글 성경에는 **이스라엘 무리**로 번역되어 있음)도 그 본성들에 거하였느니라"(스 2:70). "유다=온 이스라엘"에 관한 예는 대하 11:3; 12:1; 24:5; 28:23; 29:24에도 나타난다.

[7] 이스라엘 자체를 하나의 종교 내지 신앙 공동체라고 볼 경우에, C. E. Hayes는 '이스라엘 종교'를 '성경의 이스라엘'(Biblcial Israel)로 '유대이즘'을 '제2성전 시대의 유대이즘'(Second Temple Judaism)으로 구분하고 있다. 전자는 왕과 예언자들에 의해 인도되는 지파 사회(tribal society)이며, 출생이나 흡수에 의해 구성원의 자격을 갖게 되는 종교 공동체라면, 후자는 왕정이 사라지고 예언자들의 활동이 묵시적 환상에 의해 대치되며, 출생 외에 개종 절차에 의해서도 공동체의 구성원이 될 수 있는 종교 공동체였다- C. E. Hayes, *The Emergence of Judaism* (Westport, CT: Greenwood Press, 2007), 43-56. 참조.

2) 유대교와 랍비 유대교

유대교는 제2성전을 봉헌한 B.C. 515년 이래로 유다 지파 중심의 종교를 일컫는다. 이스라엘 종교와 구별되는 유대교의 특징은 회당과 구전 율법의 존재이다. 바벨론 포로기에 생겨났다고 보여지는 비공식적인 회당이 성전과 함께 존재하게 되었다. 그리고 성문 율법에 대한 해석의 결과로 생겨난 구전 율법이 존재하게 되었다.

이러한 유대교를 좀 더 좁게 정의하면 A.D. 70년 제2성전이 파괴되고 랍비들에 의해 구체화되기 시작한 '랍비 유대교'(Rabbinic Judaism)다. A.D. 70년 성전이 파괴되면서 사두개파, 에세네파, 열심당파가 사라지고 바리새파만 살아 남는다. 바리새파의 지도자는 성문 율법의 해석자인 서기관 내지 율법학자였으며, 이들은 랍비로 불렸다. A.D. 70년 이후로 유대교는 바리새파(Pharisaic Judaism)를 중심으로 랍비 유대교가 된 것이다. 유대교의 주된 특징은 성문 율법 외에 구전 율법을 인정하는 것이다.

'구전 율법'이란(시내산에서 부여받은) 성문 율법에 대한 서기관 내지 랍비의 해석들이 법적 권위를 부여받아, '하나의 법'으로 자리잡게 된 일종의 '해석법'이며 이를 '할라카'라고 한다. 신약성경에서 예수님이 "장로들의 유전"(마 15:2)이라고 칭하신 것이 바로 '할라카'이다.

안식일 준수를 위해 안식일에는 2천 규빗(약 900미터) 이상으로 걸을 수 없다든지,[8] 음식규정(코세르) 중에 고기와 우유를 함께 먹을 수 없다는 규정이 성문 율법에 대한 해석으로 나온 '할라카'이며 구전 율법이다. 구전 율법을 편함한 것이 '미쉬나'이며, '미쉬나'에 해석을 덧붙인 것이 '게마라'이며, '미쉬나'와 '게마라'를 함께 편집한 것이 '탈무드'이다.

---

[8] 행 1:12의 "안식일에 가기 알맞은 길"이란 표현은 당시에 안식일에 걸어갈 수 있는 거리의 한계 규정(할라카)이 있었음을 전제하고 있다.

제2장

바리새파 유대교와 오늘날의 유대교

요세푸스에 의하면 B.C. 2세기 중엽에 유대 사회에는 세개의 주류 종파가 있었다. 사두개파, 바리새파, 에세네파가 그것이다. 사두개파는 구전 율법의 법적 권위를 부인한 반면, 바리새파는 구전 율법의 법적 권위를 절대적으로 인정했다.

사두개파는 A.D. 70년 제2성전(헤롯 성전)의 파괴와 함께 사라지고, 자연히 유대교의 명맥은 바리새파에 의해 이어지게 된다. 따라서 오늘날의 유대교의 모든 종파의 뿌리는 바리새파 유대교이다. 즉 오늘날 유대교에는 다양한 파가 있지만, 그 모든 파가 기본적으로는 성문 율법과 함께 구전 율법이 하나님으로부터 직접 기원한다는 것을 전제하는 바리새파 유대교에 그 뿌리를 두고 있다.

그래서 오늘날 유대교는 종파에 관계없이 공통적인 경전은 성경과 구전 율법의 집대성인 탈무드이다. 단지 시대 상황에 따라 그 '할라카'들에 대한 해석과 적용 시각의 차이에 따라, 정통파, 개혁파, 보수파와 함께 A.D. 12세기에 일어난 대표적인 신비종파인 카발라로 나뉘어질 뿐이다.

1. 바리새파 유대교

유대교의 기원은 아브라함이다. 그러나 엄격한 의미에서 유대교는 단어 자체가 말해 주듯이, 유다(Judah) 지파에서 비롯된 랍비 유대교(Rabbinic Judaism)를 말한다.[1]

랍비 유대교는 성문 율법 외에 구전 율법을 중요시한다. 그래서 전술한 바와 같이 랍비 유대교는 성경(구약성경)과 구전 율법의 집대성인 탈무드가 주된 경전이다. 좀 더 구체적으로 들어 가면 랍비 유대교는 구전 율법의 권위를 모세에게 소급시키는 바리새파에 그 뿌리를 두고 있다.

역사적으로 A.D. 70년에 제2성전(헤롯 성전)이 파괴되면서 성문 율법과 성전 중심이었던 사두개파 및 극단적인 에세네파와 열심당파가 사라지면서, 4개 종파 중 유일하게 살아 남은 바리새파에 의해 유대교의 명맥이 이어지게 되었다.[2] 따라서 오늘날 모든 유대교의 종파는 그 뿌리를 바리새파

---

[1] 랍비 유대교는 시기적으로 제2성전이 파괴된 A.D. 70년 이후로 바리새파의 랍비들에 의해 주도되어진 유대교를 의미하며 탈무드가 편집된 A.D. 550년 경에 기본 골격이 완성되었다고 볼 수 있다. 이에 관해 C. E. Hayes, *The Emergence of Judaism*, 57-70 참조할 것.

[2] A.D. 70년 이후 바리새파가 랍비 유대교 구축에 주축을 이루었음에 관해 다음의 글들을 참고하라: W. D. Davies, *The Setting of the Sermon on the Mount* (Cambridge: Cambridge University Press, 1964), 259-86; J. Neusner, "Pharisaic-Rabbinic Judaism: A Clarification", *Early Rabbinic Judaism* (Leiden: Brill, 1975), 50-70; idem, "Formation of Rabbinic Judaism: Yavneh (Jamnia) from A.D. 70 to 100", *Aufstieg und Niedergang der römischen Welt* II, 19.2 (ed. H. Temporinin and W. Haas; Berlin: de Gruyter, 1979), 3-42; G. F. Moore, *Judaism in the First Centuries of the Christian Era* vol.1 (Peabody: Hendrickson, 1997), 85-86. Neusner에 의하면 랍비 유대교(Rabbinsm)는 서기관을 중심한 바리새주의의 자연적인 발전이다 A.D. 70년 이전의 랍비 유대교의 뿌리로서 바리새파의 자료는 A.D. 200년경 편집된 미쉬나에서 371개의 자료(이야기, 말씀, 비유 등)가 발견된다. J. Neusner, "Mr. Sanders' Pharisees and Mine: A Response to E. P. Sanders, *Jewish Law from Jesus to Mishnesh*", *Scottish Journal of Theology*. Vol.44 (1991), 78. 이에 이의를 제기하는 주장에 관해 P. Sigal, *The Emergence of Contemporary Judaism I: The Foundation of Judaism from Biblical Origins to the Sixth Century AD* (2 vols.; Pittsburgh: Pickwick, 1980), v.1.377-413, v.2. 1-23을 보라. 78.

유대교에 두고 있는 셈이다. 오늘날 유대교는 크게 정통파, 개혁파, 보수파로 나뉘어 진다.

2. 계몽주의와 유대교파: 정통파, 개혁파, 보수파

유대교의 정통파(Orthodoxy), 개혁파(Reform Judaism), 보수파(Conservative Judaism)는 유럽에서 계몽주의의 발흥 및 유럽의 유대인들에 대한 시민권 부여와 함께 대두된 개념이다. 계몽주의가 발흥되고 유럽의 유대인들에 대한 시민권이 부여되는 18세기 이전에는 정통파, 개혁파, 보수파란 개념 자체가 없었다. 즉, 18세기 이전에는 B.C. 5세기 이래로 시대를 거쳐 랍비들에 발전되어 온 고전적인 랍비 유대교(Rabbinic Judaism)가 있었을 뿐이다.

계몽주의는 유대인들을 해방시키는 기폭제가 되었다. 구체적으로는 1776년 미국의 독립 선언, 1789년의 프랑스혁명에서 인종과 종교를 초월한 인권 선언의 영향으로 유대인들도 게토(ghetto)에서 해방되어 근대 사회의 일원이 될 수 있는 지위를 부여받게 된다. 개혁파는 새로운 근대 시민 사회에서 살아갈 때, 전통적인 유대인의 예배와 삶의 방식을 시대착오적인 것으로 보았다.

그들은 새로운 기도서를 만들고, 예배에 오르간을 도입하며, 여권을 신장하고 예배시에 남녀의 좌석 구분[3]을 없앴으며, 엄격한 음식 규정(코쉐르/코셔 כושר)을 완화하는 등 예배와 실제 삶에 엄격하게 규율되었던 전통적인 랍비 유대교의 할라카들을 개혁하게 된다. 이러한 움직임에 반대하는 입장이 정통파이며, 개혁파와 같은 입장을 취하다가 개혁파의 개혁이 너무 극단적(예를 들어 축제장에서 코세르가 아닌 음식을 사용하는 것 등)으로 흐

---

3   정통파에서는 예배시에 남녀 좌석이 구별된다. 흔히 남자는 아래층, 여자는 2층에 올라간다. 그러나 개혁파와 보수파에서는 함께 섞여서 앉는다.

르는 것에 반대해 나온 것이 보수파이다. 보수파는 정통파와 개혁파의 중간적인 입장에 서 있다.

3. 근대 시민 사회와 유대교

게토(ghetto)에서 나온 유럽의 유대인들에게 시민권이 부여되면서 이들은 새로운 도전에 직면하게 된다. 게토 안에 있던 유대인의 절대적인 삶의 기준은 전통적인 랍비 유대교의 가치관이었다.

그러나 게토 밖으로 나온 그들에게 전통적인 랍비 유대교의 가치관과 근대 사회의 문화 및 가치관은 충돌할 수밖에 없었다. 근대 사회의 일원으로 흡수되었으나 전통적인 유대교의 가치관과 새로운 근대 사회의 가치관 사이에서 갈등하던 유대인들 중 일부는 개혁파 유대교(Reformed Judaism)를 주창하게 된다.

그러면 유대인들에게 시민권이 부여되기 이전, 즉 18세기 이전의 유럽의 유대인들의 삶의 정황은 어떠했는가?

4. 게토(ghetto)와 유대인 자치(autonomy)

유대인들이 유럽에서 본격적으로 거주하게 된 때는 A.D. 70년 제2성전(헤롯 성전)이 파괴된 이후라고 볼 수 있다. 로마에 의해 성전이 파괴되고 나라가 유린되자 이들은 전 세계로 흩어지게 된다(소위 디아스포라).[4]

---

[4] 여기서 유대인들의 디아스포라고 할 때, 이는 북왕국이 B.C. 722년 아시리아에 의해 멸망하면서 사라져 버린 열 지파를 제외한 유다 지파 (베냐민 지파 포함)의 흩어짐을 의미한다. B.C. 586년 바벨론에 의해 남 유다 왕국이 멸망하면서 유대인들의 디아스포라는 시작된다. 유대인들은 크게 바벨론 지역, 이집트 지역, 유럽 지역, 아프리카 지역으로 흩

이스라엘은 북서 방향으로는 유럽, 남쪽으로는 북아프리카, 동북쪽으로는 중동의 여러 나라와 아시아 그리고 서쪽으로는 지중해 사이에 끼여 있는 땅이다. 자연히 이들은 동서남북 사방, 곧 유럽과 북아프리카 그리고 중동의 여러 나라(심지어 중국, 인도까지)로 흩어지게 된다. 그 중에서도 특히 많은 유대인이 흩어져 살게 된 곳이 유럽 여러 나라이다. 이들은 유럽의 여러 나라에서 2등 국민으로 살게 되며, A.D. 313년 기독교가 공인된 이래로 기독교화된 국가와 교회로부터 많은 핍박을 받게 된다. 십자군 전쟁(1096-1291년) 때 이들은 십자군에 의해 남자는 죽임을 당하고 여자는 겁탈을 당한다.

1179년에 열린 제3차 라테란 공의회는 "유대인들을 격리된 구역에 살게 한다"라는 결정을 내리게 된다. 예수를 죽인 유대교와 유대인을 악으로 규정하고 이들을 그리스도인들로부터 격리시켜야 한다는 것이 주된 논조였다. 14세기 유럽에 만연하게 된 페스트의 원인을 유대인들에게 돌리게 되면서, 14, 15세기에는 유럽 전역에서 유대인들에 대한 강제 격리 정책이 실시되었다.

유대인들에 대한 강제 격리 구역에 대한 대명사인 게토(ghetto)[5]라는 명칭은 1516년 베네치아에서 처음으로 쓰기 시작했다. 벽으로 둘러싸인 게토에는 대문이 있었는데, 밤이나 교회 절기가 있는 기간에는 대문을 잠구었다. 게토 내에서 질서와 공공의 삶은 자치로 이루어졌다. 랍비들로 구성

어져서 디아스포라 공동체를 형성하게 된다. 먼저 B.C. 586년 바벨론에 포로로 잡혀 간 이들과 이집트로 도망간 유대인들이 각각 바벨론 지역과 이집트 지역에 자리를 잡았다 (엘리판틴 문서를 기준으로 볼 때는 B.C. 7세기 므낫세 왕 시대까지 거슬러 올라간다). 알렉산더의 대정복(B.C. 335- 323년)과 헬레니즘 전파의 영향으로 유대인들은 옛 페르시아지역과 유럽 지역으로 분산된다. 아프리카의 유대인들은 자신들을 솔로몬과 시바 여왕의 후손으로 보고 있다. 이집트 지역에서는 알렉산드리아 유대 공동체가 그 인구 수와 힘에 있어서 막강하였다. 요세푸스는 출애굽을 근거로, 원래 이들이 이집트인들이었기 때문이라는 재미있는 해석을 내리고 있다(『유대 고대사』, 14.7.2,118).

[5] 게토에 관한 자세한 설명은 *Encyclopedia Judaica 7* (Jerusalem: Keter Publishing House, 1971), 542-46 참조.

된 지도부가 공동체 내의 재판권까지 갖고 있었다. 그래서 어떤 의미에서 중세 유럽을 거쳐 오면서 게토는 유대인을 억압하는 장치였으나, 유대인 측에서 보면 A.D. 70년 이후로 존속되어 온 바리새파 유대교를 보존하고 발전시켜 온 안전 장치이기도 했던 셈이다.

5. 유대인들의 게토에서의 해방과 유대교에 대한 도전

종교와 인종을 초월한 인간평등권을 주창한 계몽주의에 바탕한 근대 시민혁명―1789년 프랑스혁명 등―은 유대인들을 게토에서 해방시킴과 아울러 근대 국가의 시민권을 부여한다. 개혁 교회의 사상 역시 유대인의 해방에 일조하였다. 16세기 종교개혁 이후 유럽의 각국은 교회와 국가를 구분하는 개혁 교회의 사상에 영향을 받아 유대인들을 게토로부터 해방시키게 된 것이다. 이러한 유대인 해방의 기운이 있을 즈음에, 게토안의 유대인들 간에는 논쟁이 있게 된다.

유대인들이 이방인들과 동일한 사회의 일원이 되어서는 안된다는 주장과 유대인들에게 이 기회는 유익하며 그들이 사는 나라에 기여하는 생산적인 시민이 될 수 있다는 주장이 충돌하게 된 것이다. 전자의 입장에 선 자들은 게토에서의 해방이 결국 유대인들의 동화로 끝날 것이라고 하면서, 그 실례로 멘델스존을 내세웠다.

멘델스존은 유대인 해방의 선구자로서 어린 시절 게토에서 나와 프러시아 제국의 가장 존경받는 지식인이 된 자였다. 그런데 그가 살아 생전에 전통적인 유대인으로 남아 있었다고는 하나, 그의 후손들 중 대부분이 기독교로 개종해 버렸던 것이다.

여하간에 그들의 논쟁과 상관없이 이미 1789년 프랑스혁명의 성공과 더불어 유대 공동체의 자치는 폐지되었고, 1791년에는 시민권을 부여 받는다. 1806년에 나폴레옹은 프랑스의 명사회(名士會)를 소집한다. 유대인들에게 프랑스 국가에 대한 충성과 유대교에 대한 헌신 사이에 있을 수 있는 갈등의 문제들을 다루기 위해서였다. 프랑스 명사회는 유대교의 랍비 지도부는 오직 영적 문제만을 다루게 될 것이란 대답을 내놓았다.[6]

1807년에 유대교의 "대 산헤드린"을 소집하여, 명사회가 제시한 대답들을 확인한 나폴레옹은, 랍비들이 더 이상 시민생활과 법적 문제에 대해 사법권이 없으며, 유대인은 더 이상 자신들을 분리된 민족으로 간주하지 않으며, 그들이 거주하는 국가를 떠나 시온으로 돌아가기를 희망하지 않을 것이라는 확신을 갖게 된다. 프랑스혁명과 나폴레옹 군대는 전 유럽에 걸쳐 평등과 시민권 사상을 퍼트리게 된다. 예를 들어 이태리에서 나폴레옹 군대는 지역 주민 및 유대인들과 함께 열정적으로 게토의 문을 없애 버렸다.

유대인 해방의 과정은 나폴레옹의 패배와 함께 다소 후퇴하는 듯했으나, 이미 거역할 수 없는 운동으로 퍼져 나아갔으며, 1870년대에 사실상 중부와 서부 유럽의 모든 유대인은 게토에서 해방되어 근대 사회의 일원이 된다.[7] 이는 유대인들의 삶에 막대한 영향을 끼치게 된다.

이들은 크게 두 가지 측면에서 도전을 받게 된다.

첫째, 유대인들이 기독교인들과 함께 살게 되면서 기독교 문화를 수용해야 하는 도전에 직면하게 된 것이다. 그 결과 기독교 문화와 동화 내지는 유대 공동체로부터의 이탈, 나아가서는 기독교로의 개종이라는 현상이 나타나게 되었다.

둘째, 신앙과 삶의 실제를 이성과 합리주의에 기초해야 한다는 도전이었다. 개혁파 유대교(Reform Judaism)는 바로 이러한 합리주의 도전 앞에서 전통적인 유대인의 사고와 삶의 방식을 시대착오적인 것으로 받아들인 유대인들에 의해 시작되었다.

---

[6] B. Martin, *A History of Judaism II* (New York: Basic Books, 1974), 206.
[7] Ibid., 208-9.

한편 북아프리카나 중동 일대(예멘 등)의 무슬림 국가의 경우에는 20세기 초까지 계몽주의의 영향을 거의 받지 않았기에, 이들 국가로 흩어졌던 유대인들에게는 서구의 유대인들과 달리 전통적인 랍비 유대교의 가치관에 대한 도전이 없었다.

6. 개혁파 유대교

프랑스혁명이 유대인 해방과 유대교의 개혁파 운동의 시작을 알리는 신호탄이었다면, 유대교 개혁파 운동이 발화되는 지점은 독일이었다. 독일은 신학과 철학의 영역에서 뛰어났던 점 외에도, 당시 종교적 다원주의를 허용하는 분위기가 있었기 때문이다.

1) 개혁의 시작

유대교의 개혁파 운동은 신앙과 삶을 이성과 합리주의에 기초해야 한다는 자각과 주장에서 비롯되었다. 이 운동의 선구자는 독일 함부르크 출신의 멘델스존(Moses Mendelssohn, 1729-1786)[8] —<한 여름밤의 꿈> 등을 작곡한 낭만파 음악가 야콥 멘델스존의 조부—이다. 그는 정통 유대인으로 남아 있었다고 하지만, 개혁파 유대교가 태동할 수 있는 분위기를 창출해 낸 사람이었기 때문이다. 그에 의하면 유대교의 가르침들이 이성에서 나왔기 때문에 그 성격상 우주적이며, 유대교는 계몽주의의 사상과 양립할 수 있다. 그는 유대인들에게 전통적인 랍비들의 사상을 넘어서는 관점을 갖도

---

8   그는 가난한 토라 서기관(필사가)의 아들로 태어나서 전통적인 유대 교육을 받고, 10대에는 전통적인 유대교인으로 머물러 있었으나, 20대와 30대에는 독일 문학과 철학 세계로 들어가면서 신앙과 이성의 조화를 모색하기 시작한다. Ibid., 192-94.

록 격려했으며, 랍비적인 사고의 틀을 넘어서는 가치 교육을 권장했다.[9]

멘델스존이 죽은 지 3년 후에 일어난 프랑스혁명과 더불어 유대인들은 게토에서 해방되어 시민권을 부여 받고, 근대 시민사회의 일원이 된다. 이런 상황에서 시온으로 돌아가기를 간구하거나, 희생제사 의 부활을 기원하는 기도문은 더 이상 불필요한 것으로 느껴졌고, 독일어가 모국어가 된 독일의 유대인들에게 히브리어로 기도한다는 것 또한 부적절하게 보였다. 그래서 전통적인 기도서를 새롭게 수정하고, 고대의 히브리 영창을 유럽의 음악으로 대치하고, 오르간을 도입하는 등 예배 스타일의 외적 개혁을 하게 된다. 그러나 이는 개혁의 작은 서곡에 불과하였다.

2) 아브라함 가이거

개혁은 예배 스타일의 외적 치장에 만족하지 않았다. 아브라함 가이거(Abraham Geiger, 1810-1874)는 새로운 시대에 걸맞는 유대교의 근본 원칙이 필요하다고 주창하게 된다.[10]

역사를 연구하면서 그는 유대교는 계속적인 발전 과정에 있다고 확신하게 된다. 그는 멘델스존이 유대교 전통에 대해 공개적으로 언급하기를 꺼려 했던 것을 대담하게 선포했다. 과거로부터 전승되어 온 일단의 강령들과 규범들이 영구적인 타당성을 갖는 게 아니다. 모든 것은 발전 과정의 일부이며, 이는 유대인들이 윤리적 일신사상을 고백하는 전거(典據)인 탈무드뿐만 아니라, 성경에서도 식별이 될 수 있는 것이다. 그는 6세기에 탈무드를 고정시킴으로써 유대교는 생명없는 율법주의로 전락하기 시작했다고 주장하고, 개혁파의 주된 임무는 이를 소생시키는 것이라고 하였다.[11]

---

9   Ibid., 194.
10 그는 정통 유대교 가문에서 태어나서 청소년기에 집중적인 탈무드 교육을 받았다. 19세에 하이델베르크 대학과 본 대학에서 고전 철학과 동양어를 공부하면서, 역사와 성경 연구에 과학적인 접근을 하기 시작한다—Ibid., 236 참조.
11 Ibid., 238.

3) 미국의 고전적인 개혁파

독일에서 발화된 유대교 개혁파가 그 세력을 확장시킨 곳은 미국이다. 미국은 개혁파 운동이 확산되기에 좋은 여건을 지녔다. 교회와 국가의 분리 그리고 종교적인 이유에서의 차별 금지가 헌법상 보장되어 있었고, 교회에 특권을 부여하는 뿌리 깊은 전통도 없었다.

미국에서 유대교 개혁파를 선도한 그룹은 독일에서 이민 온 유대인들이었다. 볼티모어에서 1842년에 '하르 시나이'('시내산'이란 뜻), 뉴욕에서는 1845년에 '임마누엘'이란 이름의 개혁파 회당이 설립되었다.[12]

독일의 개혁파 운동을 주도한 자가 아브라함 가이거(Abraham Geiger)라면, 미국에서의 이 운동의 주도자는 이삭 마이어 와이즈(Isaac Mayer Wise, 1819-1900)였다. 그는 1846년에 보헤미아에서 이주한 사람이다. 그는 유대교를 이성적이고, 우주적이며, 발전적인 역사의 종교가 되기를 희망하고, 민족주의적 종교에 머물어 있어서는 안된다고 주장했다. 그리고 유대인을 비유대인과 구별짓게 하는 모든 제의나 의식을 벗어 버려야 한다고 주장했다.[13]

1857년에 와이즈는 전통적인 기도집에서 시온으로 돌아가기를 소망하는 기도나, 성전 재건을 희구하는 기도 등을 삭제해 버린 새로운 기도문을 출판하게 되는데, 이는 1885년 피츠버그에서 열린 개혁파의 반시오니즘(anti-Zionism) 선언의 기초가 되었다. 1875년에 개혁파 유대교신학교 히브루유니온대학(Hebrew Union College)이 설립되었다. 이 대학은 특별한 신학적 입장을 취하는 것을 거부하였다. 초대학장으로 취임한 와이즈는 모든 미국 유대인 공동체 종파에 관계없이 랍비를 양성하는 것을 희망한다고 선언했다.

와이즈는 1883년 안수식 파티에서 '조개, 새우, 개구리 다리, 아이스 크림'(고기와 우유를 함께 먹지 못하는 규정에 어긋남) 등 전통적인 유대교의 음식

---

12 Ibid., 290.
13 Ibid., 294-5.

규정에 위반되는 음식을 내놓았다. 이로 인해 음식 규정(코쉐르/코셔כּוֹשֵׁר) 을 준수하던 자들이 개혁파 연합을 떠나게 된다.

1885년 피츠버그에서 열린 랍비대회에서 채택된 강령은 미국 개혁파 유대교의 공인된 입장으로 인정받게 된다.

> 우리는 지성의 우주적인 문화를 소유한 이 시대에 만민 중에 진리, 정의 그리고 평화의 왕국의 실현을 위해 나아갈 것을 인식하며, 유대교에서 이성의 공리들과 조화되기를 애쓰는 진보적인 종교의 존재를 인정한다.

피츠버그 강령은 개개 유대인이 지켜야 할 모든 종교적 의무 규정들(할라카)을 폐지하는 쪽으로 나가게 했다.[14] 따라서 개혁파의 종교적인 삶은 랍비의 설교가 핵심이 되는 공적 예배에 집중되었고, 회당의 건물은 강단이 중심이 되게끔 디자인 되었다. 그리고 유대인 종교 교육은 주일학교로 충분하다고 보았다. 이런 스타일이 때로 미국식의 '고전적인 개혁파 유대교'라고 불렸고, 미국에 이민온 독일계 유대인들의 대표적 형태가 되었다.

4) 고전적인 개혁파의 변화

이 고전적인 개혁파의 급진적인 성격은 19세기 후반에 보수적인 경향의 동유럽 출신 유대인들이 대거 미국으로 이주해 오면서 상당히 완화된다. 히브루유니온대학의 학생 중 많은 수가 동구에서 온 학생들로 채워지고, 점점 동부 유럽의 이민자들이 개혁파 회당에 가담하게 될 수록 개혁파 회당의 분위기도 다소 보수적인 경향으로 변화되었다. 또한, 제1차 세계대전으로 인한 1930년대의 경제적 위기 등과 함께 세계사에 대한 낙관주의가 수그러들면서 개혁파의 분위기가 반전된다.

---

14 N. Gilman, *Conservative Judaism* (West Orange, NJ: Behrman House, 1993), 27.

이러한 경향은 피츠버그 강령을 수정하는 쪽으로 나아가게 한다. 결국, 1937년에 '미국 개혁파 랍비 중앙 대회'에서 콜럼비아 강령을 채택하는 결과를 가져왔다. 새로운 선언(콜럼비아 강령)과 옛 선언(피츠버그) 사이에 눈에 띄는 차이는 시온주의(Zionism)로의 회귀이다. 다시 말해, 이스라엘의 회복을 시대착오적인 것으로 보았던 반시온주의(anti-Zionism)에서 시온주의(Zionism)로 되돌아 온 것이다. 또한, 전통적인 음식규정(코쉐르/코셔 כושר)과 안식일을 준수하는 전통주의자(traditionist)들[15]과도 공존하는 분위기를 이루고 있다.

1963년에 문을 연 히브루유니온대학의 예루살렘 분교 학생들을 보면 키파를 쓴 학생들도 볼 수 있는데, 이들은 의식적인 면에서 전통주의자임을 보여 주는 것이다. 그래서 오늘날 개혁파(Reform)는 자유주의(Liberal), 진보주의(Progressive), 재건주의(Reconstructionism) 등과 유사한 신학적 색채를 지니고 이들과 '세계 진보 유대교 연합'(World Union for Progressive Judaism)이란 단체를 형성하고 있다.

7. 보수파 유대교

1) 보수파의 배경

유대교의 보수파(Conservative Judaism)는 개혁파와 정통파 사이의 중도적 입장을 취한다. 18세기의 계몽주의의 영향하에 개혁파(Reform)는 의식(儀式)과 관련된 계명(할라카)들—대체로 할례, 안식일, 음식규정 그리고 정결의식 등—을 시대에 맞지 않는 것으로 폐기 처분했다. 기도시에 히브리어 사용을 중지하며, 유대교의 우주적인 성격을 강조하여 민족적 특성을

---

15 히브리어로 '마소레팀'(מסורתים)이라고 불린다.

거부하는 방향으로 나갔다.

이에 반해 정통파(Orthodoxy)는 이성과 합리주의에 바탕한 비평적이고 학문적인 접근을 거부하고 엄격한 할라카 준수를 주창하였다. 이와 같은 개혁파와 보수파의 대립적인 입장을 지양(持揚)하면서, 보수파는 유기적인 변혁과 통합이라는 유연한 입장을 취하고 있다.

2) 자카리야스 프랑켈

보수파의 원조는 개혁파의 실질적 원조라고 할 수 있는 아브라함 가이거의 동료, 자카리야스 프랑켈(Zacharias Frankel, 1801-1875)이다.[16] 프라하에서 태어난 그는 부다페스트에서 전통적인 유대 교육과 철학 및 언어학을 수학했다.

1854년에 독일 브레슬라우(Breslau)의 유대교신학교(Judisch Theologische Seminar, 미국 뉴욕의 JTS [Jewish Theological Seminary] 전신)의 학장으로 취임한 그는 유대교의 중도 입장의 대변자가 된다. 그는 유대인과 유대인의 전통은 유대교의 중심이 되어야 한다는 입장에 서서, 할라카의 준수를 지지하는 한편 폐기를 주장하는 개혁파와는 달리 시대적 필요에 따라 수정되어야 함을 주장하였다.

정통파와 달리 유대교를 역사 과정의 산물로 보면서 이에 대한 비평적 연구 방법론을 수용할 수 있다는 입장을 취했다. 또한, 개혁파의 입장과 달리, 정치적 시오니즘이 나타나기 이전에 있었던 '시온으로의 귀환'과 '유대국가 재건'에 관한 유대인들의 민족적 열망을 옹호하였다.

---

[16] 프랑켈에 관한 자세한 내용은 N. Gilman, *Conservative Judaism*, 18-21, 29-31 참조.

3) 미국의 보수파

이러한 입장이 미국에 들어와서는 1886년에 문을 연 유대교신학교(JTS: Jewish Theological Seminary)를 중심으로 전승 발전된다. 미국의 보수파는 처음에 가장 소수의 그룹이었지만, 전통적인 유대교의 가치관과 서구의 합리주의 가치관을 조화시키는 노력에 성공하면서 미국내 유대교파 중에서 가장 큰 교파로 성장하게 된다. 이는 1902년에 JTS의 학장으로 취임한 솔로몬 쉐흐터(Solomon Schechter)의 공헌을 빼 놓을 수 없다.[17]

그는 유대교의 전통을 준수하는 입장에 서서 온건한 정통파를 포함하는 전통적인 유대인 그룹들을 모두 끌어 안고자 하는 동시에, 보수파의 학문적 기반을 구축하여 JTS를 서구 세계에서 유대교학 연구의 중심 기관으로 만들고자 했다. 이러한 통전적인 입장을 취한 덕분에 보수파는 정통파를 떠났으나 개혁파의 급진적인 성격에 낯설어 하는 동부 유럽 출신 유대인들을 대거 흡수하는 포용력을 지니게 되었다.

오늘날, 미국 보수파내에는 정통파에 가까운 전통적인 입장에서부터 개혁파와 거의 구분이 안 될 정도의 급진적인 입장에 이르기까지 다양한 신학적, 이념적 추세가 공존하고 있다.

4) 보수파의 중도적 입장

유대교의 정통파, 개혁파, 보수파의 특징을 쉽게 이해하기 위한 한 예를 들어 보자.

안식일에 자동차를 운전할 수 있는가?

안식일에는 불의 사용이 금지된다(출 35:3 참조). 그런데 자동차는 불의 힘으로 움직인다. 정통파의 할라카에 의하면 안식일의 자동차 운전은 당

---

[17] B. Martin, *A History of Judaism II*, 4012-4 참조.

연히 절대 엄금 사항이다. 그러나 시대적 상황을 중시하는 개혁파에 의하면 허용이 된다. 안식일에 자동차 운전금지 규례를 준수하는 것보다 차를 몰고 회당가서 예배드리는 것이 더 중요하다고 본다는 것이다. 그런데 보수파의 입장이 걸작이다. 예루살렘 보수파 회당 랍비인 아담 프랑크(Adam Frank)에 따르면 "이론상으로는 안된다. … 그러나 …."

유대교의 정통파와 개혁파의 관계는 구심력과 원심력의 작용 원리에 견줄 수 있을 것이다. 전통을 철저히 고수하겠다는 정통파를 구심력에 견준다면, 시대의 추세에 따라 변화를 추구하는 개혁파를 원심력에 비길 수 있을 것이고, 양자의 힘을 결합시키려는 그룹이 보수파라고 하겠다.

5) 보수파의 매력: 전통과 변화의 조화

전통과 변화를 조화시키려는 노력은 창조적 긴장을 유발한다. 이는 보수파의 매력이며 1980년대 중반까지 미국의 많은 유대인―정통파와 개혁파의 배경을 지녔던―을 흡인하는 원동력이 되었다. 개혁파의 급진적인 성격에 대해 거부감을 갖게 된 일부의 개혁파에 의해 시작된 게 보수파다. 이들은 기본적으로 시대적 추이에 따른 변화를 추구하지만, 그 변화를 전통과 조화시키려 하거나 변화의 속도를 낮춘다. 예를 들어 여성 랍비의 배출이 미국의 개혁파에서는 1972년에 이루어진 반면에 보수파에서는 1985년에 이루어졌다.[18]

그런데 전통과 변화의 조화를 추구하는 보수파의 입장은 장점인 동시에 약점이 될 수 있었다. 1980년대 중반부터 정통파와 개혁파가 다소 방향의 수정을 가할 때, 보수파가 약화되기 시작하였다. 즉 정통파 역시 미국의 분위기에 어느 정도 적응하게 되고, 개혁파에도 보수적인 동구권 유대인들의 유입과 함께 다소 전통적인 분위기가 가미되면서, 보수파의 점유 비

---

[18] G. Wigoder (ed.), *The New Encyclopedia of Judaism*, 183.

율이 하락했다는 점이다. 현재 미국의 회당 참여 유대인 약 290만 중에서 약 40퍼센트 정도가 보수파이다.

6) 이스라엘의 보수파

한편 이스라엘에서는 개혁파와 마찬가지로 보수파의 세력이 미미한 편이다. 결혼, 장례, 개종 등 시민 생활과 관련된 모든 의례가 정통파 랍비에 의해 주재되어야만 법적인 효력을 지니며, 회당 예배에서 남녀 좌석이 구분되고, 회당에서의 기도회는 10명이 모여야 이루어지는데 여성은 그 숫자에 포함되지 않으며, 여성이 회당 예배의 인도자(토라 낭송, 영창 인도자 등)로 참여할 수 없다. 이런 절대 보수적인 분위기 때문에 북미 출신의 개혁파와 보수파 유대인들이 이스라엘로 이민을 오는 비율이 매우 낮은 편이다.

1970년대에 이르러서야 이스라엘에서 보수파 운동이 시작되었고, 그나마도 1980년대 이전에는 그 활동이 미미하였다. 이스라엘에서는 1972년 미국에서 이민 온 유대인들에 의해 처음 예루살렘의 아그론가(Agron street)에 보수파 회당이 설립되었다. 이 회당의 예배 분위기는 매우 밝고 특히 여성의 영창 인도가 탁월하다. 때로는 개신교 여성 목사를 설교자로 세우기도 한다.

8. 정통파 유대교

유대교의 정통파(Orthodox)는 18세기 계몽주의의 영향하에 태동된 유대교 개혁파(Reformed Judaism)의 사상과 신앙 노선에 반대하는 그룹이다. 달리 말하면, 유대교 정통파란 세기를 거치면서 랍비들에 의해 발전되어 온 고전적 랍비 유대교(Classical Rabbinic Judaism)가 18세기에 이르러 개혁파에 의해 도전을 받게 되자, 이를 수호하고자 하는 자들에게 붙여진 개념이다.

이 점에서, 정통파 유대교는 고전 랍비 유대교와 그 내용상 동의어라고 할 수 있다.

한편 소극적인 의미에서의 정통파란, 자신들만이 유대 전통의 유일한 합법적 보지자(保持者)로 간주하면서, 다른 모든 현대의 유대교파(개혁파, 보수파, 재건파 등)를 비합법적 이탈 그룹으로 규정하는 그룹을 일컫는다.

1) 정통파: 개혁파에 대한 대항

갓 쓰고 도포차림으로 서울 명동거리를 활보하는 건 부자연스러울 밖에 없을 거다. 게토에서 해방되어 근대 시민사회로 들어 선 중·서부 유럽의 유대인들이 그랬다. 게토에서 그들만의 전통에 따른 전통적인 복장과 관습들은 근대 시민 사회 생활에 부담스러울 수밖에 없었다. 전통적인 예배 양식 또한 미적으로나 지적인 면에서 고리타분하다. 이 모든 걸 개혁해 보자는 사람들이 생겨나기 마련이다. 소위 개혁파의 시작이다. 이들에 의해 전통적인 예배 의식(儀式)과 관습에 대한 변혁이 추진된다.

이러한 변혁의 물결과 더불어 개혁파에 의해 유대교의 근본적인 할라카 규정, 예를 들어 음식규정 및 안식일 준수와 같은 근본적인 의무 규정들─들도 도전을 받았다. 이러한 변화는 18세기 후반에 전통을 고수하고자 하는 자들─소위 정통파─의 대항을 불러 일으키게 된다.

2) 초정통파와 신정통파

그러나 유대 개혁파와 계몽주의자들의 다양한 도전에 어떻게 대처할 것인가하는 방법론 문제에 있어서 정통파 내에서도 일치를 보지 못하였다. 일부 그룹은 계몽주의적인 가치들을 일체 부인하며 개혁파의 출교를 선언했다. 신앙인들은 자신들이 세상과 더욱 격리해서 살아야 한다고 주장했다. 이런 입장이 경건 공동체 사람들(하씨딤)과 제1차 세계대전 전까지 유대인 해방의 효력이 미치지 못했던 동부 유럽 유대인들에게 큰 지지를 받았다. 또한, 종교적인 관점에서 시오니즘 운동에 반대하는 일부 정통파(예를 들어 '네투레이 카르타') 역시 이러한 입장에 서 있다.[19]

이런 입장의 정통파를 초정통파(Ultra-Orthodox)로 부른다. 다른 한편으로 계몽주의와 개혁파의 주장의 위험성을 알면서도 현대 사회의 가치들의 유효성을 인식하고, 그러한 가치들을 다소나마 전통적인 유대교의 틀안에 편입시키고자 애쓴 그룹들이 있는데, 이들이 바로 서구에서 현대 정통파 내지 "중도" 정통파의 모체가 된 "신정통파"(Neo-Orthodoxy)이다.

3) 정통파의 기본 입장

정통파들이 갖고 있는 기본적인 종교적 입장은 다음과 같다.

첫째, 유대 율법 및 전통적인 히브리 의식(儀式)과 전례(典禮)의 엄격한 준수
둘째, 성경에 대한 비평적 접근 금지
셋째, 안식일과 축제 때의 예배에 오르간 사용금지
넷째, 회당에서의 남녀 좌석의 구분 등.

4) 하레딤 (초정통파)

사시사철 검은 모자, 검은 양복 차림을 한 유대인들이 있다. 소위 초정통파(Ultra Orthodox)라 불리는 사라들이다. 히브리어로 이들을 '하레딤'(חֲרֵדִים)이라고 부른다. '[하나님을] 두려워하는 자' 혹은 '[하나님을] 경

---

[19] 메시아의 이스라엘 회복을 기다리는 일부 초정통파 그룹은 시오니즘 운동을 인본주의적인 이스라엘 회복운동으로 간주하여 거부하였다

외하는 자'라는 뜻의 히브리어 '하레드'(חָרֵד)[20]의 복수다. 보통 '종교인' 이란 뜻을 지닌 '다티'(דָתִי)라는 말로 불리기기도 한다. 한국 사람들-성지 순례객들-중에서 이들을 '랍비' 혹은 '하씨딤'(חֲסִידִים)이라고 부르는 사람들이 있는데, 이들 중에 랍비와 하씨딤이 포함되어 있으니 아주 틀린 말은 아닐 것이다.

그런데 '하레딤'은 모두가—랍비나 평신도 관계없이—동일하게 검은 양복, 모자를 착용한다. '하씨딤'은 18세기 우크라이나의 포돌리아(Podolia)에서 시작된 '경건파'를 지칭하며, '하레딤'의 한 파에 불과하다.[21] 그러므로 검은 옷과 모자를 착용했다고 이 사람들을 '랍비' 내지 '하씨딤'이라고 부르는 것은 정확하지 않다. 그 중에 랍비는 일부에 불과하다. 왜냐하면, '하씨딤'이 '하레딤(초정통파)'이기는 하나, '하레딤(초정통파)'이 전부 '하씨딤'은 아니기 때문이다.

5) 하레딤 그룹들

우선 '하레딤' 즉 '초정통파 유대인들'은 '아쉬케나짐' 하레딤과 '세파라딤' 하레딤으로 나뉜다. '아쉬케나짐'이란 자신들의 뿌리를 중세 초기에 북부와 중서부 유럽에 걸쳐 정착했던 유대인들에게 두고 있는 자들이다. 오늘날 이베리아 반도 출신을 제외한 유럽 출신 유대인들을 뜻한다. 한편 '세파라딤'은 그 뿌리로 따지자면 중세 이베리아 반도의 스페인 (히브리어로 스페인을 '세파라드'[סְפָרַד]라고 함)과 포르투칼에서 살던 유대인들의 후손을 지칭한다.

그런데 오늘날 그들의 조상이 이베리아 반도 출신이 아니라 하더라도 '세파라딤'으로 분류되는 유대인들이 있다. '세파라딤' 의식(儀式)과 율법 전통

---

20 사 66:2 "내 말을 듣고 떠는 자"에서 '떠는 자', 즉 '두려워하는 자'에 대한 히브리어가 '하레드'(חָרֵד)이다.
21 하씨딤에 관한 자세한 내용은 B. Martin, *A History of Judaism II*, 168-88 참조.

및 관습을 따르는 유대인들을 총칭하여 '세파라딤'이라고 부른다. 이에는 중동 지역 출신들이 포함된다. 아쉬케나짐과 세파라딤은 관습과 생활 양식, 사고 방식, 문화적 유산 및 종교적 전통 등에서 차이를 보이고 있다.

'아쉬케나짐' 하레딤 중에는 크게 보면, 전술한 '하씨딤'과 이 '하씨딤'에 대한 비판 그룹이었던 '미트나게딤'과 그들의 영적 후계자들인 '리투아니안'들이 있다. '하씨딤'은 다시 하나님과의 내적 합일을 추구하는 '하바드' 그룹과 이스라엘의 존재 자체를 부정하는 '네투레이 카르타' 등으로 나뉜다. 특히 '네투레이 카르타' 사람들이 2004년 10월 팔레스타인 자치 정부 수반 '야세르 아라파트'가 입원한 파리의 병원 앞에서 그의 회복을 위해 기도하는 모습이 보도되면서 세계적인 주목을 받은 바 있다. 그가 병상에서 회복하여 이스라엘에 대항해 주기를 기원한 것이다.

6) '하레딤'의 특징

하레딤, 즉 초정통파 사람들의 일반적 특징은 세속과 자신들을 분리시킨다는 점이다. 18세기 이래로 이성과 합리주의에 입각한 가치관들을 일체 부인하면서 참된 신앙인이라면 세상에서 자신들을 더욱 격리시켜야 한다고 본다. 그들이 속한 지역 사회로부터 자신들을 고립시켜 산다. 비록 담장으로 둘러 치지는 않았으나, 자기들끼리 모여 살면서 스스로 일종의 게토를 만들어 사는 셈이다. 그들은 자기 자신들의 학교 체계를 만들어 운영하고, 일종의 광범위한 자신들만의 사회적 문화적 관습 체계를 엄격하게 준수하며 살아간다.

하레딤 남자는 검은 양복(외투), 모자, 수염을 기르고, 하씨딤의 경우에는 '페이옷'이라고 일컫는 귀 밑머리를 기른다. 여자는 검은 색의 긴 치마와 소매가 긴 윗도리를 입고 머리를 짧게 깎고 가발을 쓴다. 공적인 자리에서 남녀 좌석을 엄격히 구분하고, 결혼은 부모 간의 결정에 의해 이루어진다. 남자들은 '예쉬바'라는 종교학교에서 오랜 기간 공부한다. 전반적으로 현대 문화의 산물과 영향을 거부한다. '메아 쉐아림'은 예루살렘에 있는 대표적인 하레딤 마을이다. 마치 한국의 지리산에 위치한 '청학동' 마을과 비슷한 이미지를 풍긴다.

9. 현대 이스라엘과 유대교의 영향력

이스라엘내에서 초정통파 유대인들의 숫자는 2019년에 110만명에 이르렀고 전체 유대인 인구(852만)의 12퍼센트를 차지하고 있다. 건국 초기에는 유대인 인구의 4퍼센트에 불과했으나, 높은 출산율과 이민율로 점점 증가해 2030년에는 전체 인구의 16퍼센트를 차지하게 될 것이며, 2065년에는 이스라엘 시민(아랍인, 드루즈, 베두윈 포함)의 삼분의 일을 차지하며, 유대인 인구의 40퍼센트를 차지할 것으로 전망되고 있다.[22]

건국 초기에 초정통파의 인구 비율은 전체 유대인의 약 4퍼센트에 불과했다. 소수임에도 불구하고 이스라엘 사회에 끼친 영향은 작지 않다. 1948년 이스라엘 독립과 더불어 일반 시민 생활과 국가 정치 영역에 이르기까지 이들이 심어 놓았고 행사하고 있는 영향력은 과소 평가될 수 없다. 이들로 인해 이스라엘의 모든 공공 생활 영역에서 유대교의 '할라카'[23](법규정)가 적용되고 있다.

몇 가지 예를 들어 보면, 식당과 시장, 슈퍼 등 모든 공공 생활 지역에서 음식 규정을 준수해야 한다. 모든 공공 영역에서 안식일과 절기 등을 준수해야 한다. 정통파 랍비에 의해 주례되지 않은 결혼, 이혼, 개종 및 장례 등은 법적인 효력이 없다(개혁파나 보수파 랍비에 의해 주재된 결혼이나 개종은

---

22 독립 70주년을 맞은 2018년에 이스라엘 인구는 884만이며, 이 중 74.5퍼센트를 차지하는 유대인 인구는 658만이다.
23 랍비들의 토라에 대한 유권 해석으로 나온 법규이며 미쉬나와 탈무드에 집대성되어 있다.

법적인 효력이 없다); 랍비 법정은 개인의 유대인 지위와 관련한 문제를 '할라카'에 근거하여 판단하며 독점적인 사법권을 행사한다.

귀환법(law of return)과 관련해 '누가 유대인인가'를 결정하는 기준은 '할라카'이다.[24] 또한, 이들은 몇 개의 종교 정당—다팃 루오미, 데겔 하토라, 야하둣 하토라 하메우헤뎃, 샤스, 마프달 등—을 형성하여 정치력 영향력을 행사하고 있다. 총선에서 최대 의석을 점유한 정당이더라도 과반수 의석(국회의원 120석의 2분의 1)을 차지하는 경우가 없어 군소정당과의 연정이 불가피한 이스라엘의 정치적 상황으로 인해, 상대적으로 이들 종교 정당들의 입김이 강할 수밖에 없다. 한 마디로 이스라엘은 정치적으로 종교와 인종을 초월한 세속 민주 국가이지만, 실제적으로는 유대교의 영향력이 강하게 작용하고 있다고 할 것이다.

1) 종교인들의 영향력과 그 배경

이스라엘은 정(政)·교(敎) 분리의 세속 민주국가임에도, 이처럼 일견 종교 국가와 같은 인상을 풍긴다. 유대교의 이와 같은 분위기의 배경을 이해하기 위해서는 1948년 이스라엘 독립 전후의 상황을 살필 필요가 있다.

시오니즘 운동은 이스라엘의 독립을 이끌어 낸 원동력으로 평가받는다. 시온[25]의 회복은 로마 시대 이래로 유대인들의 오랜된 염원이었지만, 이 염원의 실현을 위한 실천적 노력은 테오도르 헤르츨(Theodor Herzl, 1860-

---

[24] "누가 유대인인가?"라는 질문은 이스라엘의 정치인들과 학자들에게 여러 해 동안 치열한 논란이 되어 왔다. 1948년 현대 이스라엘 국가가 탄생하였을 때, 지도자들은 전 세계에 흩어져 있던 유대인들에게 이스라엘 시민권을 부여하는 통로로서 귀환법(Law of Return)을 제정하였다. 1950년 7월 5일에 통과된 이 법에 따르면 유대인 어머니에게서 태어나거나 유대교로 개종한 자로서 [유대교 외의] "다른 종교"를 믿지 않는 자가 유대인이다. 전세계에서 이 규정에 합당한 자이면 자동적으로 이스라엘 시민권을 받을 수 있다. 그런데 1970년 수정 귀환법에서는 유대 할라카에 따른 모계 유대인은 물론, 부계 유대인, 조부모 중 한 편이 유대인이거나 유대인과 결혼한 배우자, 그리고 유대교로 개종한 자들에게로 그 대상이 크게 확대된다.

[25] 예루살렘을 의미하고 나아가 전 이스라엘을 상징한다.

1904)에 의해 주도된 시오니즘 운동이다. 그러나 이 운동은 비종교적인 사람들에 의해 주도된 정치적 운동이었기에 종교인들에게는 호응을 얻지 못하였다.²⁶

이들은 유대인 국가 설립은 메시아에 의해 초자연적으로 성취되어야 한다는 신앙을 갖고 있었다. 유대 율법과 전통을 준수하지 않고 심지어 반대하는 자들에 의해 주도되는 시오니즘 운동에 반대 혹은 냉담했던 것이다. 그러나 1921년 팔레스틴의 초대 아쉬케나짐 대랍비(Chief Rabbi)가 된 랍비 R. 아브라함 이삭 쿡(R. Abraham Issac Kook, 1865-1935)의 노력으로 초정통파 유대인들—'아구다트 이스라엘'이란 조직으로 대표됨—사이에 유대 국가에 대한 실용적인 입장이 퍼지게 된다.²⁷

1948년 유대 국가가 설립될 당시에도 역시 종교인들의 숫자는 소수였다. 그럼에도 이들의 주요한 요구들—전술한 바와 같은—이 수용되고 법제화될 수 있었던 배경은 다음과 같다. 우선 정치적인 이유로서는 집권 연정을 구성하기 위해서 이들 종교 정당들의 협력이 필요하였다. 신생 국가

---

26 시오니즘이 비록 세속적인 유대인들에 의해 주도되었다고 하더라도, 이들에게 오랜 세월 흘러 내려온 유대교의 메시아를 통한 이스라엘 회복의 소망이 깔려 있었다고 보아야 한다. 마치 이스라엘의 회복을 메시아에 의한 초자연적인 메시아 왕국 건설로 이해한 바리새파의 노선을 수정한 열심당파처럼, 이스라엘의 회복을 앉아서 기다릴 것이 아니라, 인간의 노력으로 성취해야 한다는 것이 세속적인 시오니즘의 정신이었다. 이런 관점은 그들이 이스라엘 민족이 세울 나라는 이스라엘땅 외에는 어느 곳(예를 들어 영국에 의해 제안된 우간다)도 될 수 없다는 확고한 입장을 밝혔다는 점에서 확인이 된다. 정통 유대교에서는 이스라엘 땅 자체를 하나님의 거룩한 땅으로 규정한다. 이에 관한 자세한 논의는 M. Lewittes, *The Religious Foundations of the Jewish State* (New York: Ktav Publishing House, 1977), 183-202를 참조하라.
27 랍비 쿡과 다비드 벤 구리온 (David Ben-Gurion)간에는 의견의 상이점들에 불구하고 다음과 같은 점에서 합의를 보았다. "국가는 인간의 최선이 아니다. 그러나 이는 보통 국가들에 해당하는 말이며, 그 기초가 이상적이며, 그 나라의 유일한 소망이 '하나님은 한 분이며, 그의 이름은 하나'인 이스라엘국의 경우는 아니다." 이 소망은 유대인 신앙의 기본 선언인 쉐마 "이스라엘아 들으라, 너희 하나님 여호와는 오직 한 분이신 여호와시니"(신 6:4)에 나타나고 있다. 이런 관점에서 초대 수상 벤 구리온이 "이스라엘국은 부나 군사력 혹은 기술에 의해 평가받을 것이 아니라, 도덕적 이미지와 인간성에 의해 평가받게 될 것…"으로 피력한 것은 이스라엘 나라의 정체성을 함축하고 있다고 보여진다—Ibid., 203-4참조.

의 지도자인 다비드 벤 구리온(David Ben Gurion)은 그가 직면한 수많은 문제 외에, 종교인들의 요구 사항들로 복잡해지기를 원치 않았고 종교인들과 세속인들 간에 문화적 충돌이 발생하는 것을 원치 않았다. 유대인 국가에 유대인 특유의 색체를 부여하고자 하는 바램이 있었다.

2) 누구의 힘으로 독립했나?

이스라엘 독립 선언서의 마지막 단원은 "**이스라엘의 반석**(히브리어로 '쭈르 이스라엘', צוּר יִשְׂרָאֵל, 영어로 'Rock of Israel')을 신뢰하면서"라는 문구로 시작한다. 시오니즘 운동을 주도했던 세속 유대인들은 '우리'가 독립을 이루어 냈다고 주장하고, 종교인들은 '하나님'이 하셨다고 맞섰다. 결국, 양자는 '하나님'에 관한 직접적인 용어—'야훼' 혹은 '카도쉬 바룩 후' 등—사용을 피하고, 그 대신에 비유적 표현인 '반석'[28]이란 단어를 사용하는 선에서 합의하기에 이른다.

1948년 5월 14일 이스라엘 독립 선포시, 정부를 위한 기도에서 이스라엘 대랍비 벤 찌온 메이르 우지엘(Ben Zion Meir Uziel 1880-1953)은 이스라엘의 독립을 "**우리 구원의 성장의 시작**"('레싯 쯔미카트 게울라테누' גְּאוּלָתֵנוּ רֵאשִׁית צְמִיחַת)으로 묘사했다. 이 문구는 안식일과 절기 때에 회당에서 그리고 각종 기념 예식 때에 드려지는 정부를 위한 기도문에 공식화되었다. 메시아에 의한 하나님의 초자연적 구원 개념에서 사람을 통한 점진적 과정으로서의 하나님의 구원 개념으로의 전환을 엿볼 수 있다.

그러나 전술한 바와 같이 '네투레이 카르타'와 같은 하레딤은 메시아에 의해서 초자연적으로 세워질 이스라엘을 기다리고 있으며, 현재의 이스라엘은 인간 혹은 사탄에 의해서 세워진 나라로서 멸망해야 한다는 주장을 펴고 있다.

---

28 '여호와는 나의 반석이시며…'(삼하 22:2), '나의 반석이신 여호와를 찬양하라' (시 144:1) 등 참조.

제3장

바리새파 유대교: 제2성전 시대

1. 바리새파 유대교(Pharisaism)[1]란?

1) 바리새파와 남은 자

구약에 '남은 자' 혹은 '남긴 자'의 사상이 있다(왕상 19:18, 사 10:22; 11:16; 렘 23:3; 31:7; 50:20; 겔 14:22; 미 2:12 등). 신약의 '나중까지 견디는 자'(막 13:13)와 상통하는 개념으로 볼 수 있을 것이다. B.C. 8-6세기를 거치면서 이스라엘 12지파 중 유다(Judah) 지파—엄격히 말하면 베냐민 지파

---

[1] 바리새파 및 바리새파 유대교에 관한 전반적인 이해를 위해서는 다음의 글들을 참고하라: L. Finkelstein, "The Origin of the Pharisees", *Conservative Judaism* 23,2 (1969), 25-36; J. Neusner, "The Rabbinic Traditions about the Pharisees in Modern Historiography." *Central Conference American Rabbis* 19,2 (1972), 78-108; J. Neusner, "Pharisaic-Rabbinic Judaism: A Clarification", *Early Rabbinic Judaism* (ed. Jacob Neuser; Leiden: Brill, 1975), 50-70; A. Baumgarten, "The name of the Pharisees." *Journal of Biblical Literature* 102,3 (1983), 411-28; D. Schwartz, "MMT, Josephus and the Pharisees." pp. 67-80 in *New Perspectives on Qumran Law and History* (ed. J. Kampen and M. J. Bernsterin; Atlanta: Scholars Press, 1996), 67-80; G. F. Moore, *Judaism in the First Centuries of the Christian Era* vol.1 (Peabody: Hendrickson, 1997), 56-71; J. Schaper, "The Pharisees", *The Cambridge History of Judaism III* (ed. W. Horbury and W. Davies and J. Sturdy; Cambridge: Cambridge University Press, 1999), 402-27; D. Boyarin, "A Tale of two Synods: Nicaea, Yavneh, and Rabbinic Ecclesiology", *Exemplaria* 12,1 (2000), 21-62; R. Deines, "The Pharisees Between 'Judaisms' and 'Common Judaism'", *Justification and Variegated Nomism* (ed. D. A. Carson, P. T. O'Brien and M. A. Seifrid; Tübingen: Mohr Siebeck, 2001), 443-504.

포함―가 살아 남는다. 그래서 후세의 사람들은 이 '남은 자'들의 지파 이름을 따라, 이들의 역사와 종교에 대해 유대이즘(Judaism) 혹은 유대교라는 이름을 붙인다.

　유대교의 특징은 일상적인 모든 삶이 율법에 기초하여 조율되도록 한다는 점이다. 이는 바벨론 포로시에 자신들의 고난의 원인을 율법에 대한 불충(不忠)으로 해석한 자기 반성에서 비롯된 것으로 보인다. 이러한 자기 반성에 따른 실천적 움직임을 주도한 그룹이 바리새인들(Pharisees) 혹은 바리새파다. 이들은 현존하는 유대교의 여러 종파―크게 보아서 개혁파, 보수파, 정통파(초정통파를 포함한)―들의 뿌리이다. 제2성전 시대(B.C. 515-A.D. 70년)에 존재했던 유대교의 4개 종파―사두개파, 바리새파, 에세네파, 열심당파―중 바리새파만이 살아 남아서, 중세를 거쳐 오늘에 이르렀기 때문이다.

2) 서기관: 바리새파의 정신적 원조

　바리새파를 '율법에의 헌신자들'로 볼 때, 그 정신적 원조(原祖)는 서기관들(히브리어로 '쏘프림'סוֹפְרִים)이다. 포로기 이전, 즉 제1성전 시대에도 문서 관리 등 세속적인 공직과 관련하여 서기관이란 용어가 사용되었다.[2] 그러나 바벨론 포로 후기부터 서기관은 전문적인 '율법학자'로서 거듭나게 된다. 성전을 잃어버린 바벨론 포로기에 자연스럽게 유대교의 중심은 율법 중심으로 강화된다.

　바벨론 포로후기, 즉 제2성전 시대에 이르러 서기관들은 '율법학자'로서 뿐만 아니라, 유대 사회의 지도층으로 등장하게 된다. 랍비 문헌에 의하면 서기관 시대는 에스라에 의해 시작되어 B.C. 200-180년경의 대제사장 시므온 하짜딕(הַצָּדִיק שִׁמְעוֹן)까지로 본다. 유대교의 시대 구분에 따라

---

[2]　왕하 18:18의 서기관 셉나, 렘 36:26의 서기관 바룩 등 참조.

서기관 시대를 B.C. 5세기에서 B.C. 2세기로 잡은 것은 서기관들의 활동이 B.C. 2세기로 끝났다는 것을 말하는 것이 아니다.

뒤이은 '주곳'(זוגות) 그리고 '탄나임'(תַנָּאִים) 시대와 구분하기 위한 것이다. 에스라는 B.C. 457년 소수의 유대인들(1,754명)을 바벨론—실제는 바사(페르샤)—에서 이끌고 유대로 귀환했다. 에스라 7장 6절은 에스라를 "모세의 율법에 익숙한 학사"라고 기술하고 있다. 여기서 '학사'는 히브리어로 '쏘페르'(סוֹפֵר) 즉 서기관을 의미한다.

"에스라가 여호와의 율법을 **연구**하여 **준행**하며 율례와 규례를 이스라엘에게 **가르치기**로 결심하였었더라"(스 7:10)는 말씀은 율법의 '**연구**'와 '**실천**'이라는 포로 후기 유대교의 특징을 잘 보여 주고 있다.

서기관을 의미하는 히브리어 '쏘페르'는 '(숫자, 글자)를 세다'는 동사와 연관된다. 그래서 서기관들은 성경의 글자들을 하나 하나 세었으며, 각 단어의 철자와 모음 부호 붙이기에 아주 세심한 주의를 기울였다. '서기관들의 말씀'('디브레이 쏘프림' דִּבְרֵי סוֹפְרִים)은 구전 율법의 기원이 된다. 탈무드(메길라 19b)에 따르면 하나님이 시내산에서 모세에게 계명을 주실 때에 장차 서기관들이 제정하게 될 모든 법령을 미리 보여 주셨다고 한다.

후대의 현인들은 구전 율법의 권위를 언급할 때, 서기관의 중요성을 강조한다.

> 성경의 말씀보다 서기관의 말씀에 더욱 주의하라(에루빈 21b).

신약성경에서 "서기관과 바리새인"(마 5:20; 12:38; 23:2,13-15,23 등; 눅 6:7; 요 8:3 등) 혹은 "바리새인과 서기관"(막 7:5)이 함께 언급되고 있음은 서기관이 바리새파의 정신적 원조(原祖)이자, 당시에 실질적인 중심이었음을 시사한다. 바울의 스승 가말리엘 역시 바리새인이며 서기관-행 5:34에서 '교법사'로 번역됨-이었다.

서기관들은 기도와 축복에 관한 율법을 제정하였으며, '부림절'을 제정했다. 또한, 그들은 신인동형론적인 표현을 피하기 위해 모세오경에서 18군데를 수정—소위 '티쿠네이 쏘프림' תִּיקוּנֵי סוֹפְרִים, '서기관들의 수정'—했다. 이런 작업의 영적인 성격 때문에 그들은 매일 작업 시작 전에 정결욕조에 몸을 담구었다.

3) 제2성전 시대의 서기관

서기관 내지 서기(書記, secretary)라고 하면, 계산하거나 기록하는 사람이란 이미지가 떠올려진다. 고대 근동의 여늬 나라들의 서기관들과 마찬가지로 제1성전 시대의 이스라엘에서의 서기관의 근본 역할은 기록과 문서 작성이었다. 그런데 이들이 제2성전 시대에 오면서 (율법) 학자 및 사회의 지도층으로 부상하게 되는데, 이는 그들이 글을 읽고 쓰는데 있어서 능숙했던 식자층(識者層, intellectuals)에 해당했기 때문이었다.

4) 서기관과 상류층 내지 식자층(識者層, intellectuals)과의 관계

고대 사회에서 서기관과 상류 지도층과의 상관 관계는 일찍이 글자와 기록 문화를 가졌던 고대 근동(Ancient Near East)의 경우를 통해서 입증되고 있다. 메소포타미아에서 쐐기 문자의 기원이 된 원시적인 상형표기의 시작은 이미 B.C. 9천 년대로 거슬러 올라간다.[3] B.C. 4천 년대에는 복잡한 쐐기 문자 체계를 갖추게 되었다.[4] 그러나 훈련된 전문 서기관 외에는 사용하기 어려운 문자 체계였기에 전문적인 서기관 양성 학교가 있었다. 마

---

3 D. Schmandt-Besserat, "From Tokens to Tablets: A Re-Evaluation of the So-Called 'Numerical Tablets,'" *Visible Language* 15 (1981), 321-44.

4 M. W. Green, "The Construction and Implementation of the Cuneiform Writings System", *Visivle Language* 15 (1981), 345-72.

리(Mari)와 테르카(Terqa)에서는 서기관 양성학교의 교실과 베껴 쓰기 연습용 토판들이 발굴되었다. 이들 토판이 쓰기 연습용이란 사실은 같은 글자나 단어들이 반복해서 기록되어 있음을 통해 입증된다.[5] 이 학교의 서기관 후보생들은 사회적으로 상류층 자제였던 것으로 보인다. 우르 3기(B.C. 3천대 후반)의 인장에 새겨진 서기관들의 이름을 조사해 본 결과 그 부친들이 사회적으로 상류층 사람들이었다.[6]

설혹 상류층 출신이 아니라 하더라도 당시에 비전(秘傳)에 가까운 전문적인 기록 기술은 일반 대중이 쉽게 접근할 수 있는 성질의 것이 아니었다. 결국, 글쓰기는 소수의 선택된 사람에게만 주어진 특권과 같은 것이었다. 따라서 비록 서기관이 세습직이 아니었다고 할지라도 서기관 가문에서 서기관이 나오게 되며 일종의 특수한 집단을 형성하게 되었다고 보여 진다.

고대 근동과 마찬가지로 이스라엘에서도 서기관 집단은 가계(家係) 내지 가문(家門) 중심으로 형성되었다고 보여 진다.[7] 이에 대한 증거를 역대상 2장 55절에서 찾아볼 수 있다.

> 야베스에 거한 서기관(쏘페르) 족속 곧 디랏 족속과 시므앗 족속과 수갓 족속이니 이는 다 레갑의 집 조상 함맛에게서 나온 겐 족속이더라(대상 2:55).

다윗 왕국 이래로 궁중 서기관 역시 가문 중심으로 이어져 내려온 것으로 보인다.

---

5 A. F. Rainey, "The Scribes at Ugarit: His Position and Influence", *Proceedings of the Israel Academy of Science and Humanities* 3 (1969), 126-47; A. Malamat, "Mari", *Encyclopedia Judaica* 11 (1971), 972-89 참조.
6 M. W. Green, "The Construction and Implementation of the Cuneiform Writings System", *Visivle Language* 15 (1981), 367.
7 고대 이스라엘의 쓰기(writing)와 교육에 관해 다음의 글들을 참고하라: A. R. Millard, "The Practice of Writing in Ancient Israel, *Biblical Archaeologist* 35 (1972), 98-111; J. L. Crenshaw, "Education in Ancient Israel", *Journal of Biblical Literature* 104 (1985), 601-15;

> 아히둡의 아들 사독과 아비아달의 아들 아히멜렉은 제사장이 되고 스라야는 서기관이 되고(삼하 8:17)

> 시사의 아들 엘리호렙과 아히야는 서기관이요(왕상 4:3).

궁중 서기관직이 가문 중심으로 이어져 내려왔음을 보여 주는 대표적인 사례는 사반 가문이다. 성경은 사반 가문이 요시야 왕 때부터 바벨론 포로기에 이르기까지 궁중의 서기관직과 행정을 도맡아 감당하였음을 보여준다(왕하 22:3; 25:22; 렘 36:10-11; 40:9).

이들 궁중 서기관들은 고대 근동의 궁중 서기관의 역할에 비추어 볼 때, 국내외의 정치적 협약이나 사건들을 기록하고, 국가적인 공문서 처리와 서신 연락 사무를 담당하던 고위 관직이었을 것으로 보인다. 또한, 이들은 성전의 재정 회계를 담당하기도 했는데(왕하 12:11-12; 22:3-7), 이는 서기관(쏘페르)이 어원적으로 '싸파르'(ספר) 즉 '(숫자를) 세다'는 단어와 관련이 있음을 보여 준다.

이외에도 성전의 전문적인 서기관(대하 34:13), 군대에서 봉사하는 서기관(대하 26:11; 렘 52:25) 등 공직과 관련된 서기관들이 있었다. 공직과 관련된 서기관 외에도 부유층은 사업상의 목적으로 서기관을 고용했던 것으로 보인다. 예레미야와 그의 서기관 바룩은 스승과 제자 관계로 볼 수도 있을 것이다(렘 32:12; 36:4, 18; 43:3; 45:1 이하).

바벨론 포로시에 사반의 손자 그달리야가 유다의 총독으로 임명되었던 것처럼(왕하 25:22), 바벨론 포로 후기에 서기관 에스라의 경우에도 바사(페르샤) 제국 내의 유다 거류민 담당관으로 일했을 것으로 추정이 된다.

5) 서기관 역할의 발전

서기관들은 기록하는 일 뿐만 아니라, 기록된 문서를 재생산하여 전달하는 역할을 감당했고, 동시에 기록된 문서의 수신자가 글을 읽지 못하는 사람일 경우에는 읽어 주거나 아예 구두로 전달하는 역할까지 담당하였다. 때가 되었을 때, 지식인이었던 이들이 맡게 될 역할의 논리적인 다음 단계는 본문을 해석하는 것이었다. 이러한 역할 발전의 대표적 사례가 바로 제사장 겸 서기관이었던 에스라였다. 그래서 이들 서기관들 중에서 나중에 현인(히브리어로 '하카밈', 영어 sages)으로 불리는 율법 학자들이 나오게 된다.

B.C. 200년경 여호수아 벤 시라에 의해 쓰여진 벤 시라서[8]는 당시에 '쏘페르'란 단어가 (율법) 학자 내지 현인(sage)을 지칭하는 용어임을 보여 준다.

> **학자(סוֹפֵר 쏘페르)**가 지혜를 얻으려면 여가를 가져야 한다. 사람은 하는 일이 있어야 현명해진다(집회서 38:24).

> 그러나 온 정력과 정신을 기울여 지극히 높으신 분의 율법을 연구하는 사람은 다르다. 그들은 옛 **성현들(חֲכָמִים 하카밈, 즉 현인들)**의 지혜를 탐구하고 예언을 연구하는데 자기 시간을 바친다(집회서 39:1, 공동번역 및 카이로 게니자 사본).

그래서 유대교에서는 모세오경을 필사(筆寫)하고 테필린과 메주자안에 들어가는 신명기 6장 4절 이하의 말씀을 기록하는 '필사자'(筆寫者)로서의 서기관들을 '현인'(賢人, sages) 내지 (율법) 학자로서의 서기관들과 구분하여 "쏘페르 쎄탐"(סוֹפֵר סְתָ"ם, 모세오경 즉 '쎄페르 토라'와 '테필린', '메주자'의 첫머

---

[8] 외경의 하나로서 집회서(Ecclesiasticus)로 불린다. 벤 시라(Ben Sira) 혹은 벤 시락(Ben Sirach)은 이 책의 저자이며 외경 중에서 유일하게 저자의 이름이 알려지고 있다. B.C. 약 200년경에 기록되었을 것으로 추정되고 있다.

리 글자를 붙이면 '쎄탐'이 된다)이라고 부른다.

2. 바리새파와 하씨딤

율법 해석자로서의 서기관들과 바리새파의 밀접한 관계는 양자가 구전 율법에 절대적인 권위를 부여한다는 점에서 가능해진다. 바리새파는 서기관들의 율법 해석(할라카)에서 비롯된 전통들의 법적 권위를 인정하고 지지하는 집단이었다. 그런 점에서 서기관들이 바리새파의 정신적 원조(原祖)라고 보는 것이다. 바리새파에 대해 처음으로 언급한 이는 요세푸스[9]이다.

요세푸스의 『유대 고대사』는 마카비혁명(B.C. 167-164년)의 계승자 요나단이 수리아의 셀류시드 황제 데미트리우스 2세 및 로마와 스파르타 세력과 협상하는 대목에서 문맥과 상관없이, 유대인들에게 3개의 종파(당파) 즉 바리새파, 사두개파 그리고 에세네파가 있었다고 기술하고 있다.[10]

그러나 요세푸스는 물론이고 언제, 누구에 의해 바리새파가 형성되었는지 언급하고 있는 문헌적 자료는 없다. 여기에는 오직 추론만 가능할 뿐이다.

이 추론을 위해 다음과 같은 질문을 해 볼 수 있을 것이다.

---

9   A.D. 37년에 태어나 A.D. 2세기 초에 사망한 유대 역사가. 제사장 가문 출신으로 본인도 제사장이 되었으나, 사상적으로는 바리새파의 일원이 되었다. A.D. 66년 제1차 유대인 항쟁이 일어나자, 갈릴리의 항쟁군 지도자가 되었다. 로마에 항복하고 로마군 총사령관 베스파스안이 황제가 될 것을 예언하였다. 이를 계기로 베스파스안 가문의 후원을 입고 로마에 30년 이상을 거주하면서 집필에 전념하여 4권—『유대 고대사』(*Jewish Antiquities*), 『유대 전쟁사』(*Jewish War*), 『아피온 반박문』(*Against Apion*), 『생애』(*Life*)- 의 저술을 남겼다. 중간사 연구에 있어서, 특히 B.C.-A.D. 1세기의 유대인들의 역사를 이해하는데에 있어서 그의 저술들이 지닌 가치는 거의 독보적이다.
10   『유대 고대사』 13.5.9 (171-73). 여기에서 요세푸스는 인간 행동에 관한 3종파의 견해를 기술한다. 바리새파에 의하면 인간의 일부 행위는 운명에 의한 것이지만, 일부는 인간의 의지에 달린 문제로 보는데에 비해, 에세네파는 모든 것이 운명에 달린 것이며 인간의 삶에 있어서 하나님의 절대 예정에 의해 결정되어지지 않는 것은 하나도 없다고 보고 있다. 그러나 사두개파에 의하면 운명이란 것은 없으며, 모든 것이 인간의 손에 달렸고, 선과 악의 원인 제공자(cause)도 인간 자신이다.

서기관들이 바리새파의 정신적 원조라면, 이들이 직접적인 당파 형성의 주역이었는가?

그런데 이 질문에 대한 답변을 위해서 먼저 요청되는 작업은 이들의 가르침과 영향을 받아 직접 실천하는 그룹이 있었는지 찾아 보는 것일 것이다. 이를 위해 요세푸스가 마카비혁명의 제3대 지도자 요나단—아버지 마타티야후, 형 유다 마카비에 이어—의 활약시에 바리새파를 언급하고 있음에 주목하여, 마카비혁명과 바리새파의 관련성을 살펴볼 필요가 있을 것이다.

1) 마카비혁명과 하씨딤

마카비혁명은 B.C. 167년에 안티오커스 에피파네스 4세의 유대교 말살 정책에 대한 항거 운동이다. 당시 팔레스타인을 지배하고 있던 셀류시드 왕조의 안티오커스 에피파네스 4세는 B.C. 167년에 애굽과 전쟁을 시작한다. 그런데 애굽의 지원 요청을 받은 로마가 개입하게 되자 안티오커스는 치욕스런 퇴진을 하게 된다.

수리아로 귀환하는 도중에 유다의 헬라파 반대자들이 수리아를 반대하고 애굽을 지지한다고 주장한다는 소식을 듣자, 유대인들에게 전쟁 퇴진의 화풀이를 하기로 마음 먹는다. 그는 유대인들이 헬라의 법, 관습, 종교를 추종하게 하는 칙령을 내린다

> 유대교의 관습과 율법의 명령들—안식일과 절기 준수, 성전에서의 희생제사, 할례의식 등—을 준수하지 말라; 야웨 대신에 헬라의 신들을 경배하는 제단과 신당을 세우라; 성전에서 돼지와 부정한 동물들을 희생제물로 바치라.

이런 명령들은 경건한 유대인들에게 치명적이었다. 이런 명령에 위반한 자들은 사형에 처해지게 되어 있었다. 그럼에도 경건한 자들은 "부정한 음식을 먹어서 몸을 더럽히거나 거룩한 계약을 모독하느니 차라리 죽음을

달게 받기로 결심하였고, 사실 그들은 그렇게 죽어 갔다.[11]

왕의 칙령을 거역하고 광야로 피해 가서 숨어 살고 있다는 보고를 받은 헬라 군대가 일부러 안식일을 택해 공격했을 때, 그들은 안식일을 범할 수 없다하여 돌을 던지거나 피신처에 방벽을 쌓거나 하지 않고 고스란히 몰살을 당하는 순교를 택하였다. 그 때 죽은 사람이 천 명이나 되었다고 『마카비상서』는 증언한다.[12]

그런데 안티오커스의 이교제사 강요를 반대하고 산 속으로 피신해 있던 모디인의 제사장 마타티야후 가문과 동지들이 이 소식을 접하고 다음과 같은 얘기를 나누게 된다.

> 만일 우리 모두가 이미 죽어 간 형제들을 본받아, 우리의 **관습**과 **규칙**을 지키느라고 이방인들과 싸우지 않기로 한다면 멀지 않아 그들은 우리를 이 지상에서 몰살시키고 말 것이다.[13]

그래서 그들이 결의하기를,

> 우리를 공격하는 자가 있으면 **안식일이라도 맞서서 싸우자**. 그래야만 피신처에서 죽어 간 우리 형제들처럼 몰살당하는 일이 없을 것이다.[14]

> 그러자 일부 **하씨딤** 사람들이 모여 와서 **그들**과 합세했다. 그들은 용감한 사람들이었고 모두 **경건하게 율법을 지키는 사람들**이었다".[15]

---

11 마카비상 1:63.
12 마카비상 1:38.
13 마카비상 2:40.
14 마카비상 2:41.
15 마카비상 2:42.

여기서 안티오커스 에피파네스 4세의 유대교 멸살 정책에 반대하여 일어난 소위 마카비혁명은 모디인의 제사장 마타티야후 가문과 추종자들 그리고 하씨딤 사람들에 의해 주도되었음을 알 수 있다. 하씨딤의 철저한 율법 준수 정신은 적이 쳐들어왔으나, 안식일이므로 대항하지 않았다는 사실을 통해서 짐작할 수 있는데, 이는 바로 바리새파의 정신과 일맥 상통하는 것이다.

2) 하씨딤과 에세네파 그리고 바리새파

마타티야후는 B.C. 166년에 사망한다. 그의 아들 유다 마카비가 후계자로서 저항 운동을 계속하여 B.C. 165년에 결정적인 승리를 거둔다. 그는 B.C. 164년에 예루살렘에 입성하여 성전을 정화하고 성전을 다시 봉헌한다. 동년 키슬레브월 25일(양력 12월 25일)이었다. 성전을 다시 봉헌한 것을 기념하는 절기를 '하누카'라고 부른다. 요한복음 10:22에는 '수전절'로 언급되고 있다.

B.C. 161년 마카비혁명의 제1대 지도자 유다 마카비가 사망한다. 그의 뒤를 이어 요나단이 제2대 지도자로 활약한다. 제3대 지도자 시몬의 때에 유대는 헬라로부터 완전한 독립을 획득한다. 시몬은 마타티야후의 다섯 아들 중 둘째 아들로 마지막까지 살아 남는다. 그는 B.C. 142년 드디어 헬라로부터 유대의 정치적 독립을 획득하여, 하스모니안 왕조의 시조가 된다.[16]

마타티야후에서 시몬에 이르기까지 마카비가(家)의 혁명에 주도적으로 참여했던 하씨딤들이 바리새파와 직접적인 관련이 있다. 위에서 언급한

---

16 하스모니안(Hasmonian) 왕가의 이름은 마타티야후 가문의 증조부 이름인 아스모니우스 (Asmoneus)에서 유래됐다고 한다. 아스모니우스는 히브리어 이름 '하쉬모나이'(חשמונאי)의 헬라식 이름으로 추정된다. 한편 하스모니안 이름이 시므온 지파 혹은 하스모니안 왕가의 시조 시몬에서 유래된 것으로 보기도 한다. 이 경우에 '시몬' 앞에 히브리어 정관사 '하'가 붙어 '하스몬' 왕가로 칭하게 되었다고 본다.

바와 같이 요세푸스가 요나단이 수리아의 데메트리우스 2세와 협상을 벌이는 대목에서 바리새파를 언급하고 있다는 사실을 통해서도 핫씨딤과 바리새파의 연관성을 짐작해 볼 수 있다.

그러나 유다 마카비 때에 이미 종교적 자유가 획득되자 혁명 대열에서 일부 핫씨딤들이 탈퇴된다. 이들은 세속적인 관심에서 이탈해 오로지 종교 지상주의에 빠졌던 에세네파의 근간이 된 것으로 보인다.[17] 따라서 종교적 자유를 획득한 B.C. 164년 이후에도 세속적인 현실을 떠나지 아니하고 종교적 경건을 추구했던 핫씨딤들이 바리새파의 원조라고 볼 수 있을 것이다.

3. 바리새파 운동

바리새파는 자신들을 예언자들의 후계자로 간주한다. 랍비 문헌[18]은 바리새파의 계보의 하나로 예언자들을 언급하고 있다.

바리새파는 어떻게 예언자들의 후계가 될 수 있는가?

제1성전 시대에 예언자들의 역할은 하나님의 말씀(토라)에 비추어 백성들의 종교와 윤리적 삶의 문제를 진단하고 회개와 각성을 촉구하는 것이었다. 이러한 예언자들의 역할이 제2성전 시대에 와서 서기관들에 의해 새롭게 전개되어 나갔다고 볼 수 있다. 예언자들의 주된 사역이 '하나님의 말씀(토라)으로 돌아가라'고 외치며 질책하는데 있었다면(위로와 희망의

---

[17] 그러나 히브리 대학의 알렉산더 로페 교수는 **다마스커스 계약집** *(Covenant of Damascus)* (5.20-6.11, 7.9-8.13)과 쿰란 문서에 해당하는 **요벨서** *(Book of Jubilees)*의 증거를 바탕으로, 에세네파의 시작을 B.C. 168년 안티오쿠스 4세의 칙령이 발단이 된 마카비혁명 초기로 돌리고 있다 - A. Rofé, "The Onset of Sects in Postexilic Judaism: Neglected Evidence from the Seputagint, Trio-Isaiah, Ben Sira, and Malachi", *The Social World of Formative Christianity and Judaism* (ed. J. Neusner et al.; Philadelphia: Fortress, 1988), 39.

[18] 미쉬나 『아보트』 1:1.

메시지는 질책의 후속작업이었다), 서기관들의 사역은 백성들이 토라를 실생활에 적용해서 준행할 수 있도록 토라를 하나 하나 풀어 주는(즉, 해석하는) 작업으로' 나아갔다는 점이다.

'토라의 준행(遵行)'이란 동일한 과제를 놓고 예언자는 백성들에게 토라의 말씀을 되새겨 주는 설교자였다면, 서기관은 토라의 말씀을 연구해서 실생활에 구체적으로 적용할 수 있도록 대안을 제시한 학자요 교육자요 실천자였다. 이들의 연구와 경건 생활이 하씨딤 운동을 낳았고, 하씨딤에게서 바리새파가 나왔으며, 바리새파는 B.C.-A.D.1세기에 대중에게 가장 영향력있는 종교 운동으로 확산되어 나갔다. 마가복음 2:16에서 "바리새인의 서기관들"이란 표현은 이들이 바리새파 운동의 선구자요 지도자들이었음을 시사해 준다.

1) 제사장 나라 운동

바리새파가 자신들의 계보를 가깝게는 하씨딤에서 시작하여 서기관, 나아가서 예언자들에게로 거슬러 간다고 보는 이유는 이들 모두의 궁극적 관심이 '하나님 말씀' 곧 '토라'(율법)의 준행에 있었기 때문이다. 출애굽기 19장은 계약과 관련된 토라 수여의 궁극적 목적을 제시하고 있다.

> … 열국 중에서 내 소유가 되겠고 … 제사장 나라가 되며 … 거룩한 백성이 되리라…(출 19:5).

이 중에서 특별히 바리새파의 관심을 사로잡은 부분이 '제사장 나라'였다고 보여 진다. 서기관들과 바리새파가 처음부터 자신들의 종교 운동의 목표를 '제사장 나라'의 건설에 두었는지는 분명치 않다. 그러나 적어도 랍비 문헌을 통해서 이들의 종교와 경건 생활이 제사장 나라와 관련이 있었음을 부인할 수 없다. 이렇게 볼 수 있는 근거를 일상의 식탁을 제의적인 정결, 곧 성전에서의 거룩한 식사의 차원으로 승화시키고자 했다는 점에서 찾을 수 있을 것이다. 이제 일상의 식탁을 제의적 정결과 연결시킨 점을 살펴보기에 앞서 바리새파 운동을 이해하기 위해 먼저 '바리새인' 혹은 '바리새파'라는 이름의 의미를 살펴 볼 필요가 있다.

2) '바리새인'이란 이름(1): '부정(不淨)에서 분리된 자'

오늘날에는 무슨 정당이나 종파를 만들 때, 이름을 내걸고 시작한다. 그런데 바리새파의 경우는 스스로 '바리새파'라는 이름을 내걸지 않았다. 자신들을 바리새인 즉 바리새파 사람이라고 부르지 않았으며, 단지 자신들의 당파에 속한 사람들을 '친구들' 내지 '동지들'이라는 뜻에서 '하베림'(חֲבֵרִים)이라고 불렀다.[19] 누가 언제부터 이들에게 '바리새파'라는 이름

---

19 '하베르'라는 표현은 미쉬나의 17개 절에서 나타난다. 십일조(다마이 2:2, 3, 4; 6:6, 8, 9, 12; 비쿠림 6:12; 슈비잇 5:9) 및 정결(타하롯 7:4; 8:5; 소타 9:15; 기틴 5:9)에 관한 '마세케트'(tractate, 소주제)에 나오고 있다는 사실은 이들이 특히 십일조와 정결례에 철저했음을 시사해 준다. 성서적 전승을 따라 제2성전 시대에도 십일조는 성전과 제사장 등 성전에서 일하는 자들을 위해 필수적이었다 (말 3:10; 느10:38, 12:44, 13:10-13). 그러나 제2성전 시대에 (특히 헬라 시대 이후) 십일조에 대한 개념과 실천이 약화된다. 이는 경제적으로 곤궁해진 탓도 있지만, 하스모니안 왕조가 십일조를 세금으로 전용시켜 버린 것도 중요한 원인이었다 (S. Freyne, *Galilee from Alexander the Great to Hadrian* [trans. M. Glazier; Wilmington: University of Notre Dame Press, 1980], 283 참조). 그래서 제사장들과 레위인들 중에서도 토지를 소유하고 스스로 경작하는 자들이 많았다. 미쉬나는 다른 사람들이 경시하고 있는 십일조의 법을 철저히 지키고 있는 '하베림'들에게 많은 절을 할애하고 있다. 예수님의 바리새파에 대한 책망중에서 이들의 십일조가 언급되고 있는데(마 23:23), 이를 뒤집어 보면 당시 십일조가 경시되던 때에 바리새인들이 십일조에 철저했음을 시사해 준다. 또한, 신약성경(마 15등)에서 바리새인들이 정결의식에 철저했음을 보여 주고 있는데, 이러한 사실들은 하베림과 바리새인을 동일시할 수 있는 중요한 근거들이다. 하베림과 바리새인의 동일시에 관해 다음의 글들을 참고하라: Jacob Neusner, "The fellowship in the second Jewish commonwealth", *Harvard Theological Review* 53,3 (1960), 125; J. Klawans, *Impurity and Sin in Ancient Judaism* (New York: Oxford University Press, 2000), 108; E. Rivkin, *A Hidden Revolution* (Nashville: Parthenon Press, 1978), 14-42, 214-20. 양자를 동일시하는데에 있어서 문제점은 관련 구절에서 '하베르'와 '페루쉼'(פְּרוּשִׁים, '바리새인들'을 의미)이 같이 나타나지 않는다는 사실이며, '프루쉼'은 미쉬나 전체에서 6번밖에 나타나지 않는다는 점이

을 붙여 주었는 지는 확실치 않다. 적어도 1세기에 신약성경과 요세푸스가 바리새파를 언급하고 있다는 사실을 통해 그 이전부터 일단의 경건파 사람들이 '바리새파'라고 불리고 있었음이 분명하다.

'바리새인'은 헬라어로 φαρισαιος(Pharisaeus)이며, 히브리어 '파라쉬'(פָּרַשׁ)라는 동사에서 파생된 단어이다. 랍비 문헌(미쉬나[20])에서 '바리새인들'을 '페루쉼'(פְּרוּשִׁים)으로 칭하고 있기 때문이다.[21] 히브리어 동사 '파라쉬'는 '떠나다, 물러나다, 분리하다'는 뜻을 지니고 있다. 이러한 뜻으로부터 '바리새인'에 대해 '분리된 자', '분리자', '분파자'라는 의미 추출이 가능하다.

그러면 무엇으로부터 혹은 누구로부터 분리되었거나 분리해 나갔기에 이러한 이름을 달게 되었는가?

우선 '바리새인'이란 이름이 부정(不淨)한 것과 가증한 것들로부터 자신을 분리(격리)시키는 자를 지칭하는 말로 쓰여지기 시작했다고 가정해 볼 수 있다. 즉, 율법에 의해 종교적으로 부정(不淨)하다고 낙인찍힌 모든 것에서 멀리함과 아울러, 그러한 부정한 것들로 오염되었다고 의심되는 모든 사람으로부터 자신들을 분리시켰기 때문에 '바리새인'으로 불려지게 되었다고 보는 입장이다. 이러한 해석을 내린 대표적인 사람들이 교회 교부(敎父)들이었다.

다. 그러나 여기에 대해서는 다음과 같은 반론을 제기해 볼 수 있다. 미쉬나를 편집한 주역이 바리새파의 후예들로서 그 이름 자체가 사두개파에 의해 경멸적인 의미로 붙여졌다고 볼 때―여기에 관해 후술- 의도적으로 '페 누쉼'이란 어휘의 사용을 꺼렸다고 볼 수 있다.

20 『야다임』 4:6, 7, 8.
21 H. Maccoby, *Early Rabbinic Writings* (New York: Cambridge University Press, 1988), 139; E. Rivkin, ibid., 131. 참조. '페루쉼'이 바리새인을 의미하지 않는다고 보는 주장에 관해 A. Baumgarten. "The name of the Pharisees", *Journal of Biblical Literature* 102, 3 (1983), 412를 보라.

3) '바리새인'이란 이름(2): '(정통에서) 분리된 자'

첫 번째로, 바리새인들을 '분리주의자'로 정의할 때, 어떤 사람들로부터 분리된 자들이라고 가정할 수 있다. 다시 말해서 만일 어떤 사람(들)이 일단의 경건파 사람들에게 '분리주의자', '종파 분리주의자' 라는 경멸스런 의미로 '바리새인'이란 이름을 붙여 주었다고 가정할 경우에, '누가 이런 이름을 붙여 주었겠는가' 하는 것이다.[22] 아마도 대제사장들과 지주 계급 등 귀족층으로 구성된 사두개파가 '바리새인'이란 이름을 붙여 주었을 가능성이 크다.

왜냐하면, 이들 경건파 사람들은 성문 율법외에 구전 율법의 절대 권위를 내세울 뿐만 아니라, '내세'(來世), '영생과 부활', '천사와 귀신론' 등 당시에 현세 지향적이었던 사두개파로 볼 때 용납하기 어려운 교리들을 주창하여 '(정통에서) 떠난 자들, 분리되어 나간 자들'로 보여질 수 있었기 때문이다.

소위 바리새파 사람들이 자신들의 당파에 속한 사람들을 '친구들' 내지 '동지들'이라는 뜻에서 '하베림'(חֲבֵרִים) 이라고 불렀지, '바리새인' 내지 '바리새파'라고 부르지 않았다는 사실은 '바리새파'라는 이름은 타인이 붙여준 경멸스러운 칭호였다는 추정에 설득력을 부여해 준다. 또한, 랍비 문헌(미쉬나)에서 '바리새인들'을 뜻하는 '페루쉼'(פְּרוּשִׁים)이란 단어가 오직 '사두개인들'을 뜻하는 '쩨두킴'(צְדוּקִים)과 대응하여 나온다는 사실[23] 또한, '바리새인'이란 표현이 사두개인들의 경멸적인 의도에서 나온 이름이었을 가능성에 무게를 실어 주고 있다.

---

22 바리새인을 뜻하는 '페루쉼'이란 단어 자체가 경멸스런 단어였음에 대해서는 다음을 참고하라. L. Finkelstein, "The Men of the Great Synagogue (*circa* 400-170 B.C.E.)", *The Cambridge History of Judaism* II (ed. W. D. Davies and L. Finkelstein; Cambridge: Cambridge University Press, 19890, 231, n. 4.

23 『야다임』 4:6, 7, 8 참조.

여하간에 바리새파를 전자의 입장 즉 불결한 것, 부정한 것, 가증한 것들로부터 자신들을 분리시키는 자들이라고 정의를 내릴 때, 이들을 자기들만의 정결을 추구하여 일반 대중으로부터 자신들을 멀리하는 '분리주의자'로 간주하는 것은 바르지 않다. 만일 그런 식으로 이해한다면, B.C.-A.D. 1세기에 사두개파나 에세네파와 달리 대중들의 가장 큰 지지를 받았던 바리새파의 우세성을 설명하기 어렵기 때문이다.

바리새파는 에세네파와 달리 결코, 세속적인 현실과 대중으로부터 도피하지 않았다. 이들은 부정한 것들에서 자신을 구별함으로써 거룩을 추구하는데 그치지 않고, 나아가 적극적으로 대중들의 일상적인 삶을 거룩의 차원으로 끌어 올리고자 했음을 엿볼 수 있다.

출애굽기에 대한 랍비 주석(미드라쉬)인 '메킬타'를 보면, 이들이 일상의 삶에서 자신들을 부정한 것들에서 구별하는 궁극적인 목적을 제사장 나라를 이루고 거룩한 백성이 되는데에 두고 있었음을 감지할 수 있다. 즉, 메킬타에서 출애굽기 19:6(너희가 내게 대하여 **제사장 나라**가 되며, **거룩한 백성**이 되리라)을 다음과 같이 해석하고 있다.

> 거룩 거룩할지어다, 세상과 모든 가증한 것들로부터 구별(분리) 될지어다.

4) '일상의 식사'를 '거룩한 제사장의 식사'로[24]

유대인들에게 가장 거룩한 장소는 성전이었다. 당연히 성결법에 따라 제사장들은 희생제사 와 같은 제사장의 직무를 수행하기 위해 제의적으로

---

24 이에 관해 다음의 글들을 참고하라: G. Alon, *Jews, Juidaism and the Classical World: Studies in Jewish History in the Times of the Second Temple and Talmud* (Jerusalem: Magnes Press, 1977), 210-219; J. Neusner, "The Fellowship (חבורה) in the Second Jewish Commonwealth", *Harvard Theological Review* 53 (1960), 125-142; *From Politics to Piety: the Emergence of Pharisaic Judaism* (Hoboken: Ktav Publishing Press, 1979), 83; H. K. Harrington, "Did the Pharisees eat ordinary food in a state of Ritual Purity?", *Journal for the Study of Judaism* 26 (1995), 43-54.

성결한 상태로 성전에 들어가야 했다. 제사장들은 제의적으로 성결한 상태에서 성전의 음식을 먹어야 했다. 그리고 성전에 들어간 사람들은 누구나 제의적으로 청결해야 했다. 그러나 성전 바깥에서는 제의 성결법이 준수되지 않았다. 왜냐하면, 비제의적인 일들이 레위기적인 청결 상태에서 행해져야 한다고 보지 않았기 때문이다. 따라서 사두개파를 중심한 유대인들은 성결법을 단순히 성전에서만 지키만 된다고 생각했던 것이다. 그런데 이러한 사고 방식을 깨뜨린 사람들이 바리새인들이었다.

"성결법 = 성전과 제사장의 율법"이란 방식을 깨뜨리고, 성전의 제사장들에게 적용되는 성결법을 성전 바깥에서도 적용해야 한다고 주장한 것이다. 그래서 성전 안과 성전 바깥 곧 각 가정에서도 제의적인 성결법이 준수되어야 한다고 주장했다. 따라서 성전 음식이 아닌 일상적인 음식도 각자 개인이 성전의 제사장처럼 제의적인 성결의 상태에서 먹어야 한다고 주장했다.

바리새파는 성전의 제의적 성결이 일반 가정에서도 준수되기를 바랐고, 이를 통해 '제사장 나라'(출 19:6)의 요구를 실현할 수 있다고 보았던 평신도들, 즉 서기관들에 의해 주도된 종파였다. 예를 들어 바리새인들은 일상적인 삶에서도 제사장적인 성결을 유지하며 살려고 애쓴 사람들이다.

그러나 성결법에 대한 이러한 해석은 자신들을 제사장과 동일시한다거나, 제사장을 대체한다는 의도에서 나온 것이 아니라, 이스라엘에 대한 하나님의 뜻인 '제사장 나라'가 되는 길이 제사장의 성결을 일상에 적용하는데에 있음을 주장하고자 하는 의도에서 나온 것으로 보인다. 이러한 관점에서 바리새인들은 예수님의 제자들이 식사 전에 손을 씻지 아니한다고 비난했던 것이다(마 15:1-2 참조).

4. 바리새파 출현의 종교적 정황

'바리새파'란 이름이 '[정통으로부터의] 분리주의자' 내지 '분파주의자'라는 의미로 사두개파에 의해 붙여졌다고 보는 가정은 바리새파가 출현했다고 추정되는 시기의 종교적 정황을 살펴 볼 때, 또 하나의 설득력을 얻는다.

역사적으로 볼 때, 바리새파는 B.C. 167년에 시작된 마카비 가문의 혁명에 주도적으로 참여했던 하씨딤들과 관련이 있음을 살펴 보았다. 여기서 한 가지 질문을 한다면, '왜 예루살렘의 (대)제사장 그룹은 항거에 가담하지 않았는가' 하는 점이다. 유대교 억압에 대한 항거는 가장 먼저 예루살렘의 제사장들로부터 일어났어야 했었다. 그러나 그러하지 못했던 결정적인 이유는 이들이 이미 헬라화되어 있었고, 도덕적으로 타락했었기 때문이다.

예루살렘 성전에 헬라신들을 위한 제단이 세워지고, 제단이 돼지고기와 이교 제물로 더럽혀졌음에도 불구하고 이들은 저항하지 않았다. 헬라화와 도덕적인 타락에 의해 경건의 능력을 상실한 제사장들에게 저항의 명분과 능력이 남아 있지 않았기 때문이다. 알렉산더 이래로 프톨레미 왕조(B.C. 319-198년)의 지배를 거쳐 셀류시드 왕조 치하에서 마카비혁명이 일어나기까지, 팔레스타인의 유대인들은 서서히 헬라화 되어가고 있었으며, 예루살렘의 제사장들 역시 예외가 아니었다.

특히 B.C. 175-160년 경은 유대 제사장들의 타락과 영적 암흑기였다. 제국 내의 다른 지역과 마찬가지로 유대인들을 헬라화시켜 통치의 이상—헬라 문화 신봉자로 만드는 것—을 실현하고자 하는 안티오커스 에피파네스 4세의 열정과 제사장들의 타락이 맞물렸기 때문이다. 예루살렘의 유대인들은 헬라 옷을 입고, 헬라 관습을 따르며, 헬라어를 사용했다. 이들은 헬라 문화(체육관, 히포드럼-말 경기장, 대중 목욕탕)에 맛을 들이게 되었으며, 제사장들은 제사장직 수행보다는 운동 경기장과 히포드럼에서 열광하는

데 익숙해지고 있었다.[25]

 셀류쿠스 3세가 죽고 B.C. 175년 안티오커스 4세가 왕위를 계승할 당시의 대제사장은 오니아스 3세였다. 그런데 오니아스의 동생 야손이 안티오커스에게 은 360달란트를 약속하고 대제사장직을 매수해 버린다. 그는 유대인들의 생활을 헬라식으로 바꾸는 데 전력을 다함으로써 안티오커스의 환심을 사려고 하였다. 유대 율법에 의한 여러 제도를 폐지하고 율법에 반대되는 생활 양식, 즉 헬라적인 문화와 생활 양식을 도입했다.[26]

 이러한 타락의 결과, 제사장들은 희생제사 등, 성전 직무 수행에 태만해지고, "원반 던지기를 신호로 경기가 시작되기가 바쁘게 경기장으로 달려 가서 율법에 어긋나는 레슬링 경기에 다른 사람들과 함께 휩쓸렸다"(마카비하 4:14). 자기 형을 몰아내고 대제사장이 되었던 야손은 불과 3년 후에 메넬라오스에게 대제사장직을 탈취당한다. 야손의 심부름꾼으로 안티오커스 4세를 만난 메넬라오스는 자신이 유대에서 가장 권위 있는 자인 것처럼 꾸미고, 안티오커스에게 야손이 바친 액수보다 은 300달란트를 더 바침으로써 대제사장직을 가로채 버렸던 것이다.[27]

 메넬라오스는 성전 금고의 돈과 금그릇 및 기물 등을 탈취하여 뇌물 수수에 사용하였다. 메넬라오스는 그의 권세 10년 동안(B.C. 171-161년) 안티오커스 4세(B.C. 175-163)의 하수인이자 충복이었다. 마카비하에 의하면 마카비혁명을 초래한 안티오커스의 유대교 말살 정책을 앞에서 선동한 자가 대제사장 메넬라오스였다.[28]

 따라서 예루살렘의(대)제사장들이 헬라의 유대교 말살정책에 항거하지 않은 것은 너무나 당연하였다. 항거의 명분과 능력은 율법과 유대 관습을

---

[25] R. F. Surburg, *Introduction to the Intertestametal Period*, 김의원 역, 『신구약 중간사』 (서울: 기독교문서선교회, 1999), 38-9.
[26] Ibid., 39.
[27] Ibid., 마카비하 4:24.
[28] 마카비하 5:15-16 참조.

지키기에 열성이었던 경건한 사람들의 몫이었다. 경건한 서기관(쏘페르) 엘리에제르가 돼지 고기를 먹지 않는다는 이유로 순교하였으며,[29] 유대의 시골 제사장 마타티야후가 항거의 횃불을 들었을 때, 집결한 자들은 당연히 하씨딤 무리였다. 이 하씨딤 중에서 타락한 예루살렘 제사장들을 부인하는 제사장 중심의 운동으로 나타난 것이 에세네파였다면, 서기관들을 중심으로 한 온건한 평신도 운동으로 전개된 것이 소위 '바리새파'였다.

예루살렘의 대제사장들과 지주 그리고 부유한 상인들로 형성된 소위 '사두개파'에게 있어서 거슬리는 자들은 아예 예루살렘 성전은 물론 도회지를 떠나 촌락이나 한적한 곳으로 은둔해 버린 에세네파가 아니었을 것이다. 성전과 예루살렘에 머물면서 일상의 삶을 제의적 성결의 수준까지 끌어 올리고자 했던 일단의 하씨딤 무리들—소위 '바리새파'—이 사두개파들의 심기에 불편한 존재들이 되었을 것이다. 이들이 부정한 것들에서 자신들을 멀리하여 성전에서 제사장의 제의적 성결의 수준에까지 이르고자 했을 때, 그러지 못했던 예루살렘의 제사장들을 비롯한 사두개인들의 마음에 불편함을 주었을 것이다.

또한, 서기관들이 내린 성문 율법에 대한 해석들에 관해, 이들이 절대 권위를 부여하여 소위 '구전 율법'을 주창(主唱)하게 된 것도 사두개인들을 불편하게 만든 한 요인이었을 것이다. 부(富)와 권력을 소유하고 있었으나, 대중들의 지지를 받지 못하고 있었던 사두개인들이 고작 할 수 있었던 것이란 이들을 향해 '바리새인들'이라고 비꼬는 일외에는 없었으리라. 아마도 사두개인들이 이들을 향해 '(정통에서) 떠난 자' 내지는 '분파주의자'라는 뜻에서 '바리새인들'이라고 부르기 시작하자, 이들은 '동지!'('하베림')라고 부르며 서로를 격려하게 되었을 것이다.

---

[29] 마카비하 6:18 참조.

5. 바리새파의 영향력

1) 사두개파와 바리새파의 긴장 관계

 일단의 경건파 무리들—하씨딤—이 헬라의 유대교 억압에 항거하면서 조직화된 집단이 바리새파라고 할 때, 이 집단은 사두개파와의 긴장 관계를 피할 수 없었을 것이다. 사두개파는 헬라화된 예루살렘 제사장들과 부유한 상인들 및 지주들로 구성되어 있었기 때문이다.

 B.C. 2세기 중반의 유대 사회를 지배하고 있던 권력은 먼저는 헬라의 셀류시드 왕조였고, 다음은 대제사장이었다. 당시 부유한 상인들과 지주들은 기득권을 유지하기 위해 현실 권력과 결탁하지 않을 수 없었을 것이고, 자연히 헬라의 가치관과 관습을 수용하게 되었을 것이다.

 또한, 이들은 유대 사회의 또 다른 권력이었던 대제사장들의 깃발 아래로 모여 들게 되었을 것이다. 그래서 소위 '사두개파'라는 집단은 대제사장들을 비롯한 지배적인 제사장들과 부유한 상인 및 지주들로 이루어지게 된 것이다. 바리새파와 마찬가지로 사두개파가 언제 생겨났는지에 대해 알려 주는 자료는 없다. 소위 '바리새파'라는 집단은 경건파 즉 '하씨딤' 무리들에게서 출발하였듯이, '사두개파' 역시 그것이 조직화되기 이전에 대제사장을 중심으로 하는 무리들이 존재하고 있었으리라고 보여 진다.

 '사두개파'라는 이름은 이 파에 속한 자들 스스로가 붙인 이름이라고 보여 진다. '사두개파'라는 말의 히브리어 '째두킴'(צְדוּקִים)이라는 단어는, '사독'(צָדוֹק) 제사장, 곧 최고 권위의 아론 제사장 후손과 이를 따르는 자들의 자부심을 반영하는 표현이기 때문이다.

 일단의 '경건파'를 향해 '바리새파'라고 부른 자들이 '사두개파'라고 볼 경우, '사두개파'가 '바리새파' 보다 먼저 존재했다고 가정할 필요는 없다. 설혹 '바리새파'가 먼저 조직화되었다 하더라도, 기존의 지배층이었던 이들이 '일단의 경건파'들을 향해 '(정통에서 떠난) 분파주의자 내지 분리주의

자'란 뜻으로 '바리새인들'이라고 부를 수 있었을 것이기 때문이다. 여하간에 바리새파는 유대교의 중심이었던 성전과 제사장의 타락에 충격을 받은 경건파들의 각성에서 시작되었기에 사두개파의 미움을 받을 수밖에 없었을 것이다.

2) 바리새파의 영향력

요세푸스는 유대 고대사에서 유대교에 주된 3대 종파로 바리새파, 사두개파, 에세네파가 있었다고 하면서, 바리새파 사람들의 숫자는 6천 명,[30] 에세네파 사람들은 고작 4천 명으로 보고하고 있다.[31] 사두개파 사람들의 숫자는 언급하지 않고 있는데, 이들이 특수 귀족층이었음을 감안할 때 그 숫자는 더욱 미미하였을 것으로 보인다. 이처럼 수치상으로만 본다면, 각 종파의 운동은 일반 대중과 별 관계가 없었지 않았냐고 생각해 볼 수도 있다.

그러나 백성들이 바리새파의 서기관들에게 지도 받기를 원했고, 심지어 서기관들이 왕이나 대제사장에 대해 반대되는 말을 할 때에도 신임했다는 요세푸스의 진술[32]은 바리새파가 A.D. 1세기에 대중들에게 가장 영향력을 끼친 집단이었음을 시사해 준다. 이들이 대중과 깊이 교감할 수 있었

---

30 『유대 고대사』 17.2.4 (42).
31 Ibid., 18.1.5 (20). 최근까지 에세네파는 쿰란 공동체와 동일시되어 왔다. 그런데 2009년 8월 2-6일에 예루살렘에서 열린 제15차 세계유대학술대회 (World Congress of Jewish Studies)의 발표자, 에이알 레게브 (Eyal Regev) 박사는 "쿰란 (문서)에 몇 개의 종파가 있었나?" (How Many Sects Were in [the scrolls of] Qumran?)라는 제목의 논문 발표에서 에세네파에 대한 기존의 이해와 다른 논지를 펼쳤다. 그간의 통설적인 견해는 쿰란 공동체와 에세네파를 동일시하였다. 그러나 레게브 박사는 세속과 자신들을 분리시키는 경건파인 '야카드'(יחד)공동체가 있었고, 이 '야카드' 공동체에서 크게 세 줄기의 경건과 은둔 공동체들이 형성되어 나갔다고 주장한다. 세 줄기의 공동체는 '다메섹 계약 공동체', '에세네파' 그리고 '쿰란 공동체'이다. 즉 에세네파는 '야카드' 공동체에서 형성된 한 줄기이며, 쿰란 공동체와 동일시되는 것은 아니라는 것이다.
32 Ibid., 17.2.4 (42).

던 이유는 이들의 사상(교리)이 사두개파나 에세네파의 것과 달리 극단적이지 않았고 중용적이었으며, 대중의 현실적이고 영적 문제에 대해 해답을 제시해 주었기 때문이라고 보여 진다. 이는 세 종파의 사상(교리)적 특징을 그리고 있는 요세푸스의 진술을 살펴보면 분명해 진다.

> **첫째**, 사두개파는 영혼은 육체와 함께 죽으며, 성문 율법이 명한 것외에 어떤 것도 인정하지 않는다. 운명이나 하나님의 절대 예정은 없다.
> **둘째**, 이에 비해 에세네파는 모든 것을 하나님의 주권과 절대 예정으로 돌린다. 영혼의 불멸을 믿으며, 자기 자신들이 참된 의로운 예물이라고 생각하여 예루살렘 성전에서 희생제사 를 드리지 아니한다.[33]
> **셋째**, 바리새파는 모든 것이 운명에 의해 결정되어진다고 생각할 때에도 인간의 이성적 판단의 자유를 배제하지 않는다. 이들은 영혼의 불멸을 믿으며 이생에서 행한 선악에 따라 지하에서 보상과 처벌을 받게 된다고 믿는다. 악인은 영원한 감옥에 갇히지만, 의인에게는 부활하여 다시 살 능력이 있다.[34]

이상과 같이 인간의 자유의지 내지 이성과 하나님의 주권 내지 예정과의 조화 그리고 현세와 내세를 통해서 이루어지는 보상과 처벌(rewards and punishment) 사상 때문에 대중들의 지지를 받았다.[35]

바리새파 운동은 제사장들의 타락에 충격을 받은 경건파들에 의해 시작되었다고는 하나, 에세네파와 달리 처음부터 기득권 집단이었던 사두개파를 전면 부인하고 나섰던 것은 아니었던 것 같다. 당시의 유대교의 한계점

---

33 이들은 자신들의 삶을 정결케 하기 위해서 도시를 떠나 촌락이나 한적한 곳에서 살았으며, 예루살렘 성전의 절기나 희생제사 에 참여하지 않았다. 그래서 에세네파는 신약성경에 언급되지 않은 것으로 보인다.
34 Ibid., 18.1.3-5.
35 요세푸스는 바리새파, 사두개파, 에세네파의 순서로 설명했지만, 양극단으로 흐른 사두개파와 에세네파와 달리 바리새파는 중용적 입장을 취하고 있음을 부각시키기 위해 필자는 순서를 바꾸어서 설명하였다.

을 보완하는 운동이었다고 보여 진다. 그들은 여전히 제사장의 권위아래 있는 유대 사회의 현실과 평신도의 위치를 인정하였을 것이다.

당시의 유대교의 현실적인 문제점들을 율법에 비추어 해석하고 율법적인 장치로 보완해 나가는 조용한 자기 실천 운동이요 드러나지 않은 개혁 운동이었다. 그 대표적인 것이 전술한 바 있는 '일상 식탁의 제사장 수준으로의 성결화'와 같은 것이다. 이제 바리새파가 현실 권력과 대중, 양자 모두에게 영향력을 끼치게 되는 과정을 살펴 보자.

6. 바리새파의 영향력의 시대별 고찰

바리새파의 영향력을 살펴 보고자 할 때, 먼저 바리새파의 원조요 중심 인물인 서기관들이 유대 사회에서 어떠한 지도력을 발휘하였는가를 추적해 볼 필요가 있다. 이를 위해서 먼저 제2성전 시대(B.C. 515년- A.D. 70년)를 페르시아 시대, 헬라 시대, 하스모니안 왕가 시대, 헤롯 왕가 시대로 나누고, 그 시대 별로 유대 사회의 의사 결정과 통치, 사법적 집행이 어떻게 이루어졌는지에 대해 질문을 해 보면 좋을 것이다.

1) 페르시아(바사) 시대 (B.C. 538-322년)

B.C. 539년 바벨론 제국을 멸망시킨 페르시아제국의 '고레스 칙령'에 따라, B.C. 538년 유대인들은 바벨론 포로에서 돌아왔다. 페르시아 제국 시대(B.C. 538-322년)의 유대 사회는 총독의 영향하에 있는 자치 사회였다. 왕이 없는 유대 자치 사회의 최고 지도자는 대제사장이었다. 따라서 포로 이후의 유대 사회는 대제사장이 중심이 된 일종의 신정 정치(Theocracy) 사회였다고 볼 수 있다. 그런데 페르시아 시대와 헬라 시대를 거치면서 또

하나의 지도자 계급이 등장하게 되는데, 바로 서기관들이다.[36]

서기관들이 새로운 지도자 계급으로 등장하게 되는 시대적 배경을 풀어 보면 다음과 같다. 유대 사회가 대제사장이 중심이 되는 신정 정치 사회였지만 최고의 통치 규범은 율법(토라)이었다. 모든 법은 해석을 필요로 한다. 그런데 포로 이후의 유대 사회의 전반적인 정황은 포로 이전과 달랐다. 새로운 정황에 적용할 수 있도록 율법을 새롭게 해석하여야 했다. 이러한 배경으로 인해 지식인들이었던 서기관들이 율법 해석의 전문가들로 등장하기 시작한 것이다.

그러나 페르시아 시대 초기에는 서기관들이 독자적인 계층을 형성하지 못했고, 평신도 서기관들 보다 제사장 출신 서기관들의 활동이 두드러졌던 것으로 보인다. 이러한 사실은 에스라서와 느헤미야서에서 서기관 에스라가 제사장 출신이었으며, 그와 함께 율법을 가르친 이들이 레위인들이었음을 통해 짐작이 된다.[37]

그런데 공적으로 토라(율법)를 읽고 해설해 주는 모임이 생겨나면서, 서기관들의 영향력이 서서히 증대하게 된다. 그러한 모임의 장소는 성문 앞 광장이었다. 바벨론 포로 이전에도 성문 혹은 성문 앞 광장은 재판이나 예언 혹은 공적인 선포 등을 하는 공공 장소였다.[38] 에스라의 경우에도 '모세의 율법책'—소위 '모세오경'—을 읽고 해석했던 장소는 수문(Water Gate)앞 광장이었다.[39]

'모세의 율법'을 읽고 해석해 주는 목적은 현실적인 법적 문제와 제의 문제들을 해결해 주는 일외에도 일반 평신도들을 교육시키려는 의도가 있었다. 공적으로 율법을 가르치게 되면서 다양한 계층의 사람이 율법을 공

---

36   J. Schaper, "The Pharisees", *The Cambridge History of Judaism III* (ed. W. Horbury and W. Davies and J. Sturdy; Cambridge: Cambridge University Press, 1999), 402-3참조.
37   느 8:9 참조.
38   룻 4:1; 삼하 12:2; 왕상 22:10; 슥 8:16; 잠 1:21 등 참조.
39   느 8:1, 3, 16 참조.

부하게 되고 서기관들의 지식을 공유하게 되며, 나아가서 토라 연구와 실천에 몰두하는 의식있는 평신도들을 낳는 성과를 가져왔다.

경건한 평신도들, 즉 하씨딤 무리들은 바로 이러한 분위기 속에서 형성되게 된다. 페르시아 시대 후반부로 오면서 서기관들은 율법 해석과 교육을 위한 전문적인 계급을 형성하게 되었다. 평신도들에 대한 영향력이 커지면서, 전문 서기관들은 점점 성전의 제사장 계급 구조와는 별도의 반(半)독립적인 학자 계급이 되었다.[40] 그런데도 페르시아 시대에 유대 자치 사회의 전반적인 입법·사법권은 대제사장을 중심한 고위 제사장들의 손에 달려 있었다고 볼 수 있다.

랍비 문헌에 의하면[41] 유대 사회의 입법, 사법을 관장하는 일종의 원로원이 있었다고 한다. B.C. 444년 에스라와 느헤미야에 의해 시작되었다고 하는 '대회당'(Great Synagogue, 히브리어로 '크네세트 그돌라'(כְּנֶסֶת גְּדוֹלָה)이 그것이다. 이는 큰 '회당'을 의미하는 것이 아니라, 제사장, 레위인 그리고 장로와 서기관 등 83명의 유대 사회의 지도자들로 구성된 입법·사법 기관이었다.

느헤미야 10장에 나타나는 명령들—안식일에 매매 금지; 안식년 준수; 이방인과의 혼인 금지; 성전세로 매년 3분의 1세겔을 바칠 것; 성전의 단에 사를 나무를 바칠 것 등—이 '대회당'에 의해 만들어진 것이라고 한다. '대회당'의 역사성에 대해 학자들 간에 의견이 나뉜다. 과거의 학자들은 랍비 문헌의 진술을 받아들여, '대회당'에서 '산헤드린'이 발전해 나왔다고 주장하였다.[42]

---

40 J. Schaper, "The Pharisees", 404참조.
41 『아보트』 1:1.
42 대표적인 학자가 핑켈스타인이다. 그의 논문, L. Finkelstein, "The Men of the Great Synagogue (*circa* 400-170 B.C.E.)", *The Cambridge History of Judaism* II (ed. W. D. Davies and L. Finkelstein; Cambridge: Cambridge University Press, 1989), 229-44을 참고하라.

그러나 랍비 문헌을 비평적으로 보는 학자들은 '대회당'의 역사성에 대해 의문을 갖는다. 이들에 의하면 '대회당'은 서기관들의 후예들인 랍비들이 서기관들의 역사적 중요성을 강조하기 위해 만들어 낸 '역사적 이상화'(historical idealization)의 산물이다.[43] 이들의 일차적 논거(論據)는 '대회당'의 존재를 언급하는 문헌이 A.D. 3세기에 처음으로 편집된 랍비 문헌, 곧 '미쉬나' 외 에는 존재하지 않는다는 데 있다.

2) 헬라 시대 (B.C. 322-142년)

(1) 프톨레미 왕조[44]

알렉산더 대제가 33세로 급사하자(B.C. 323년), 그의 제국은 휘하 장수들에 의해 분할되는데, 크게 애굽을 중심한 프톨레미 왕조와 수리아를 중심한 셀류시드 왕조로 나뉜다. 팔레스타인을 선점한 세력은 프톨레미 왕조였다. 유대 사회의 지배자는 이제 페르샤에서 헬라의 프톨레미 왕조로 바뀌었다.

B.C. 319-198년 프톨레미 왕조의 지배하에서도 유대인들은 페르시아 시대에 누렸던 것과 같은 자치권을 누린다. 제국은 오직 세금 징수에만 관여했고, 내정(內政)은 간섭하지 않았다. 여전히 유대 사회의 내정 책임자는 대제사장이었다. 그런데 바리새파와 관련하여 주목할 점은 이 시대가 바리새파의 구심력이 되는 평신도 서기관들이 왕성하게 일어나며 중산층이 형성된 시기였다는 점이다.

프톨레미 왕조하에서 팔레스타인은 지속적인 경제 성장을 경험한다. 새로운 작물과 농업 기술이 도입되고, 관개 시설이 확충되어 상당한 생산 증

---

43 L. I. Levine, "The Nature and Origin of the Palestinian Synagogue reconsidered", *Journal of Biblical Literature* 115 (1996), 425-8, 특히 432-5 참조.

44 프톨레미 왕조에 관해 R. F. Surburg, *Introduction to the Intertestametal Period*, 27-34참조.

대를 가져왔으며, 기술 혁신으로 전반적인 경제 발전이 따르게 되었다. 따라서 팔레스타인의 인구도 가속적으로 증가하기 시작했다. 이에 따라 새로운 사회 계층, 곧 사회 경제적 중산층이 형성되기 시작한 것이다.

이런 중산층은 주로 예루살렘에서 활동했다. 예루살렘은 농촌에서의 생산과 도시에서의 소비를 연결하는 지점이었고, 농업 기술 혁신의 공헌자들인 숙련공(장인)들과 경제 유통의 공헌자들인 무역업자들이 모이는 곳이기도 했다. 이러한 팔레스타인의 경제 부흥으로 제국의 세금 수입이 증대하게 되었으며, 이로 인해 상당히 복잡한 행정 체계가 필요하게 되었다. 전반적으로 새로운 세금 징수 체계는 유대 사회의 상위층과 새롭게 부상하는 중산층에게는 유리하였지만, 시골 사람들에게는 혐오스러운 것이었다. 이같이 도시와 농촌 간의 구분이 뚜렷해지고 도시의 헬라화의 속도가 가속화되었다.[45]

도시의 중산층은 바리새파의 형성에 중요한 기반을 제공하게 된다. 여유 시간을 갖게 된 중산층 사람들이 그들의 사업 외에 성경 해석과 법적인 문제에 점점 많은 관심을 갖게 되면서, 율법에 관한 해석학적 지식이 풍부한 계층이 나타나게 된 것이다. 이는 평신도 서기관들의 숫자가 증가하고 평신도 서기관들의 영향력이 증대되는 결과를 가져왔다. 경제가 발전하면서 심지어 유대 광야의 목동에 이르기까지 유대인들은 헬라의 재정 확보와 관련된 복잡한 행정 체계와 관료 서식에 얽매이게 되었고, 따라서 전문적인 서기관들의 도움을 필요로 할 수밖에 없게 된 것이다.

서기관들은 지배 권력 구조내에서는 성전과 관련된 업무를 제외한 공적인 업무를 맡게 된 동시에, 율법 해석의 전문가로서 대중과 밀접한 관계를 형성하였다. 대중과 지배 권력 양자 모두에 일정한 영향력을 갖게 된 것이다. 프톨레미 왕조 시대 말엽쯤에는 서기관들의 가르침(할라카)을 따라 경

---

45 M. Stern, "The Second Temple Period", *History of the Jewish People I* (ed. H. H. Ben-Sasson; Tel Aviv: Dvir, 1969), 181-2 (히브리어).

건하게 살아가는 하씨딤들과 그리고 일반 대중들의 지지를 힘입어 서기관들은 상당한 영향력을 발휘할 수 있는 백성들의 지도자들로 자리매김을 하게 되었다. 프톨레미 왕조 시대에 평신도 서기관들은 뒤 이은 셀류시드 왕조하에서 그들의 지도력을 발휘할 수 있는 기반을 닦은 셈이다.[46]

(2) 셀류시드 왕조[47]

프톨레미 왕조가 팔레스타인을 지배한 지 122년 만인 B.C. 198년에 페니키아—오늘날의 레바논—와 팔레스타인의 지배권은 셀류시드 왕조로 넘어가게 된다. 안티오커스 3세(B.C. 222-187년) 때의 일이다. 그는 유대인들에게 자유로운 신앙 생활을 비롯하여 자치 사회 운영에 많은 호의를 베풀었다.

B.C. 약 200년경 안티오커스 3세가 내린 칙령에 유대 사회의 자치 행정 기구인 '게루시아'(γερουσία)가 언급되고 있다.[48] 원래 '게루시아'는 장로들의 '원로회'에서 발전된 것으로 제사장들과 장로들로 구성되었다가 나중에 서기관들이 포함되었다. 서기관들이 '게루시아'의 구성원들이 되었다는 사실은 프톨레미 왕조에서 그 기반을 닦은 서기관들이 셀류시드 왕조에서 그 영향력을 발휘하기 시작했음을 의미한다.

3) 하스모니안 왕가 시대(B.C. 142-63 년)[49]

(1) 하스모니안 왕가의 개막

셀류시드 왕조에서 유대인들에게 일어난 가장 큰 역사적 사건은 '마카비혁명'이었다. 이를 통해 유대인들은 B.C. 164년에 종교적 자유를 획득

---

46 J. Schaper, "The Pharisees", 404-5.
47 셀류시드 왕조에 관해 R. F. Surburg, *Introduction to the Intertestametal Period*, 34-45참조.
48 『유대 고대사』 12.3.138-146.
49 하스모니안 왕가에 대해서는R. F. Surburg, *Introduction to the Intertestametal Period*, 46-63.

했고, 나아가 B.C. 142년에 정치적인 독립을 쟁취하였기 때문이다. 헬라 지배 시대가 막을 내리고 유대인의 주권 독립 국가 시대가 열린 것이다. 유대인들은 마카비혁명의 마지막 지도자 시몬에게 대제사장 겸 절대 군주의 지위를 부여한 B.C. 142년을 하스모니안 왕조의 원년으로 본다.[50]

마카비혁명은 유대 독립 국가 곧 하스모니안 왕가를 출현시켰지만, 내부적으로 볼 때 유대 사회의 권력 체계에 변혁을 가져왔다. 마카비혁명을 계기로 아론계, 곧 사독계 제사장의 대제사장 승계(承繼)가 끊어지게 된 것이다. 이것이 사독계 제사장의 씨가 말라 버려서 그렇게 된 것이 아니라, 인위적인 교체였다면 일종의 혁명이라고 할 것이다.[51]

페르시아 시대 이래로 유대 사회는 모세오경(토라)을 최고의 통치 규범으로 두고 대제사장에 의해 다스려지는 신정 정치 사회였다. 최고 통치 규범(오경)에 의하면 대제사장은 아론계 제사장에 의해 승계되어야 한다. 그런데 최고 통치 규범을 어기고 비(非)아론계인 유대의 시골 제사장, 마카비 가문이 대제사장직에 오른 것이다. 그간 금품 수수(授受)에 의해 대제사장직이 바뀌는 일들이 있었으나, 그것은 아론계 제사장들 간의 문제였다. 비록 헬라의 앞잡이 노릇을 하긴 하였으나 대제사장 메넬라우스와 그 뒤를 이은 알키무스(Alcimus) 모두 아론의 후예였다. 그러나 비(非)아론계 제사장이 대제사장직에 오르는 것은 오경에 근거한 합법성의 문제가 제기된다. 이 문제를 해결한 자들이 바리새파이다.[52]

마카비 가문에서 처음으로 대제사장직에 오른 자는 요나단이었다. 그의 형 유다에 이어 B.C. 160년에 마카비혁명의 지도자로 선임된 그는 B.C. 152년에 대제사장에 임명되었다. 사실 그의 전임자 알키무스(Alcimus)가 159년에 죽은 이래, 대제사장직은 공석으로 있었다. 셀류시드 왕조 내에서 스스로 왕위에 오른 데메트리우스 1세와 안티오커스 4세의 아들인 알

---

50 Ibid., 54.
51 J. Schaper, "The Pharisees", 410.
52 Ibid., 411.

렉산더 발라스(Alexander Balas) 사이에 왕위 쟁탈전이 벌어졌을 때, 승리자 발라스는 자기를 지원해 준 보답으로 요나단을 대제사장에 임명하였다.[53] 이는 사독 가문의 대제사장 승계에 마침표를 찍은 것이다. 사독 가문의 퇴출은 율법과 전통에 배치되는 것이었다.

그러나 이는 유대 사회에서 극단적인 헬라파의 붕괴를 의미하는 동시에 마카비 가문의 결정적인 정치적 승리를 의미하는 것이기도 하였다. 이는 발라스가 요나단을 대제사장에 임명할 때, 또한 그를 사령관 겸 협동 총독에 임명했다는 사실에서 확인된다. 셀류시드 제국은 요나단을 유대 나라의 공식적인 정치·종교 지도자로 인정한 것이다. 이 때로부터 유대 사회는 셀류시드 제국의 반(半)독립적인 봉신국가가 되었다.

이러한 새로운 상황, 곧 비(非)아론계 제사장의 대제사장 승계를 환영한 자들이 바리새파였다. 바리새파의 형성이 마카비혁명 시에, 특별히 요나단이 지도자로 있을 때에 이루어졌다고 보는 것과 상통한다고 할 것이다. 마카비혁명을 지원한 하씨딤들과 이들의 지도자들인 서기관들은 애초에 아론계 제사장들을 합법적인 대제사장의 후계자로 지지하였다.

서기관들을 중심한 이들 하씨딤들은 대제사장 메넬라우스가 헬라화에 앞장섰고, 그 후임자인 알키무스 역시 헬라파였음에도 이들이 아론계 제사장들이라는 이유로 그들의 합법적인 대제사장 승계를 지지하였다. 그런데 아론계 제사장의 합법적인 대제사장 승계에 관한 이들의 생각이 바뀌게 된 것은 대제사장 알키무스 때문이었다. 헬라파였던 알키무스는 대제사장직을 노리고 데메트리우스1세를 찾아가 유다가 이끄는 마카비혁명군을 고발하였다.

> 유다와 그 형제들은 폐하의 친구들을 몰살시켰고 우리들을 고향에서 추방하였습니다.[54]

---

53 R. F. Surburg, *Introduction to the Intertestametal Period*, 52.
54 마카비상 7:6.

대제사장으로 임명된 알키무스는 데메트리우스1세의 충복인 바키데스의 군대를 이끌고 마카비혁명군을 공격하기 위해 쳐들어왔을 때, 먼저 거짓 평화 사절단을 보냈다. 유다와 혁명군은 이를 믿지 않았으나, 서기관들과 하씨딤들은 헬라 군대와의 중재에 나섰다. 아론의 후예인 제사장이 헬라 군대와 동족 사이의 중재를 위해서 평화 사절단을 보냈다고 생각한 것이다.

> 아론의 후예 한 사람이 사제로 군대와 함께 와 있습니다. 그러니 우리에게 아무런 해도 끼치지 않을 것입니다.[55]

그러나 정작 평화 약속을 했던 알키무스는 서기관들과 하씨딤 중에서 60명을 체포하여 그날로 죽여 버렸던 것이다. 이 사건은 서기관들과 소위 '바리새파'가 비아론계 제사장 출신이 대제사장에 오르는 것을 반대하지 않는 결정적 계기가 되었다.

(2) 비아론계 제사장의 대제사장 승계

비아론계 제사장 출신인 요나단이 대제사장직에 오르자, 하씨딤 무리 가운데 일부가 떨어져 나가게 된다. 하씨딤 무리 중 소위 '바리새파'는 요나단의 대제사장 승계를 지지하였던 반면에 도저히 모세오경에 따른 아론계 제사장의 대제사장 승계 전통을 어길 수 없다고 본 자들은 예루살렘을 떠나게 된 것이다. 소위 '에세네파'이다.[56]

---

55 마카비상 7:14.
56 바리새파와 에세네파의 뿌리는 하씨딤이다. 에세네파는 하씨딤 무리로부터 크게 두 번 떨어져 나오면서 형성된 그룹이다. 첫 번째 이탈은 마카비혁명이 성공하여 종교적인 독립을 성취한 것으로 만족하지 않고, 정치적 독립으로 이어지자 이에 반발하여 일어났고, 두 번째 이탈은 소위 바리새파가 비아론계 제사장을 대제사장으로 추대하자 일어났다.

경건한 이들은 헬라화된 아론계 대제사장들도 받아들일 수 없었지만, 그렇다고 최고 규범인 모세오경 의 규정을 어기고 비아론계 제사장이 대제사장이 되는 현실도 받아들일 수 없었다. 이들이 택한 길은 경건한 아론계 제사장을 모시고 타락한 속세를 떠나 은둔하는 것이었다. 한적한 촌락이나 광야로 이들은 거주지를 옮겼다. 사해 주변의 소위 '쿰란 공동체'로 알려진 곳도 이들이 택한 거주지 중의 하나였다.

(3) 백성의 추대에 의한 대제사장직 승계

서기관들과 소위 '바리새파'는 B.C. 152년 요나단이 대제사장에 임명되었을 때는 아론계 제사장에 대한 사적 감정—대제사장 알키무스가 하씨딤 60명을 죽인 사건—때문에 이를 묵시적으로 인정하였다면, B.C. 142년에는 마카비 가문의 마지막 생존자인 시몬을 공식적으로 대제사장으로 추대하는 일에 앞장을 섰다.

마카비상 14장의 보고에 의하면 시몬은 '제사장들과 백성들과 백성의 지도자들과 나라의 원로(장로)들의 '회합'[57]에서 대제사장에 추대된다.[58] 즉 시몬은 비아론계 제사장 가문 출신으로서, 왕에 의해 대제사장직에 임명된 것이 아니라 백성의 추대에 의해 대제사장직에 오른 것이다. 이는 일종의 혁명이었다. 이 일을 주도한 자들이 바리새파라고 보여 진다.

사독을 아론의 아들 엘르아살의 자손으로 진술하고 있는 역대상 6:8절의 진정성을 의심하여 사독이 아론의 자손임을 부인하는 학자들도 있으나,[59] 사독이 다윗에 의해 대제사장으로 임명된 이래(삼하 8:17), 적어도 제

---

57 헬라어로 '시나고게' συναγωγή.
58 마카비상 14:28, 35 참조.
59 사독을 여부스 제사장 출신으로 보는 주장에 관하여서는 다음을 보라: H. H. Rowley, "Zadok and Nehushtan", *Journal of Biblical Literature* 58 (1939), 113-41; "Melchizedek and Zadok", *Festschrift Alfred Bertholet* (Tübingen: Mohr Siebeck, 1950), 461-72; C. Hauer, "Who was Zadok?" *Journal of Biblical Literature* 82 (1963), 89-94. 이에 대한 반박으로는 F. M. Cross (*Canaanite Myth and Hebrew Epic*[Cambridge: Havard University

2성전 시대에 사독의 후예는 대제사장직을 승계할 수 있는 유일한 아론의 적통(嫡統)으로 인정되고 있었다. 유다의 백성들이 시몬을 대제사장으로 추대하였다는 사실은 대제사장의 임명과 관련된 두 가지 전통이 깨어진 것을 의미한다. 즉 모세오경에 근거한 합법성의 전통과 왕에 의해 임명되는 전통이 깨어져 버린 것이다.

'제사장들과 백성들과 백성의 지도자들과 나라의 원로(장로)들의 '회합'('시나고게' συναγωγή)'에서 대제사장을 임명했다는 사실은 유례가 없는 일이었다.[60] 이제 이 '회합'은 사독계 제사장과 성문 율법(모세오경) 이상으로 권위있는 기구로 간주되어야 할 것이었다. 학자들 중에는 이 '회합'을 랍비 문헌에서 언급하고 있는 '대회당'(Great Synagogue)과 동일시하기도 한다.

요세푸스에 의하면[61] B.C. 200년경 안티오커스 3세(B.C. 222-187년)는 '장로들의 회합'[62]과 성전업무 종사들에게 일시적으로 일부 세금을 면제 해주라는 칙령을 반포했다고 한다. 칙령에서 '회합'은 헬라어 '게루시아'(γερουσία)로 표현되고 있다. '게루시아'는 제사장, 장로 그리고 서기관들로 구성되었다.

'게루시아'에 관한 요세푸스의 증언이 믿을 만한 것으로 평가되고 있음을 감안할 때에 그리고 안티오커스 4세(B.C. 175-163년)에게 대제사장 메넬라우스의 악행을 처리해 달라는 호소를 전달하기 위해 유대인들의 '게루시아'에서 세 사람을 파견했다는 마카비하 4:44의 진술을 고려할 때에, B.C. 142년의 이 '회합'은 실제적으로는 마카비하 4장의 '게루시아'와 동일한 기구였을 것으로 보인다. 이는 '헤베르' 혹은 '수네드리온'(산헤드린) 등 문서마다

Press, 1973], 206-15)와 M. Haran ("Studies in the Account of the Levitical Cities, II", *Journal of Biblical Literature* 80 [1961], 161) 을 참고하라.
60 마카비상 14:28, 35 참조.
61 『고대사』 12.3.138-146.
62 여기서는 '회합'이 헬라어 '게루시아'(γερουσία)로 표현되고 있다.

다른 명칭으로 언급되고 있으나, 제2성전 후반기에 '대의 체제'(代議體制)로 운영되는 유대 사회의 중요한 권력 기관이었음에 틀림없다.⁶³

(4) 누가 '진정한 예언자가 나타날 때까지'라는 말을 만들었는가

누가 혹은 무엇이 권위의 축을 오경의 규정에서 '대의 체제'로 옮겨 놓았는가?

이러한 권위의 중심 이전을 정당한 것으로 인정한 사람(혹은 집단)이라면, 하스모니안 가문이나 백성들에 의해 전반적으로 지지를 받는 계층이었음에 틀림이 없다. 이들은 바로 바리새파 사람들이었다고 보여 진다.⁶⁴ 프톨레미 시대 말엽에 서기관들은 하씨딤들과 더불어 일반 대중들과 지배 권력 양자에 영향력을 발휘할 수 있는 백성들의 지도자들로 자리 매김을 하였으며, 마카비혁명시에 소위 '바리새파'를 형성하게 되었음은 전술한 바와 같다.

바리새파의 이러한 현실적인 영향력과 더불어, 권위의 이전을 주도한 집단으로 바리새파를 꼽는 또 다른 이유는 이들의 독창적인 '할라카' 전통에 있다. 서기관들의 '할라카', 즉 율법의 해석은 율법을 현실에 적용하는 데 목적을 두고 있었다. 율법과 현실이 심각하게 충돌할 시에 그들은 '한시적'(temporary)이라는 조건을 달아 율법의 규정과 현실이 화해할 수 있도록 하였다.⁶⁵ 마카비상 14:42에 보면 다음과 같은 내용이 나온다.

> **진정한 예언자가 나타날 때까지** 우리는 시몬을 영구적인 영도자, 대사제(대제사장)로 삼는다.

---

63 산헤드린의 명칭과 역사적 변천에 관해 다음을 참고하라: Lester L. Grabbe, "Sanhedrin, Sanhedriyyot, or Mere Invention?", *Journal for the Study of Judaism* 39 (2008), 1-19.
64 J. Schaper, "The Pharisees", 410-1.
65 Ibid., 411.

이는 진정한 예언자가 나타날 때까지 '일시적으로' 시몬을 대제사장에 임명한다는 의미로서 비사독계 제사장이 대제사장에 오르는 것을 합법화하는 해석이다. 이는 이론상으로 옛 전통—즉 아론계 제사장의 대제사장 승계—으로 돌아가는 것을 열어 놓고 있기 때문에, 오경의 권위를 부인하는 것을 피하면서, 비사독계의 대제사장 취임에 따른 합법성의 문제를 절묘하게 해결하는 해석이었다. 이는 이단이라는 비난을 피할 수 있는 해석이기도 하였다. 당시에 이러한 해석을 내놓을 수 있는 집단은 바리새파밖에 없었다고 보인다.

(5) 바리새파와 산헤드린

서기관들을 중심한 바리새파는 하스모니안 왕조가 들어서는 초입부터 마카비상 14장에서 언급되고 있는 '회합', 곧 일종의 '대의 지도 체제' 내에서 중요한 영향력을 발휘하였음을 짐작할 수 있다. 여기서 이 '대의 지도 체제'와 관련하여 신약성경에서 언급되고 있는 '산헤드린'에 대해 살펴 볼 필요가 있다.

유대 자치 사회의 '대의 지도 체제'는 이미 페르시아 시대부터 존재한 것으로 보인다. 전술한 바와 같이 랍비 문헌은 제사장, 레위인 그리고 장로와 (성전) 서기관 등 83명의 유대 사회의 지도자들로 구성된 입법·사법 기관으로서의 '대회당'을 언급하고 있다. 랍비 문헌을 비평적으로 보는 학자들은 '대회당'의 역사성에 대해 의문을 갖는 것이 사실이다.[66]

그러나 비록 랍비 문헌이 후대—A.D. 3세기—에 편집되었고, 그 내용에서 과장과 비현실성이 있음을 인정한다 하더라도, 그러한 점들이 '대회당'이 후대의 랍비들에 의해 만들어 진 '가공의 조직'이었다고 주장할 만한 근거들이 되기에는 충분치 않은 것 같다. 페르시아 시대에 대제사장은

---

[66] L. I. Levine, "The Nature and Origin of the Palestinian Synagogue reconsidered", *Journal of Biblical Literature* 115 (1996), 425-8, 특히 432-5 참조.

총독과 함께 유대 자치 사회를 이끌어가는 지도자였다. 그를 보조하는 기구의 존재를 상정하지 않을 수 없다.

민수기 11:16-17에서 언급하고 있는 70인 장로회는 학자들 간에 논의되는 그 역사성 진위 문제를 차치하고라도, 어느 사회든지 지도자를 보조하는 자문기구 내지 행정 기구가 필요했음을 대변해 주는 한 예이다. 따라서 페르시아 시대의 유대 자치 사회에도 행정 자문 기구 내지 대의 지도체제가 존재했다고 보여진다. 내용상의 과장과 비현실성을 인정하면서도, 랍비 문헌에서 언급되는 '대회당'이 바로 그 대의 체제였다고 보여진다.

헬라 제국은 유대 사회에 더 많은 자유와 자치를 보장하였다. 이는 유대 총독에 관한 언급이 없다는 사실을 통해서도 입증이 되며, 다른 한편으로 그만큼 세속적인 정사(政事)에 관한 대제사장의 역할이 더 중요시되었던 것으로 보인다. 이는 대제사장이 세속적인 자치 사회의 지도자 역할을 수행함에 있어서 더 많은 '대의 지도 체제'의 도움을 필요로 했음을 의미한다. 이 지도체제가 안티오커스 3세의 칙령에서 언급되고 있는 '게루시아'이다.

이 체제는 여러 문헌에서 '불레'(βουλή) 혹은 '수네드리온'(συνεδρίον)이라는 이름으로도 언급되고 있는데, 이런 다양한 이름은 제2성전 시대에 유대 사회의 정치적, 사회적 변화에 따른 지도 체제의 구성과 권위의 변화를 반영하는 것이거나, 유대 사회의 지도 체제를 묘사할 적합한 헬라어가 없어 저자에 따라 달리 불려지게 된 것으로 볼 수 있다.

'산헤드린'(וְיִרְדְּהְנַס)은 헬라어 '수네드리온'(συνεδρίον)의 히브리식 표현이다.[67] 이 단어는 제2성전 시대 후반기에 오면서 유대 사회의 '대의 지도 체제'를 가리키는 대표적인 용어가 되었다. 우리 말로 '최고회의', '원로

---

67 Kee에 의하면 A.D. 70년 예루살렘 성전이 파괴되기 이전의 '수네드리온'은 중앙 정부의 정치 행정적 협력기구였으나, 성전이 파괴된 후에 비로소 그 명칭이 그리스-로마식 명칭에서 히브리어 '산헤드린'으로 음역이 되고, 그 기능이 전적으로 종교적인 성격으로 바뀌었다고 주장한다. 그의 논문 H. C. Kee, "Central Authority in Second Temple Judaism and Subsequently: From Synedrion to Sanhedrin", *Annual of Rabbinic Judaism* 2 (1999): 51-63을 보라.

원', '공의회', '대의원회' 등 다양하게 번역될 수 있는데, 유대 사회의 최고 의사 결정 기구였다.

탈무드 전통에 의하면 산헤드린의 회원수는 70명 혹은 71명이다. 이런 차이가 나는 이유는 대제사장을 산헤드린의 의장으로 인정할 경우는 71명이며, 단지 그를 산헤드린의 회원의 하나로 볼 경우는 70명이 되기 때문이다. 그러나 바리새파의 영향력 확대로, 대제사장이 산헤드린의 정규 회원의 하나로 되었을 때에도 대제사장은 중요한 정치적 문제에 있어서 의장으로서 역할을 계속하였다.

예를 들어 제2성전 시대에 유대 자치 사회를 이끌어 가는 '대의 지도 체제'가 있었으며, 그것이 '산헤드린'이란 최종적인 이름을 갖기 이전에 다양한 이름으로 불리웠던 것으로 보인다. 즉 대회당(페르시아 시대), 게루시아, 불레 혹은 산헤드린(헬라 시대) 등이 그것이다. 유대의 '대의 지도 체제'는 의장인 대제사장을 중심으로 한 귀족층의 전유물이었다. 그러나 전술한 바와 같이 헬라의 프톨레미 왕조 말엽부터 평신도 서기관들의 영향력이 커졌고, 셀류시드 왕조의 안티오커스 3세 이후로는 이들도 '대의 체제'의 중요한 구성원들이 된 것으로 보인다. 이 '대의 체제'에서 바리새파는 비아론계 제사장을 대제사장으로 추대하는 일을 주도하였으며 하스모니안 왕조 이래로 유대 사회의 중추적인 지도 세력으로 영향력을 행사하였다.

(6) 바리새파와 하스모니안 왕가의 대립: 힐카누스 1세 (B.C. 135-104년)

시몬과 그의 두 아들이 B.C. 135년 여리고에서 왕위 계승을 노리던 그의 사위 프톨레미에게 살해당한다. 시몬의 셋째 아들 요한 힐카누스(John Hyrcanus)가 살아 남아 프톨레미의 살해 위협속에서 예루살렘으로 귀환한다. 힐카누스는 바리새파의 제자였으며, 바리새파의 지지를 받아 대제사장직을 이어받는다.[68]

---

[68] R. F. Surburg, *Introduction to the Intertestametal Period*, 56-7.

힐카누스가 대제사장에 취임할 즈음에 바리새파는 대중의 영적 지도자로서 뿐만 아니라, '대의(代議) 행정 조직'인 '산헤드린'에서도 적지 않은 영향력을 발휘하였던 것으로 보인다. 바리새파가 해석하고 내놓은 모든 법령(할라카)은 힐카누스에 의해 추인될 정도였다.[69]

그러나 오래지 않아 힐카누스와 바리새파와의 관계는 소원(疏遠)해 지게 된다. 직접적인 원인은 힐카누스의 무분별한 영토 확장 정책 때문이었다.[70] 바리새파는 그들의 모체가 되었던 하씨딤 무리들이 추구했던 바와 같이 '종교적 자유(자율)를 보장하는 정치적 평화'를 자신들의 정책으로 삼고 있었다. 하씨딤들의 우선 순위는 종교적인 자유였으며, 그들은 이것이 보장되는 상황에서는 정치적 독립 내지 영토 확장에 별 관심을 두지 않았다. 이는 B.C. 164년에 마카비혁명이 일차적으로 성공하여 종교적 자유를 얻게 되었을 때, 일부 하씨딤 무리들이 혁명 대열에서 이탈한 이유이기도 하였다.

바리새파는 일부 극단적인 하씨딤—즉, 에세네파—들과는 다르다고 하여도, 평화와 종교적 자유를 우선시하였기에, 재정적인 그리고 인적인 희생이 너무 크다는 이유를 내세워 힐카누스의 영토 확장 정책을 반대하게 되었고, 결국, 힐카누스의 미움을 사게 된 것이다. 힐카누스의 바리새파에 대한 미운 마음이 결정적으로 그들과의 관계 청산에 이르도록 한 것은 바리새파의 한 사람인 엘리아자르였다.

엘리아자르는 (힐카누스가) '의인'이라면 나라를 정치적으로 다스리는 일로 만족해야 할 것이다는 요지의 발언을 했던 것이다.[71] 이는 비록 개인의 생각이라 하더라도, 일부 바리새인들에게 세속 권력과 종교 권력이 한 사람에게 집중되는 것을 경계하는 마음이 있었다는 것을 짐작하게 한다.

---

69 J. Schaper, "The Pharisees", 411.
70 Ibid., 412.
71 『유대 고대사』 13.5 (291).

힐카누스와 엘리아자르 사이의 충돌을 자기들의 세력 확보에 이용한 자들이 사두개파였다. 그들은 왕이 바리새파를 버리고 사두개파에 가담하라고 부추켰다. 결국, 힐카누스는 자신의 권력의 출발이자 기반이었던 바리새파와의 관계를 끊고 사두개파와 손을 잡게 된다.

그는 성문 율법(모세오경)만이 '법'이라는 사두개파의 입장에 따라, 바리새파가 세워 놓은 모든 법령(할라카)을 철폐하였고, 이를 준수하는 자들을 처벌하였다. 대신에 그는 사두개파의 할라카를 지지하게 되는데, 이는 대중들의 원성과 적대감을 불러 일으켰고 바리새파를 지지하는 반란을 초래하게 된다.[72]

이러한 반란의 원인은 새로이 사두개파에 의해 도입된 법령(할라카)들이 바리새파에 의해 제정된 법령들보다 훨씬 더 엄격하다는 점에 있었다. 사두개파의 법령은 쿰란 공동체의 법령과 마찬가지로 매우 엄격하였다.

바리새파의 법령(할라카)들은 세대를 거쳐 전수되어 온 '장로들(혹은 조상들)의 유전'에 근거한 것이었으며, 모세의 율법(토라)에는 기록되지 않은 것들이었다. 바리새파에 의하면 하나님은 시내산에서 모세에게 율법(토라)을 주신 후에 그 율법을 구체적으로 풀어 주는 설명이나 해석도 이미 주셨다고 한다. 그 해석이나 설명이 '장로들(혹은 조상들)의 유전'이라는 것이다. 여기서 장로들 혹은 조상들이란, 이전 시대의 백성들의 지도자 내지 공동체의 유지(有志)들을 가리킨다. '장로들의 유전'이 어떻게 형성되는지 한 예를 들어보자.

레위기 23장 42절은 하나님이 모세에게 주신 초막절에 관한 율법이다.

> 너희는 칠 일 동안 초막에 거하되 이스라엘에서 난 자는 다 초막에 거할찌니
> (레 23:42).

---

[72] J. Schaper, "The Pharisees", 413.

여기서 초막을 어떻게 지어야 할 것인지에 대해서는 언급이 없다. 이를 두고 공동체의 유지들이 다음과 같은 해석을 내놓게 되었을 것이다. 여자는 초막을 지을 수 없다. 지붕은 땅에서 거둔 소산으로 덮어야 한다 등. 또 다른 유지(有志)가 지붕을 덮되 하늘이 보이게끔 덮어야 한다고 해석을 내놓을 수 있고, 이러한 해석들에다가 또 다른 해석이 덧붙여 질 수 있을 것이다. 옷이나 천으로 지붕을 덮어서는 안된다. 병든 자나 여행자가 지어서는 안된다 등, 이러한 해석(할라카)들이 세대를 거쳐서 권위를 받은 것이 소위 '장로들(혹은 조상들)의 유전'이다.

바리새파는 이러한 '장로들의 유전'들을 성문 율법과 함께 또 하나의 '법'으로 인정하였다. 그래서 바리새파는 성문 율법과 '장로들의 유전'에 근거하여 '할라카'(해석)를 내놓은 반면에 사두개파는 성문 율법만을 근거로 하여 자신들의 해석을 내놓았다. 여기서 흔히 요세푸스의 주장을 따라, 사두개파는 '구전 율법'을 인정하지 않았다고 하는데, 여기에 대해 설명이 필요하다.

사두개파의 해석 법령('게제롯'이라고 함) 자체는 '구전 율법'의 요소가 될 수 있다. 단지 사두개파는 바리새파가 주장하는 '구전 율법'에 자신들을 구속하기를 원치 않았고, '구전 율법'의 절대성을 인정하지 않았다고 보는 것이 정확하다. 그런데 사두개파의 해석 법령이 바리새파의 것보다 더욱 엄격하여 백성들을 힘들게 했던 것이다.

힐카누스가 바리새파의 할라카를 철폐하자, 그는 바리새파를 지지하고 있던 대중들의 원성과 적대감을 사게 된다. 바리새파의 할라카는 일반 대중들의 삶의 현실을 법적으로 해석해 낸 것이었으므로 그들의 지지를 이끌어 내는 기반이었던 것이다. 힐카누스가 바리새파의 할라카들을 철폐함으로써 바리새파는 제도적인 영향력을 상실하기는 하였으나, 이로 인해 힐카누스를 미워하게 된 일반 백성들로부터 그 지지도를 더 공고히 다지는 계기가 되었다.

(7) 비제도권에서의 영향력: 알렉산더 얀네우스 (B.C. 103-76년)

힐카누스(B.C.134-104)에 의해 바리새파는 제도권에서 멀어졌고 일종의 재야파(在野派)가 된다. 힐카누스가 죽고 그의 형 아리스토블루스(Aristobulus I Philhellene, B.C. 104-103)에 이어 왕위에 오른 알렉산더 얀네우스(Alexander Jannaeus, B.C. 103-76)[73]는 바리새파와 심각한 충돌을 빚는다. 이는 힐카누스 이래로 하스모니안 왕가와 손잡은 사두개파와의 충돌이기도 하였다. 형과 마찬가지로 알렉산더 얀네우스는 야심가였고 친헬라적 노선을 걸었다. 이는 헬라 세력을 축출하고자 했던 마카비혁명의 이상(理想)과 모순된 것이었다.

따라서 바리새파가 이들에 대해 비판적인 입장을 취하게 된 것은 당연했고, 그에 따른 대가는 제도권으로부터의 소외와 핍박이었다. 그러나 전술한 바와 같이 이 기간에 대중의 바리새파에 대한 지지는 더욱 견고해진 반면에 이들의 얀네우스에 대한 불만은 고조되어 갔다.

알렉산더 얀네우스와 대중(大衆)의 첫 번째 충돌은 장막절 제사가 드려지던 성전에서 일어났다. 얀네우스가 장막절 제사 의식 중 일부를 허술하게 집행하는 것을 보고 화가 치민 대중이 그에게 '에트로그'[74]를 집어 던지며, 그가 전쟁 포로였던 여인의 소생이며 따라서 제사장 자격이 없다고

---

[73] 요세푸스는 알렉산더 얀네우스가 왕위에 오른 것을 하나님의 섭리로 기술하고 있다 (『고대사』 13.11.1-3; 13.12.1 (320-323) 참조). 원래 힐카누스는 장자와 차자 아리스토불루스(Aristobulus)와 안티고누스(Antigonus)를 제일 사랑하였다. 어느날 하나님이 꿈에 나타나자, 힐카누스는 누가 자기의 후계자가 될 지를 물었다. 하나님이 알렉산더의 모습을 보여 주자, 힐카누스는 알렉산더를 미워하여 갈릴리로 보내버렸다. 힐카누스가 죽고 그의 장자 아리스토블루스가 왕위를 잇는다. 그는 권력문제로 어머니를 감옥에 가둬 굶어죽게 하였고, 동생들을 감금했고 바로 아래 동생 안티고누스(Antigonus)를 죽였다. 그는 동생을 죽인 것에 대해 마음에 고통을 받게 되고, 창자가 썩어 피를 토하다가 죽는다. 결국, 아리스토불루스는 재위에 오른 지 1년 만에 죽고, 그의 아내 살로메 알렉산드라(Salome Alexandra)가 갇혀 있던 시동생들을 풀어 주고, 그 중에 제일 맏이였던 알렉산더 얀네우스를 왕위에 오르게 한다 (그리고 얀네우스의 아내가 된다). 요세푸스는 얀네우스가 왕위에 오른 것을 두고 "하나님이 힐카누스를 속이지 않았다"고 평가하고 있다.
[74] 장막절 행사때 사용하는 레몬 비슷한 과일.

모욕했던 것이다. 그는 친위대 용병—당시의 전제 군주들이 그랬던 것처럼, 하스모니안 왕가의 군주들 역시 외국 용병들을 친위대로 쓰고 있었다—을 풀어서 폭동 진압에 나섰고, 6천 명이 사망하는 참변을 낳았다.[75]

알렉산더 얀네우스와 대중의 결정적인 충돌은 그가 아랍인들과 전쟁에서 참패하면서 일어났다. 대중은 그의 참패를 반란의 기회로 삼았다. 얀네우스는 일차적인 승리를 거두었으나, 수리아 셀류시드의 데메트리오스 아카이로스(Demetrius Akairos)가 개입하면서 반란군에게 패한다.

그러나 반란군의 승리가 곧 수리아의 승리가 될 것이고 결과적으로 유대 나라가 다시 셀류시드의 지배에 놓이게 될 것을 우려한 6천 명이 얀네우스 쪽으로 돌아서게 되고, 데메트리우스도 철수하게 된다. 이 기회를 이용하여 반란을 완전 제압한 얀네우스는 주모자 8백 명을 체포하여, 그들이 보는 앞에서 가족들의 목을 따버리고, 그들을 십자가에 달아 죽였다. 십자가형에 처하고 그 가족들을 살해하였다. 나머지 8천 명의 반군들은 도망을 가서 얀네우스가 죽을 때까지 돌아오지 못하고 망명객이 되었다.[76]

알렉산더 얀네우스를 대항한 반란이 바리새파에 의해 주도되었음을 언급하는 자료는 없다. 얀네우스와 반란군과의 내전을 언급하고 있는 요셉푸스의 『유대 고대사』와 『유대 전쟁사』에서도 바리새인들이 개입되었다는 사실에 관한 직접적인 언급은 없다. 그런데도 얀네우스와 바리새파의 갈등을 생각할 때, 막상 대중이 반란을 일으켰을 때 침묵하고 있었다고 볼 수 없다. 오히려 반란의 중추적인 위치에 있었으며, 귀양 보내진 8천 명 중에도 다수의 바리새인들이 포함되어 있었던 것으로 보인다. 이는 알렉산더 얀네우스가 죽은 후 권력을 잡은 바리새인들이 십자가형을 당한 8천 명에 대한 복수를 시도했다는 사실을 통해 입증된다.[77]

---

75 『유대 고대사』 13.13.5 (372-373).
76 Ibid., 13.14.2 (379-383).
77 『유대 고대사』 13.16.2 (410).

얀네우스는 지나친 음주로 인한 질병과 재발되는 열병에 시달렸음에도 불구하고, 군인들과 출정을 쉬지 않았다. 결국, 그는 요단 동편 라가바(Ragaba) 요새 근처에서 죽음을 맞게 된다. 그의 침상곁에서 왕비 살로메가 자신과 자녀들에게 닥쳐올 지 모를 절망적인 상황에 몸무림치면서 울부짖는다.

"당신은 어떤 지지 기반도 없는 저와 아이들을 누구에게 맡길 셈이세요?"

이때 얀네우스가 그녀에게 주는 유언적 충고는 바리새파의 막강한 영향력을 짐작케 한다.

> 아이들과 함께 왕국을 안전하게 유지하려면 내 제안을 따라야 하오. 당신이 요새를 점령할 때까지 병사들에게 내 죽음을 숨기시오. 승리해서 예루살렘으로 들어가시오. 그리고 당신 권력의 일부를 바리새파의 손에 넘겨 주시오. 그러면 그들은 당신이 그들에게 표해 준 경의에 대해 당신을 높이 평가할 것이고, 백성들과 당신을 화해시킬 것이오. 왜냐하면, 그들은 백성들에게 막강한 영향력을 행사하고 있기 때문이오. 저들은 미워하는 자들을 해칠 수도 있고, 자신들에게 우호적인 사람들에게는 덕을 끼칠 수 있는 힘이 있습니다. 대중들은 심지어 바리새파 사람들이 다른 사람들을 시기해서 그들을 해치는 심각한 말을 한다 하더라도 그대로 믿습니다.[78]
>
> 그러므로 정녕 당신은 예루살렘에 들어가서 그들(바리새인들)의 지도자를 부르시고, 내 시신을 보여 주시오. 그리고 정말 진지한 표정으로 내가 그들을 가혹하게 고통스럽게 했던 것처럼, 내 시신의 안장(安葬)을 거부하고 욕되게 하던지, 노여움으로 내 시신을 훼손하던지, 그들이 원하는데로 내 시신을 마음대로

---

[78] Ibid., 13.15.5 (398-402). 요세푸스는 얀네우스와 알렉산드라의 대화를 간접 화법으로 묘사하고 있는데, 위에서 직접 인용부호를 넣은 부분은 얀네우스의 충고(유언)를 실감이 나도록 약간 의역하여 직접 화법으로 고친 것이다. 직접인용 부호로 표시된 부분은 400-402을 보라.

하라고 맡겨 버리시오. 또한, 왕국의 정사에 있어서 그들없이는 당신이 아무 것도 하지 않을 것임을 약속하시오. 당신이 이렇게 나가면, 나는 당신이 나의 장례를 치르는 것 보다 훨씬 더 영광스럽게 장례 될 것이오. 내 시신을 욕되게 할 수 있는 권한이 그들의 손에 있게 되면, 그들은 더 이상 시신을 훼손치 않을 것이고, 당신은 안전하게 통치할 수 있을 것이오.[79]

이상의 충고(유언)를 끝으로 얀네우스는 27년의 권좌와 49년의 생애를 마감한다. 얀네우스의 충고는 바리새파에게 권력자(왕)에 대한 대중의 입장을 결정할 만한 영향력이 있음을 인정한 것이고, 이를 무시해서는 결코 통치에 성공할 수 없다는 사실을 실토한 것이었다.

(8) 제도권에서의 영향력: 살로메 알렉산드라 (B.C. 76-67년)

남편의 충고에 따라 알렉산드라가 얀네우스의 시신과 왕국의 정사 모두를 바리새파에게 맡기겠다고 하자, 바리새파는 얀네우스에 대한 노여움을 풀고 그에 대해 적절한 예우를 하기로 한다. 그들은 백성들에게 알렉산더 얀네우스의 미덕을 찬양함으로써, 백성들로 하여금 그를 애도하게 하고 그 이전의 어떤 왕 보다도 성대한 장례식을 치루어 주었다. 이에 대해 알렉산드라는 바리새파에게 전폭적으로 권한을 위임하였고, 대중들에게는 바리새파의 가르침에 유념하라는 명을 내렸다. 이로써 자신의 시아버지 힐카누스가 폐지했던 '조상들(장로들)의 유전', 곧 바리새파의 할라카는 다시 한 번 국가법이 된다.[80]

국내 문제에 있어서 바리새파는 사실상의 지배자로서 엄청난 영향력(권력)을 행사하게 되었다. 한 마디로 알렉산드라 살로메 여왕의 통치시에 바리새파의 도덕적·법적 권력은 그 최정점에 달하였다고 볼 수 있다. 바리

---

79 Ibid., 13.15.5 (403-404). 이 부분은 요세푸스도 직접 화법으로 묘사하였다.
80 J. Schaper, "The Pharisees", 414.

새파는 얀네우스 때에 귀양가거나 도망친 자신들의 동료들을 돌아오게 하고, 모든 '양심수'를 석방하였다. 바리새인들은 알렉산드라를 움직여 조정의 실권을 즐기면서도, 조정의 비용 문제나 어려운 일들의 해결은 알렉산드라가 감당하였다.[81] 그러나 알렉산드라는 스스로 막강한 용병과 군대를 거느림으로써, 자신의 입지를 다지는 동시에 인근 국가의 통치자들을 떨게 만들고 그들을 볼모로 잡아 두어 외교와 국방 문제도 능숙하여 그녀의 치세시에 유다는 평화를 누렸다.[82]

한편 알렉산드라는 여성이었기에 대제사장직을 이어 받을 수 없었다. 따라서 자연스럽게 왕과 대제사장직이 분리되게 되는데, 이는 바리새파가 바라는 바이기도 하였다. 전술한 바와 같이 바리새파는 비사독계 제사장 가문인 마카비 가문이 대제사장직을 승계하는 것을 주도하였으나, 내부적으로 대제사장이 동시에 왕이 되는 것은 반대하는 분위기가 있었던 것이다. 그래서 대제사장직은 살로메 알렉산드라의 큰 아들 힐카누스 2세(Hyrcanus II)에게 승계되었다.[83]

그러나 바리새파가 조정에서 굉장한 영향력을 행사하게 되었다고 해서 산헤드린 내에서도 다수파를 차지하게 되었던 것은 아닌 듯하다. 오랜 세월 동안 대제사장과 장로들 중심으로 꾸려져 온 산헤드린은 왕의 요청 내지 명령이라고 하여 그 구성이 즉각 변경될 성질의 것이 아니었다. 그런 점에서 하스모니안 통치시의 산헤드린에 관한 랍비 문헌(미쉬나 아보트)의 묘사는 과장이 심한 것 같다.

랍비 문헌은 A.D. 70년 이후의 상황을 A.D. 70년 이전으로 투사시키고 있다. 즉 A.D. 70년 이후의 상황을 하스모니안 시대와 로마 시대로 거꾸

---

81 『유대 전쟁사』 1.5.111-112 참조.
82 『유대 고대사』 13.16.2(409) 참조. 요세푸스는 이러한 상황을 다음과 같이 재미있게 묘사하고 있다. "그녀(알렉산드라)는 외국인(other people)을 다스리고, 바리새인들은 그녀를 다스렸다"(『유대 전쟁사』 1.5.112).
83 Ibid., 13.16.1-2 (405-409) 참조.

로 투사시켜서 그 시대에도 마치 바리새파가 산헤드린을 장악하였던 것처럼 진술하고 있다. A.D. 70년 제2성전이 파괴되기 이전에 벌써 바리새파가 산헤드린의 의장(히브리어로 '나씨' נָשִׂיא)과 부의장(히브리어로 '아브 베에트 딘'(אָב בֵּית דִּין)을 맡았던 것으로 진술하고 있는데, 이는 요세푸스 및 신약성경의 진술과 모순되는 것이다. 후자에 의하면 A.D. 70년까지 산헤드린의 의장은 대제사장이었다.

B.C. 63년에 하스모니안 왕조가 사실상 막을 내리면서, 대제사장이 세속 통치자의 지위를 상실한 것이 사실이다. 하지만 산헤드린에서의 권위마저 상실하고 바리새파에게 의장과 부의장 자리를 내 주었다고 보는 것은 어불성설이다. 요세푸스와 신약성경의 진술은 A.D. 70년까지 산헤드린에서 대제사장의 권위가 여전히 살아 있었음을 전제하고 있다.

(9) 사두개파와의 세력 경쟁

비록 바리새파가 산헤드린을 장악하지 못했다고 하더라도, 그들은 알렉산드라 여왕의 통치하에서 가장 영향력 있는 종교 정치 세력을 형성하게 되었음은 부인할 수 없다. 바리새파의 기본 정책은 종교에 관한 것이었다. 즉, 백성과 나라의 살림살이가 '토라'를 해석한 법령, 곧 '할라카'에 의해 조율되도록 하는 것이었다. 그러나 현실적으로 권력을 잡은 그들이 행한 일들은 정치적이었다. 예를 들어 그들은 알렉산드라를 움직여서 얀네우스 통치시에 자신들의 동료들을 죽인 자들을 하나 하나 제거해 나갔다.[84] 사두개파는 바리새파의 철퇴를 피해 살 길을 강구한다. 그들은 여왕의 둘째 아들 아리스토불루스(Aristobulus)와 공모하여 여왕에게 여왕의 요새들에 피신해서 살게 해 달라고 눈물로 간청한다.

그러나 사실 이는 사두개파가 장차 반역을 꾀하기 위한 거점 확보책이었다. 남자들의 눈물과 아들의 설득에 녹아 난 여왕은 자신의 중요한 재산들이

---

[84] Ibid., 13.16.2 (410).

있는 히르카니아, 알렉산드리움 그리고 마케루스 요새들을 제외한 모든 요새를 이들에게 맡기게 된다.[85] 여왕이 심각한 중병으로 앓아 눕게 되자, 아리스토불루스는 정권을 장악하기로 마음먹고 가족과 자녀들을 예루살렘에 남겨 둔 채, 사두개파 동료들이 장악하고 있는 요새로 빠져 나온다.[86]

반역을 알아 차린 힐카누스와 바리새파측에서는 아리스토불루스의 아내와 자녀들을 성전에 붙어있는 안토니우스 성채에 감금시킨다. 형은 동생 가족을 인질로 잡고 있고, 동생은 군대를 장악한 상황에서, 성전에서 양자 간에 합의가 이루어진다. 동생 아리스토불루스는 왕이 되고, 힐카누스는 공직에서 물러나 조용한 사적인 삶을 보장받는다.[87] 상황은 바뀌어 이제 위기에 처한 쪽은 바리새파였다. 이들이 택할 길은 폐위된 힐카누스 2세를 복위시키는 길밖에 없었다.

(10) 하스모니안 왕가의 몰락과 바리새파

B.C. 67년 아리스토불루스 2세(Aristobulus II)가 사두개파와 공모하여 그의 형 힐카누스 2세(Hyrcanus II)를 제압하고 권력을 장악했지만, 그의 집권 기간(B.C. 63년까지)은 그의 형과의 내전으로 채워졌다. 형제 간의 싸움의 이면에는 사두개파와 바리새파의 갈등이 있었다.

집권 세력이 된 사두개파의 보복을 피하기 위해 바리새파는 먼저 헤롯 안티파터(Herod Antipater, 대헤롯의 아버지)와 동맹을 맺는다. 그는 요한 힐카누스(John Hyrcanus, B.C. 135-104)가 정복하여 유대에 복속시킨 이두메아(에돔)의 출신으로서, 알렉산더 얀네우스와 그의 아내(알렉산드라 살로메 여왕)에 의해 이두메아 족의 장군으로 임명되었다. 그는 아랍족, 가자인들, 아쉬켈론인들

---

85 Ibid.,13.16.2 (410-415), 3 (416-417).
86 요세푸스는 아리스토불루스의 반역 배경을 다음과 같이 설명한다. 여왕이 죽고 나면, 정권을 승계하기로 되어 있는 그의 형 힐카누스가 무능력하여 온 가족이 바리새파의 권력 아래 처하게 될 것을 염려했기 때문이다- Ibid., 13.16.5(423) 참조.
87 Ibid.,14.1.2.

과 동맹을 맺고 친분 관계를 형성하여 나름대로 입지를 구축하고 있었다.[88]

힐카누스 2세와는 개인적인 친구요 고문으로 있었다. 그는 아리스토불루스 2세의 집권으로 인해 면직될 것을 두려워하고 있던 차에 바리새파와 손을 맞잡은 것이다. 헤롯 안티파터는 힐카누스 2세를 충동질하여 나바티안 왕 아레타스(Aretas)에게 망명을 보낸다. 힐카누스는 아레타스에게 자신이 유대 왕국의 왕으로 복귀하면 자신의 선친이 정복한 12개의 아랍(나바티안) 성읍들을 돌려 주겠다고 약속한다. 그리하여 아레타스의 나바티안 군대는 안티파터와 힐카누스 2세를 위한 군대가 된다. 양자 간의 전투에서 아리스토불루스측은 계속 패퇴하면서 드디어 예루살렘 성전을 최후의 보루로 삼고 포위당하는 지경에 이른다.[89]

그러나 형제 간의 싸움은 로마가 개입하기전 까지는 종식되지 않았다. 아리스토불루스 2세와 힐카누스 2세는 로마가 양자 간의 갈등을 중재해 주도록 요청했던 것이다. 중재관으로 나선 로마의 장군 스카우루스(Scaurus)는 더 많은 뇌물을 제공한 아리스토불루스 2세의 손을 들어 준다.[90]

(11) 바리새파의 종교·정치 노선: 하스모니안 왕가의 종말

로마가 아리스토불루스 2세의 편에 선다는 것은 바리새파에게 절망적인 상황을 의미할 수 있었다. 바리새파는 그들의 종교·정치 노선에 충실

---

88 Ibid., 14.1.3 (10) 참조.
89 전투에서 계속적으로 패하면서 아리스토불루스의 군사들이 힐카누스쪽으로 이탈하게 되고, 결국, 아리스토불루스측은 제사장들만 남게 된다. 요세푸스는 이들이 예루살렘 성전을 최후 항전의 보루로 삼고 버티는 중에 있었던 일화를 소개하고 있다. 오니야스(Onias)란 사람이 있었다. 그는 의로운 사람이었고, 하나님께 사랑받는 사람이었다. 심한 가뭄이 있었을 때, 하나님이 그의 기도를 들으시고 비를 내려 주실 정도였다. 그러자 숨어 있던 그를 끌어 내어 포위당하고 있는 아리스토불루스와 그의 당파를 위해 기도해 달라고 하자, 거절하던 그는 강요에 못이겨, "오 하나님, 온 세상의 왕이시여, 저와 함께 있는 자들도 당신의 백성이며, 포위되어 있는 자들도 당신의 제사장들이오니, 비옵건데, 이들을 대항하는 자들의 기도도 듣지 마옵시고, 이들이 저들을 대항하여 드리는 기도도 아무 효험이 없게 하옵소서"라고 기도하였다. 그의 기도가 끝나자 마자, 그의 주변에 있던 자들이 그를 돌로 쳐죽이고 말았다—Ibid., 14.2.1 (19-24), 기도문은 24.
90 Ibid., 14.2.3.

하기로 작정한다. 종교적 자율이 보장된다면 외국의 통치를 수용할 수 있다. B.C. 63년 이 기본 원칙에 따라 그들은 로마의 장군 폼페이(Pompey)에게 대표 사절단을 파견한다.[91]

바리새파 사절단이 폼페이를 설득한 핵심적 내용은 내전을 종식시키고 대제사장의 권력을 제한하라는 것이었다. 대제사장의 권력 제한이란 대제사장으로부터 세속적 영역의 통치권, 즉 왕권을 박탈하는 것을 의미한다. 이는 유대 나라에 종교적 자유를 보장하면, 왕권 즉 세속적 영역의 통치권은 로마에게 넘어갈 것임을 의미한다. 이러한 제안은 자기들의 뿌리인 '하씨딤' 무리가 B.C. 163년에 마카비혁명 지도자에 대해 가졌던 입장과 같은 것이었다.

당시 하씨딤이 마카비혁명에 참가한 목적은 수리아의 셀류시드 제국으로부터 유대의 독립 쟁취가 아니라, 종교적인 자율(자유) 보장이었던 것이다. 폼페이가 이 제안을 마다할 이유가 없었다. 그는 힐카누스 2세를 지지하기로 결정하였다. 폼페이가 예루살렘에 왔을 때, 바리새파를 포함한 힐카누스 2세의 지지자들이 그를 환영한 반면에 사두개파와 아리스토불루스 2세는 그를 대항하여 성전산을 점거하고 항전한다.

B.C. 63년 성전이 함락되면서 이들의 항전은 끝이 났다.[92] 형제 간의 권력 다툼과 내부 간의 갈등이 하스모니안 왕가의 종말을 불러 왔다. 이제 유대는 로마 제국의 속국이 되고, 아리스토불루스 2세와 그의 가족은 포로가 되어 로마에 압송된다. 힐카누스 2세는 다시금 대제사장직에 오르고, 바리새파는 국내적으로 그 영향력을 유지하게 된다.

---

[91] 요세푸스에 의하면 폼페이에게 파견된 사절단은 힐카누스 2세와 아리스토불루스 2세에 의해 파견된 사절단만이 언급되고 있다 -『고대사』 14.3.2 (37-45). 그러나 의심의 여지없이 힐카누스 2세의 사절단의 구성과 인솔은 사실상 바리새파에 의해 주도되었다고 본다. 이에 관해 J. Schaper, "The Pharisees", 415, 각주 79 참조.

[92] 『고대사』 14.4.3-4 (64-73).

4) 로마 시대 (B.C. 63년-제2성전 말기)

(1) 헤롯 왕조의 시작

로마는 하스모니안 왕형제-아리스토불루스 2세와 힐카누스 2세-간의 싸움 덕택에 어부지리(漁夫之利)로 유대 나라를 차지했다.[93] 로마가 힐카누스 2세를 택한 이유는 그가 성격이 유약하고 다루기 쉬운 인물이었기 때문이었다. 로마는 모든 속국을 직접 다스릴 수 있는 입장이 아니어서 유대를 수리아 속주(屬州) 장관의 관할하에 두었다.[94] 이러한 로마와 유대의 관계 사이에서 유대의 실제적인 권력자로 자리를 잡게 된 인물이 대헤롯(Herod the Great)의 아버지 안티파터이다.

B.C. 57년 유대에 반란이 일어나자 수리아 속주 장관 가비니우스(Gabinius)가 반란을 제압한 후 유대를 5개의 자치 지역으로 분할하였다. 그런데 힐카누스 2세의 관할 구역은 예루살렘에 한정되었고, 그나마 이름뿐이었다. 실제적인 권력은 힐카누스 2세의 정치 자문역을 맡고 있던 안티파터의 수중에 들어가게 된다. 이두메아(에돔) 출신인 안티파터가 유대 나라에서 공식적인 타이틀을 가지고 권력을 차지하게 된 것은 율리어스 시저(Julius Caesar) 덕택이다.

안티파터는 B.C. 55년에 시작된 로마의 3두 정치(폼페이, 크라수스, 율리어스 시저)와 관련된 내전이 종료되는 단계에서 시저의 편에 섰고, 48년 시저가 이집트 원정의 마지막 전쟁인, 알렉산드리아 전쟁을 치를 때, 1500명의 군대로 지원하였다.

이에 대한 보답으로 B.C. 47년 시저는 헤롯 안티파터의 주군(主君)인 힐카누스 2세를 유대의 민족 통치자(ethnarch)로, 헤롯 안티파터를 유대의 행

---

[93] 요세푸스는 이 비극의 원인이 형제 간의 싸움이며, 그로 인해 "우리는 자유를 상실하고 로마의 속국이 돼 버렸다"고 진술한다—Ibid.,14.4.77.
[94] P. Connolly, *Living in the time of Jesus of Nazareth* (Jerusalem: Steimatzky, 1993), 10.

정 장관(procurator)에 임명하였다.[95] 이론상으로는 힐카누스 2세가 유대의 통치자이긴 하였으나, 실제로 안티파터는 유대에서 유일한 최고 권력자였다.[96] 이는 그가 자신의 두 아들에게 중요한 직책을 부여할 수 있었다는 사실에서 입증된다.

그는 맏아들 파사엘(Phasael)에게는 예루살렘 지사를, 25살된 헤롯(대헤롯)에게는 갈릴리 통치권을 부여했다.[97] 그런데 헤롯이 갈릴리에서 무자비한 통치권을 행사하다가, 예루살렘에 있는 산헤드린의 호출을 받고 심한 모멸감을 갖게 되는데, 이것이 나중에 그가 왕이 되었을 때 산헤드린의 권한을 대폭 축소시키는 한 원인이 된다.[98]

B.C. 44년 시저가 브루투스(Brutus)와 카시우스(Cassius)에 의해 암살되면서 로마는 다시 정치적 소용돌이에 휘말리게 된다. 로마의 혼란을 틈타서 유대에서도 힐카누스 2세 진영에 대한 대적 세력이 들고 일어났다. 먼저 B.C. 43년 헤롯 안티파터가 독살되고,[99] 힐카누스 2세의 조카 안티고

---

95 Ibid.,14.10.190-194; 14.8.127-143. 시저는 유대인들과 힐카누스 그리고 안티파터에게 매우 우호적이었다. 예를 들어 그는 유대인들의 관습을 존중—예를 들어 7년 안식년에는 세금 면제—하였으며, 안티파터에게 로마시민권을 부여했고 면세 혜택을 주었다. 힐카누스와 그 자녀들 그리고 그의 사절단의 경우에는 검투사(gladiator) 경기에 원로원 의원들과 동석하도록 배려하였다—Ibid.,14.10.190-222.
96 J. Schaper, "The Pharisees", 416.
97 Ibid.,14.9.158. 요세푸스는 헤롯이 갈릴리 지사에 임명되었을 때, 15살이었다고 하고 있으나, 여러 정황으로 볼 때, 25살이었을 것으로 본다.
98 대표적인 사건이 갈릴리 도적단의 두목, 히스기야와 일당들을 잡아서 처형해 버린 것이다. 갈릴리와 시리아 일대를 휘젓고 다니던 도적 무리를 제거해 버린 데 대해, 시리아의 마을과 도시 민들은 헤롯을 칭송하였고, 이를 계기로 헤롯은 시리아 총독 섹스투스 케이사르(Sextus Caesar)에게도 알려지게 되었다. 그러나 유대 지도자들은 헤롯이 산헤드린의 사형선고없이는 아무리 사악한 자라도 처형이 금지된다는 유대법을 어겼다는 이유로 헤롯을 참소하였다. 정작 헤롯이 경호원들과 함께 당당하게 산헤드린에 출두하자, 뒤에서 참소하던 자들은 두려움으로 한 마디도 하지 못했다. 오직 의인 사메아만이 일어나서 공회원들의 비겁함을 나무라며, "이 자가…언젠가는 당신과 당신들의 왕 모두를 처벌할 것이다"고 비판하였는데, 헤롯은 나중에 왕으로 등극한 후에 사메아만을 남겨 두고 당시의 산헤드린 회원 전부를 처단해 버렸다—Ibid., 14.9.159-176.
99 Ibid., 14.11.280-281.

누스(Antigonus)[100]가 파르티안(Parthian)[101]의 도움을 얻어 유대로 쳐들어 왔다. 이 반란군을 격퇴시킨 자가 바로 죽은 안티파터의 아들 (대)헤롯이다. 힐카누스 2세는 이에 대한 보답으로 절세 미인인 그의 손녀 미리암을 헤롯과 약혼시킨다.[102] 기혼자였던 헤롯은 나중에 아내 도리스(Doris)와 이혼하고 아들 안티파터를 예루살렘에서 추방해 버린다.[103]

하스모니안 왕가의 왕녀인 미리암을 아내로 맞게 됨으로써 헤롯은 장차 그가 유대의 왕으로 등극하는데 혈통적인 약점을 보완하게 된 셈이다. 이 두메아(에돔) 출신인 헤롯은 B.C. 125년 요한 힐카누스(John Hyrcanus)가 이 두메아를 점령하고 이들을 강제 개종시킨 덕분에 명목상 유대인이 되긴 하였으나, 여전히 유대인들의 왕으로 등극하기에는 혈통상의 약점이 있었던 것이다.

시저의 조카 옥타비아누스(Octavianus)와 마크 안토니(Mark Antony)가 브루투스와 카시우스를 제압하고 로마를 정치적으로 안정시킨다. 그리고 이들은 B.C. 42년 힐카누스 2세에게 원래의 지위(ethnarch)를 유지하게 하고 죽은 안티파터의 두 아들 헤롯(Herod the Great)과 파사엘(Phasael)은 영주로 임명하여 이들에게 유대인들의 공무를 위임하였다.[104] 그러나 유대는 B.C. 40년 다시 한 번 소용돌이에 휘말린다. 힐카누스 2세의 조카 안티고누스가 파르티안의 힘을 빌려 다시 유대로 쳐들어 온 것이다.[105] 힐카누스 2세

---

[100] 힐카누스 2세의 동생이자 숙적이었던 아리스토불루스 2세의 아들.
[101] 페르시아제국의 후예로서 B.C. 238년에서 A.D. 226년까지 메소포타미아 지역을 통치했던 나라.
[102] 요세푸스는 헤롯이 안티고누스를 물리치기 이전에 이미 미리암과 정혼한 상태에 있었던 것으로 보고하고 있다 (『유대 고대사』 14.12.300 참조). 양자의 결혼식은 헤롯이 로마에서 왕으로 임명받고 로마 군대와 함께 들어와 안티고누스가 점령하고 있던 예루살렘을 탈환하기 직전에 사마리아에서 행해졌다 (Ibid., 14.15.467).
[103] P. Connolly, *Living in the time of Jesus of Nazareth*, 14.
[104] Ibid., 14.13.326.
[105] 안티고누스는 파르티안에게 힐카누스로부터 정권을 탈취하여 자기에게 돌려주고, 헤롯을 죽이면, 1,000달란트와 500명의 여자를 제공하겠다는 약속을 하였다—『유대 고대사』 14.13.330-331.

는 조카에게 귀가 물어 뜯기고,[106] 파사엘은 자결하였으며,[107] 헤롯은 로마로 도망하였다. 헤롯은 거기서 정치 인생의 새로운 전기를 마련한다. 안토니와 옥타비아누스는 파르티안을 제어할 인물로 헤롯을 선택하였고, 원로원의 재가를 얻어 그를 유대의 왕으로 임명한 것이다.[108]

그러나 왕으로 임명되었으나, 왕으로 등극하기 위해서는 파르티안군의 후원을 업고 있는 안티고누스를 제압해야 했다. 로마군의 지원을 받아 유대로 돌아 온 헤롯은 예루살렘을 정복하고, 드디어 로마에서 유대인의 왕으로 임명된 지 3년 만인, B.C. 37년 유대인의 왕으로 등극하게 된다.

(2) 대헤롯(Herod the Great)과 바리새파

바리새파는 로마군을 등에 업은 헤롯이 예루살렘을 공략할 때에, 파르티안군을 등에 업은 안티고누스를 지원하는 유대인들에게 가담하지 않았

---

[106] Ibid., 14.13.366. 안티고누스가 큰아버지 힐카누스의 귀를 물어 뜯은 이유는 그렇게 함으로써 다시는 힐카누스가 대제사장에 복귀하지 못하도록 하기 위함이었다. 레위기 21:17-24에 따르면, 육신에 '흠이 있는 자'는 제사장이 되지 못한다.

[107] 잡혀서 손이 묶여 있던 그는 큰 바위로 돌진하여 머리를 부딪혀 자결하였다—Ibid., 14.13.367.

[108] 헤롯 역시 자결하려 했으나, 자결은 장부의 길이 아니라는 부하들의 만류로 가족과 측근을 마사다에 피신시켜 두고, 이두메아, 페트라, 이집트 알렉산드리아, 밤빌리아, 로도를 거쳐 로마에 도착한다. 그는 안토니를 만나, 먼저 유대에서 어떤 일이 벌어졌는지를 알리고, 자신은 적의 손아귀를 벗어나, 이 상황을 가능한 빨리 알리기 위해 폭풍우와 모든 위험을 무릅쓰고, 이제 오직 당신만이 희망이며 도움이라는 것을 알리기 위해 왔노라고 읍소한다. 헤롯의 보고에 마음이 여려진 안토니는 헤롯의 아버지 안티파터의 우정을 상기시키며 즉각 돕기로 결정한다. 옥타비아누스 역시 알렉산드리아 전쟁 시에 안티파터 부자의 헌신을 기억함과 동시에 헤롯을 사랑하는 안토니를 만족시키고자 헤롯을 회복시키는 일에 앞장선다. 소집된 원로원에서는 안티고누스를 로마의 적으로 선언한다. 원로원이 흥분해 있는 사이에, 안토니는 한 걸음 나아가 헤롯이 왕이 되어야 로마가 파르티안을 제압하는데 유리하다는 쪽으로 끌고 나간다. 이 말이 원로원 모두의 마음을 움직였고, 결국, 헤롯을 유대의 왕으로 선포하기에 이른다. 오직 살기 위해 찾아온 헤롯에게 로마는 그가 전연 기대하지 않았던 횡재를 안긴 셈이다. 요세푸스에 의하면 헤롯은 왕을 꿈꾸지 않았다. 로마는 왕족에게 분봉왕을 임명했기에, 기껏 헤롯이 기대했던 것은 자기 처남을 왕으로 임명해 주기를 기대했다는 것이다—Ibid., 14.13.355-362; 14.14.370-389 참고.

다. 바리새파의 거두 '폴리오'(Pollio)과 '사메아스'(Sameas)는 유대인들에게 쓸데없이 피를 흘리지 말고 예루살렘 성을 헤롯에게 넘겨 주라고 충고하였다.¹⁰⁹

이러한 입장은 아마도 헤롯이 자기들과 함께 힐카누스 2세를 지지하였던 옛 동지 헤롯 안티파터의 아들이라는 이유에서 나왔을 수도 있다. 그러나 본질적으로는 그들의 눈에 헤롯이 영속적인 정치적 평화와 종교적 자율을 보장해 줄 인물로 비춰졌기 때문이다. 전술한 바와 같이 바리새파는 종교적 자율만 보장된다면, 외국의 통치에 크게 개의치 않는다는 입장을 갖고 있었다. 이로써 헤롯과 바리새파 간에는 서로의 입장을 관용해 주는 관계가 형성된다.

안티고누스는 시리아 안디옥에 있던 안토니우스에게로 압송되어 처형되고, 사두개파를 비롯해 귀족들은 국가의 중요 직책들을 상실하게 된다. 바리새파의 묵인 하에서 백성들의 지지를 얻게 된 헤롯은 산헤드린의 사두개파 회원들을 처형하였다. 이는 그가 10년 전 갈릴리의 통치권자였을 때, 그의 폭정을 문책한 산헤드린에 대한 복수이기도 하였다.¹¹⁰ 헤롯은 가능하면 사두개파를 약화시키고자 애썼다. 의도적으로 미미한 가문 출신을 대제사장에 임명함과 아울러 대제사장의 세습적 승계 원칙을 파기함으로써 대제사장의 권위를 실추시킨 것도 사두개파를 억제하기 위함이었다.

이에 반해 바리새파인들을 산헤드린 회원으로 많이 임명하였고, 이들에 대해 상대적으로 관대한 입장을 취했다. 심지어 헤롯이 바리새파에게 충성 맹세를 요구하였을 때, 바리새파가 이를 거부하였음에도 이를 참고 넘어갔다.¹¹¹ 바리새파에게 있어서 지상의 통치자에게 하나님의 이름으로

---

109 Ibid.,14.9.176; 15.1.3 참고. J. Schaper는 '폴리오'(Pollio)와 '사메아스'(Sameas)를 힐렐(Hillel)과 샤마이(Shammai)로 보고 있다 ("Pharisees", 417).
110 앞에서 본 바와 같이 요세푸스에 의하면 헤롯은 왕이 되자 자기를 심문했던 당시의 산헤드린 회원 중 사메아를 제외한 전부를 죽였다—Ibid.,14.9.176; 참고15.1.6.
111 Ibid.,15:10.368-371; 17.2.41-42.

충성을 맹세한다는 것은 참을 수 없는 신성 모독을 의미하였지만, 바리새파의 충성 맹세 거부는 헤롯에게도 참을 수 없는 모욕이었다. 그럼에도 헤롯이 참을 수밖에 없었던 이유는 바리새파에게 손을 댔다가 벌어질 유대인들의 반란을 염려했기 때문이다.[112] 바리새파의 사상적 영향력은 일반 유대인들의 문화와 종교적 삶 속에 깊이뿌리 내리고 있었던 것이다.

요세푸스에 의하면 헤롯 당시에 바리새파의 당원수는 6천 명정도였다.[113] 이 숫자만 놓고 본다면, 헤롯 시대에 바리새파의 영향력이 별로 대단하지 않았던 게 아닌가고 생각할 수 있다. 그러나 당시 유대 사회의 전 인구가 80만 명에 불과했고, 열성적인 6천 명 외에 수많은 지지자와 동조자를 감안한다면, 헤롯 시대에 바리새파는 대중에게 가장 강력한 영향력을 끼치고 있었다는 요세푸스의 증언을 믿을 만한 것으로 평가할 수 있다.

B.C.-A.D. 1세기에 바리새파가 강력한 대중적인 영향력을 발휘하고 있었다는 요세푸스의 증언은 문헌적 그리고 고고학적 증거를 통해 입증이 되어진다. 바리새파의 중요한 가르침(할라카) 중의 하나가 레위기의 정결법을 일상 생활에 적용하는 것이었다. 신약성경 요한복음 2장은 가나의 혼인 잔치에서 예수님이 정결 예식을 행하는 돌항아리에 채워진 물을 포도주로 바꾸신 사건을 언급하고 있다. 당시 가나는 하부 갈릴리의 이름 없는 산동네였다.

가나는 나사렛과 함께 B.C. 100년경에야 유대인들이 들어야 살기 시작한 산골 동네다. 알렉산더 얀네우스(B.C. 103-76년) 때에 와서야 이즈르엘 계곡 북쪽의 갈릴리가 이방 세력으로부터 해방되어 하스모니안 왕국에 속하게 된 것이다. 나사렛과 함께 가나는 예수 그리스도의 탄생 이전에 100년의 역사 밖에 되지 않은 지극히 작고 초라한 산골마을이었다. 그런 작은 산골에까지 정결 예식용 돌항아리를 구비하고 있었다는 것은 바리새파의

---

112 바리새파의 이러한 힘은 전술한 바와 같이 알렉산더 얀네우스와 알렉산드라 여왕시에 입증된 바 있다―『유대 고대사』 13.10.288; 『유대 전쟁사』 1.5.11-112 참조.
113 『유대 고대사』 17.2.42.

가르침이 일반 대중의 삶에 얼마나 깊숙이 침투하였는가를 보여 주는 결정적인 증거이다.

마태복음 15장은 예루살렘의 바리새인과 서기관이 갈릴리의 예수님에게 정결례 문제를 가지고 시비를 걸어 왔다고 말한다. B.C.-A.D. 1세기의 것으로 출토된 많은 정결 예식용 돌항아리와 정결 욕조(미크베)는 일상 식탁과 일상의 삶을 거룩한 제사장의 성결 수준으로 승화시키고자 했던 바리새파의 정결례 할라카를 반영하는 것이며, 이것이 백성들의 일상 삶에 광범위하고도 깊숙이 퍼져 있었음을 증거하고 있는 것이다.

(3) 대헤롯 통치 말기의 새로운 운동: 젤롯(열심당파)

B.C. 2세기 중엽 이래로 유대의 대표적인 종교 철학적 당파는 사두개파, 바리새파, 에세네파였다. 이들은 사상 노선에 따라 제각기 다른 정치 행태를 보여 준다. 사두개파는 내세(內世)사상이 없는 현세 지상주의자들로서 부와 세속 권력을 추구했고 세속 정권과 결탁했다.

반면에 에세네파는 종교 지상주의자들로서 세속적(혹은 현세적) 정권과 가치 체계를 부인하고 속세를 떠나 은둔자적 경건을 추구하며 하나님의 종말론적 심판을 기다리던 자들이었다. 바리새파는 현실의 삶속에서 종교적 경건을 추구하는 자들로서, 종교적 자유가 보장된다면 악한 정권(외국의 통치를 포함한)마저도 용인할 수 있다는 종교·정치 노선을 취하고 있었다. 그래서 바리새파는 헤롯 정권과 로마 정권을 묵인하였던 것이다. 바울이 로마서 13장에서 당시 로마의 압제하에 있던 사람들에게 "권세들에게 굴복하라"고 말할 수 있었던 것도 그가 바리새파 출신이었기에 가능했던 것이다.

전술한 바와 같이 현실 권력을 추구했던 사두개파는 헤롯에 의해 억제당했던 반면에 현실 정권에 연연하지 않았던 바리새파는 유대인들의 삶에 그들의 종교적 영향력을 깊이 뿌리 내릴 수 있었다. 그러나 이러한 영향력의 배경에는 로마와 헤롯 정권을 묵인한 대가도 깔려 있었음을 지적하지 않을 수 없다.

헤롯 통치 말기에 이러한 유대의 3대 철학적 당파의 현실적 한계를 극복하려는 운동이 싹트게 되는데, '젤롯'(zealots) 소위 열심당파 운동이다.
이 운동의 심리적 배경은 다음과 같다.

> 귀족들(사두개파)의 부와 권력 추구 및 그에 따른 타락도 문제이지만, 사두개파의 타락이 보기 싫다고 속세를 떠난 에세네파도 문제다. 그리고 바래새파의 하나님의 왕권 사상에 따른 중용적인 입장도 성에 차지 않는다.

이들은 무력을 통해서 '신정 정치' 즉 '하나님의 직접 통치'를 실현하고자 했다. '젤롯' 운동은 B.C. 4년 헤롯(Herod the Great)이 죽고 난 후, A.D. 6년부터 예루살렘을 비롯한 유대와 사마리아 지역의 통치가 로마 총독의 친정(親政) 체제로 전환되면서 서서히 불거지기 시작한다.[114]

(4) 로마의 친정 체제하에서의 바리새파의 영향력

로마의 친정 체제가 되면서 유대 사회는 계층 간의 갈등 문제가 심화된다. 로마와 결탁한 귀족층(대제사장 및 고위급 제사장 계급, 지주들, 부유한 상인들)은 점점 부유하게 된 반면에 농민들은 귀족층의 소작농 혹은 빚쟁이로 전락하게 된다. 사회가 현실적인 곤궁에 처할 때, 두 가지 반응이 나오게 된다. 현실 도피와 현실 타파이다. 종교적으로는 내세 추구 경향이 강해진다. 바리새파에게는 부활과 영생 등 내세사상이 있었다. 이러한 사상은 현세에서 다 맞아 떨어지지 않는 보상(Reward)과 처벌(Punishment)의 원리가 내세에서 완성된다고 해서 사회적 약자들에게 위로를 줄 수는 있었지만, 심각한 사회적 불만 자체를 해결할 수는 없었다.

하층민들의 주된 관심사는 자기들의 현실적인 곤궁을 해결해 주는 것이었다. 구체적으로는 억압 세력인 로마 및 로마와 결탁한 세력을 제거해 주

---

[114] R. F. Surburg, *Introduction to the Intertestametal Period*, 87.

는 것이었다. 그간 바리새파는 사두개파와는 달리 경건을 추구하며 대중의 지지를 받아 왔지만, 종교적 경건을 위해 로마 정권을 묵인하고 있다는 점에서 억압받고 있는 하층민의 대변인이 되지는 못했다. 따라서 다수의 대중이 여전히 바리새파의 가르침(할라카)에 충실하고 있었음에도 불구하고, 이들 하층민들에게는 극단적인 '젤롯'의 사상—즉 '무력으로 악의 세력을 극복하고 평등한 신정 정치(theocray) 사회를 이룩하자'—이 매력적으로 다가왔음이 사실이다.

그런 점에서 헤롯 아그립바 1세(Herod Agrippa I)[115]가 예루살렘과 유대 지역의 분봉왕으로서 통치했던 A.D. 41-44년을 제외하고, 로마 친정 체제 하에서 바리새파의 대중적인 영향력은 약화되고 있었다.

(5) 제1차 유대 반란 (A.D. 66-73년)과 바리새파

'젤롯'을 제4의 종교·철학적 당파로 볼 수 없다는 견해가 있다. '젤롯'은 처음부터 종교·철학적인 이상을 가지고 그것을 실현하기 위한 집단으로 출발한 것이 아니며, 일반 대중의 관심을 체계적으로 뒷받침해 주는 지식인 집단이 아니었다는 것이다.[116] 그래서 '젤롯'을 철학적 당파라기보다 피억압민들을 중심으로 지배 세력에 대한 항거 운동으로 보는 것이 적절하다는 것이다. 그런데도 주도 세력이 하층민들이었고 지식인 집단이 아니었다는 이유로 '젤롯'이 처음부터 종교·철학적인 이상이 없었다고 보는

---

[115] 헤롯 아그립바 1세는 B.C. 7년 대헤롯에 의해 죽임당한 헤롯 알렉산더의 아들로서 사도행전 12장에 언급되고 있는 헤롯을 말한다. 그의 아들이 행 25-26장에 등장하는 아그립바왕이며 헤롯 아그립바 2세로 불린다. 참고로 신약성경에 헤롯(Herod)이란 이름으로 나오는 인물은 여럿이다. 먼저 마 2장에 등장하는 헤롯으로서 소위 헤롯 대왕(Herod the Great)이다. 그리고 헤롯대왕의 사후 그의 왕국은 세 아들에 의해 분할 통치된다. 예루살렘과 유다는 헤롯 아켈라오(마 2:22)에 의해, 갈릴리와 요단 동편의 베뢰아 지역은 헤롯 안디바(마 14:6)에 의해, 상부 요단강 동편지역은 헤롯 빌립에 의해 통치된다.

[116] 이에 관해 M. Smith, "Zealots and Sicari, Their Origins and Relation", *Harvard Theological Review* 64 (1971), 1-19; R. A. Horsley, "The Zealots: Their Origin, Relationships and Importance in the Jewish Revolt", *Novum Testamentum* 28, 2 (1986), 159-192을 참고할 것.

것은 무리일 것이다.

전술한 바와 같이 '젤롯'은 이전에 있었던 3개 당파의 철학적 노선에 불만을 품고 나왔다고 보여진다. 사두개파와 에세네파의 행태는 이들에게 있어서 전혀 벤치 마킹(bench marking)의 대상이 아니었다. 특히 귀족중심인 사두개파는 타도의 대상이었다. A.D. 66년 유대 반란을 주도한 '젤롯'이 예루살렘 일부 귀족에게 반역죄(treason) 죄목을 씌었다는 사실은 이들의 입장을 잘 대변해 준다.[117]

'젤롯'은 바리새파의 한계를 극복하고자 하는 열망에서 태동되었다고 보여진다.[118] 즉 이들의 노선은 '종교적 이상을 구현하기 위해 정치적 평화가 요구되고 그러기 위해서는 외국의 통치까지도 용인할 수 있다'는 바리새파의 노선에 대한 수정 노선이었다고 보여진다. 그런 점에서 '젤롯'이 바리새파 내의 일부 과격 세력에서 비롯되었다는 주장은 일리가 없지 않다.[119]

'젤롯'은 '하나님의 왕국 내지 통치'가 메시아의 도래에 의해 실현된다는 바리새파의 입장을 수정하였다. 메시아에 의한 '하나님의 왕국' 실현을 기다릴 것이 아니라, 직접 무력으로 평등한 신정 정치 사회를 실현해야 한

---

[117] 이들의 주된 공격 대상은 왕족, 부유한 제사장을 비롯한 귀족 계급, 부유한 상인들과 지주계급 등 사회에서 유망한 자들이었다. 『유대 전쟁사』 2.17.422-432; 4.3.139-141. 젤롯은 안디바, 레비아스 등 왕족과 지도자들에 대해, "이들이 예루살렘을 로마에 넘겨주려고 저들과 회합을 가졌다"며 반역죄목을 달아 죽였다 (4.3.146).

[118] 요세푸스에 의하면 (『유대 고대사』 18.2.23-24), 제4의 유대 철학당파의 주창자는 갈릴리의 유다이며 이들은 바리새파의 사상과 모든 점에서 동일하다고 한다. 차이가 있다면, 이들에게 있어서 사람은 결코, 자기들의 주님이 될 수 없으며, 오직 하나님만이 그들의 유일한 통치자요 주님이며, 자기들의 이상을 위해서 어떤 죽음도 불사하며, 친척이나 친구의 죽음도 개의치 않는다는 것이다. 요세푸스가 비록 여기서 이들에 대해 '젤롯'(zealot)이란 표현을 쓰고 있지 않다고 하더라도, 이들의 사상과 과격한 행동지침을 볼 때, 제4의 철학당파는 젤롯을 지칭하는 것이며, 사상적 뿌리를 바리새파에 두고 있음이 분명해 보인다.

[119] H. Paul Kingdon, "The Origins of the Zealots", *New Testament Studies* 19 (1972), 74-81; B. Pixner, "Jesus and His Communinty: Between Essenes and Pharisees", *Hillel and Jesus* (ed. J. H. Charles Worth and L. L. Johns; Minneapolis: Fortress Press, 1997), 193.

다. 이상과 같은 '젤롯'의 종교·철학적 노선은 A.D. 60년대의 농민 반란에 기름을 끼얹으며 로마에 대한 항전으로 불타 오른다.

로마 총독이 통치하던 A.D. 44-66년의 유대 사회는 사회·정치적인 혼돈과 격변의 시기였다. 대부분의 로마 총독들은 유대 사회를 제대로 이해하지 못했고 심각한 실수를 저질렀으며, 로마 정권과 결탁한 귀족층의 수탈은 자영 농민들을 소작농 내지 빚쟁이로 내 몰았다.

총독 안토니우스 펠릭스(Antonius Felix)가 통치하던 A.D. 52-60년의 유대 사회는 최악의 사태로 전락했고, '젤롯'과 동일시되는 정치적 암살 집단인 '시카리'(Sicarii; 라틴어 'Sicarius'에서 유래; '단검 자객들'을 의미)가 파괴와 혼란의 소용돌이를 몰고 왔다. 제사장들 간에도 다른 제사장들의 몫을 탈취함으로써 그들이 굶어 죽게 되는 사태가 발생했다.[120]

이런 상황에서 유대와 갈릴리에서는 농민 봉기가 일어난다. 민심이 최악으로 흉흉하던 A.D. 66년, 최후의 유대 총독 플로루스(Gessius Florus, A.D. 64-66년)가 성전 금고에서 돈을 빼 내는 파렴치한 행위가 도화선이 된 폭동은 로마에 대한 유대 항쟁으로 치닫게 된다.[121] 농민이 폭도로 변하고 '젤롯'의 이상 실현을 위한 유대 항쟁군으로 변한 것이다.

일부 바리새인들이 이 항쟁에 참가하였지만(예를 들어 요세푸스), 대부분의 바리새인들은 여전히 무력적인 방법을 지지하지 않았다. 그들은 여전히 '정치적 평화, 종교적 자유'라는 노선에 충실했던 것이다. 예루살렘 성과 성전은 '젤롯'에 점령당하고 예루살렘 성 밖은 로마군에 포위된 상황에서 요하난 벤 자카이(Yohanan Ben Zakkai)가 보여 준 행동은 바리새파의 노선을 다시 확인시켜 준다. 그는 죽은 것으로 가장하여 관에 담겨 성 밖으로 빠져 나온다.

---

120 『유대 고대사』 20.9.206-207, 213.
121 『유대 전쟁사』 2.14.293-295.

그가 로마 장군 베스파시안(Vespasian)을 만나 '황제'라고 칭하자, 놀란 베스파스안에게 그는 "예루살렘과 성전은 왕에 의하지 아니하고는 점령되는 법이 없다"는 격언을 인용하였다. 이런 말을 나누는 사이에 네로 황제가 죽고 베스파시안이 황제로 추대되었다는 전령이 도착하였다. 로마로 출발하기 전 베스파시안은 요하난이 청하였던 요청 — "야브네(얌니아)와 현인들을 남겨 주십시요" — 을 수락한다.[122]

A.D. 70년 성전이 파괴되면서, 사두개파와 '젤롯' 그리고 에세네파도 역사 속으로 사라져 갔다. 바리새파만 살아 남았다. 사두개파의 오랜 세력 거점이었던 옛 '산헤드린'도 사라지고, 야브네(Yavneh)에서 바리새파에 의해 새롭게 태어나게 된다. 그리하여 오늘날의 모든 유대교의 종파는 야브네 회당을 뒤딤돌 삼아 중세기를 거쳐 온 랍비 유대교(Rabbinical Judaism)의 원조, 즉 바리새파 유대교(Pharisaism)에 그 뿌리를 두고 있는 것이다.

7. 바리새파의 영향력의 평가

1) 조용한 혁명

지금까지 살펴 본 바와 같이 바리새파는 비제도권에서 키운 영향력을 바탕으로 제도권에서도 무시할 수 없는 영향력을 행사하였다. 제사장과 귀족층을 중심으로 한 신정 정치 사회에서 서기관들을 중심한 평신도 집단[123]이 제사장 및 귀족층과 대등하거나 능가하는 세력 집단으로 성장하

---

[122] 탈무드 『기틴』 56a-b. 이는 요세푸스가 베스파시안에게 했던 황제 예언과 매우 흡사하다 (『유대 전쟁사』 3.8.399-400 참조).
[123] 평신도 출신 서기관들이 중심이 되었지만, 바리새파에 제사장 출신들이 합류하지 않은 것은 아니다. 예를 들어 요세푸스는 예루살렘 제사장 가문 출신이다. 그는 Vita (Life-이하 『자서전』)에서 자신이 16세 때에 3개의 철학 당파 (바리새파, 사두개파, 에세네파) 모두를 잘 알게 되면, 최선의 것을 선택하리라고 생각했으며 (『자서전』 9-10), 그에 따

였다. B.C.-A.D. 1세기의 유대 사회에서 대중들에게 가장 영향력있는 집단이 되었다는 사실은 바리새파 운동을 '조용한 혁명'으로 일컬어 부족함이 없을 것이다.

B.C.-A.D. 1세기에 바리새파는 제도권과 비제도권 양 쪽에 큰 영향력을 발휘하였으나, 산헤드린에서는 항상 사두개파보다 앞서지 못했다. 이들이 살로메 알렉산드라의 치하(B.C. 76-67)에서 최고의 권력을 행사하였을 때에도 당시의 입법, 사법 기관이었던 산헤드린에서 다수를 차지하지 못했다. 기성 권력층과 사두개파가 자기 권력 방어에 철저했던 이유 외에도 바리새파의 우선 관심사가 권력보다는 종교에 있었던 것도 하나의 이유였을 것이다.

2) 대중과의 호흡

이들의 힘은 정치적 권력에서 비롯된 것이 아니라, 일반 대중의 지지에서 나온 것이었다. 그리고 대중적 지지를 이끌어 낼 수 있었던 바리새파의 영향력의 원천은 이들의 율법 해석과 관련된 전문성과 대중성에 있었다.

바리새파는 전문 율법학자로서의 권위를 가졌던 서기관의 율법 해석(할라카)을 대중의 삶에 잘 적용시켜 나갔다. 전문성과 대중성은 때로 상반될 수 있는데, 바리새파는 실제 적용을 위한 율법 연구(해석)를 했으며 그 사상이 중용적이고 이성적 합리성에 부합하였기에 대중을 향한 호소력이 있었다고 보여진다. 예를 들면 인간 행동이 전적으로 예정(운명)에 의한 것으로 보는 에세네파나, 전적으로 인간 자신의 힘(자유의지)에 달렸다고 보는 사두개파와 달리, 바리새파는 인간 행동이 운명과 인간의 힘이 조합되

라 3개의 당파를 열심히 수학했고, 심지어 광야에서 세례요한을 연상시키는 삶을 살아가는 바누스(Bannus)라는 사람을 좇아 3년간 수행한 후에, 바리새파에 합류하게 되었다고 고백하고 있다 (Ibid., 11-12).

어 결정된다고 보았다.[124]

또한, 내세를 부인하는 사두개파와 달리 현세에서의 삶에 따라 내세에서 진정한 보상과 처벌이 이루어진다는 바리새파의 사상은 사회적 약자들인 대중의 마음을 위로해 줄 수 있었다.[125] 이들은 검소한 삶을 살며 일상에서 거룩과 정결을 추구했지만, 그렇다고 에세네파처럼 속세를 떠나거나 지나친 금욕주의에 빠진 것도 아니었다.[126]

이처럼 바리새파는 율법에 대한 해석적 권위와 아울러 중용적 사상에서 오는 포용성을 지니고 있어서 대중과 친밀한 관계를 형성할 수 있었다고 보여진다.

바리새파의 대중적 영향력과 관련하여 간과할 수 없는 것이 이들의 열심이었다. '교인을 얻기 위해 바다와 육지를 두루 다닌다'(마 23:15)는 증언에서 보듯이 바리새파는 자기들의 도(道)를 전하고 가르치는데에 열심이었다. 이러한 열심이 대중적 지지를 이끌어 내는 원동력의 하나였을 것이다.

3) 회당('시나고그' synagogue, 히브리어 '베트 크세네트' בית כנסת)

바리새파의 대중적 영향력을 키워 낸 또 하나의 중요한 요소는 회당이었다. 회당은 바리새인들이 대중을 만나 연구한 율법(할라카)을 가르치는 장소였기에 자연스레 여기서 바리새파의 대중적 영향력이 커질 수밖에 없었다.

---

[124] 『유대 고대사』13.6.171-173; 18.1.12-22.
[125] Ibid.,18.1,14.
[126] Ibid.,18.1.20-21.

(1) 회당의 기원

회당의 기원에 관해 다양한 견해로 나뉜다.

① B.C. 621년 요시야에 의한 종교개혁의 일환으로 '산당'(히브리어 '바마' בָּמָה 로 불리며 '고고학적으로 지붕이 없는 노천 제단'을 가리킨다)이 희생제사 없는 기도와 찬송 중심의 예배를 드리는 '회당'으로 전환되었다는 설[127]

② B.C. 6세기 바벨론 포로시에 형성되었다는 설[128]

③ 바벨론 포로에서 돌아온 뒤 재건된 제2성전 뜰에 세워졌다는 설[129]

④ B.C. 3세기 이집트의 유대인 디아스포라 공동체에서 기원됐다는 설[130]

⑤ B.C. 2세기 중엽 바리새파의 형성과 함께 생겨 났다는 설[131]

---

[127] J. Gutmann, "The Origin of the Synogogue, The Current State of Research", *The Synagogue: Studies in Origin, Archaeology and Architecture* (ed. J. Gutmann; New York: KTAV, 1975), 73.

[128] S. Zeitlin, "The Origin of the Synagogue", Ibid., 18; C. H. Kraeling, *The Excavation at Dura Europos, Final Report VIII, Part 1: The Synagogue* (New Haven: Yale University Press, 1979), 33 (); A. Oppenheimer, "바벨론 포로기 회당과 바벨론 탈무드 시대회당의 역사적 연결", *Batei Kneset Atiqim* (영문 타이틀 *Synagogues in Antiquity*) (ed. A. Kasher, A. Oppenheimer and U. Rappaport; Jerusalem: Yad Itzhaq ben Zvi, 1988), 147 (히브리어); I. Gafni, "바벨론 탈무드 시대의 회당: 전승과 실제", *Batei Kneset Atiqim*, 155-162 (히브리어). 영문 요약: x 쪽.

[129] S. Safrai, "The Synagogue and its Worship", *Society and Religion in the Second Temple Period* (The World History of the Jewish People, vol.8; Tel Aviv: Masadah, 1977), 46-47.

[130] J. G. Griffiths, "Egypt and the Rise of the Synagogue", *Journal of Theological Studies* 38,1 (1987), 2-6; A. Kasher, "프톨레미와 로마 시대에 유대 공동체의 중심으로서의 회당", *Batei Kneset Atiqim*, 120-122 (히브리어). 이집트 디아스포라 유대 공동체의 성전을 회당의 기원으로 보려는 견해도 있다. 이집트 유대 공동체의 기원은 Elephantine 파피루스를 근거해서 생각할 때, B.C. 7세기로 거슬러 올라가며, B.C. 5세기에 성전이 있었다. 이집트 유대 공동체의 성전에 관한 또 다른 보고는 요세푸스이다. 그에 의하면 안티오커스 에피파네스 4세 때의 악한 대제사장 메넬라우스의 조카인 오니아스 (4세)가 (B.C. 약 160년경) 헬리오폴리스(Heliopolis)의 노무스(Nomus)에 예루살렘 성전을 본 따서 성전을 세웠다 (『유대 고대사』 12.9.387-388). 그러나 성전은 본질적으로 희생제사를 드리는 장소라는 점에서 디아스포라 성전을 회당의 기원으로 보는 것은 옳지 않다.

[131] S. Zeitlin, "The Origin of the Synagogue", 21-26; J. Gutmann, "The Origin of the Synogogue, The Current State of Research", 75 참조.

①의 경우, 요시야가 죽은 후에도 산당에서의 희생제사가 계속되었다는 사실로 인해 설득력이 떨어진다. 그간 많은 학자는 바벨론 포로시에 때때로 혹은 매 안식일마다 모여 율법을 공부하고 기도하던 모임이 '회당'의 기원이라는 의견에 동의해 왔다.

이 견해의 성서적 근거는 에스겔 11:16이다.

> 그런즉 너는 말하기를 주 여호와의 말씀에 내가 비록 그들을 멀리 이방인 가운데로 쫓고 열방에 흩었으나 그들이 이른 열방에서 내가 그들에게 **잠간** 성소[132]가 되리라 하셨다 하고 (겔 11:16).

탈무드[133] 또한, 이 본문을 가지고 '회당'의 바벨론 포로기 기원을 주장한다. '성소'라는 표현이 바벨론 포로기의 '회당'을 가리킨다는 것이다. 바벨론 포로기 기원설의 약점은 고고학적 증거가 없다는 점이다. 그러나 '회당'의 개념을 '모임' 내지 '회중'으로 정의한다면 굳이 회당 건물의 잔해 내지 관련 부속물 등 고고학적 증거를 찾지 못한 것 자체가 회당의 바벨론 포로기 기원설을 부인해야 할 결정적 이유는 되지 못한다고 볼 수 있다.[134] 초기 기독교 공동체처럼 가정 교회의 모습을 상정할 수 있기 때문이다.

바벨론 포로에서 귀환하여 성전이 재건된 후에 회당이 존재하였겠는가에 대해 회당의 개념을 토라를 읽고 가르치는 모임의 의미로 받아들인다

---

132 히브리어 본문의 '미크다쉬 메아트'(מִקְדָּשׁ מְעַט)라는 표현에서 '메아트'를 어떻게 해석할 것인가에 따라 '**잠간** 성소가 되리라'로 번역할 수도, '**작은** 성소가 되리라'로도 번역할 수 있다.
133 『메길로트』 29a.
134 제2성전 시대의 회당은 예배 처소가 아니라 (율법)공부 혹은 연구 처소였다. 그런 점에서 회당의 존재 여부에 대한 답변은 건물의 존재 여부에 달린 것이 아니라, 사람들이 함께 모여 공부했느냐의 여부에 달린 것으로 보는 것이 옳다. 이 경우에 회당(베트 크네세트, Synagogue)과 학당(베트 미드라쉬, 소위 '예쉬바')은 동일시된다. 이에 관해 A. Oppenheimer, "학당의 독특성", *Cathedra* 18 (1981), 45-48 (히브리어); Z. Safrai, "이스라엘의 학당의 본질에 관한 평가", *Cathedra* 24 (1982), 185 (히브리어) 참고.

면 긍정적인 대답을 할 수 있을 것이다.[135] 에스라와 느헤미야 시대에 이러한 모임이 성전 뜰에 있었으며, 후대에 이 모임이 제도화되고 건물을 가진 회당으로 발전이 되어 나갔다고 추측해 볼 수 있다. 에스라의 경우에 '모세의 율법책'—소위 '모세오경'—을 읽고 해석했던 장소는 수문(Water Gate) 앞 광장이었다.[136]

미쉬나는 예루살렘 성전산에 성전외에 회당이 있었다고 진술하고 있고,[137] 예루살렘 탈무드에 의하면 A.D. 70년 제2성전이 파괴될 무렵, 예루살렘에 약 400개의 회당이 있었다고 한다. 이는 과장된 보고임에도 불구하고 당시에 회당이 많이 있었다는 사실을 지적하는 것임은 분명하다.

회당에 대한 가능한 고고학적 증거는 B.C. 3세기 이집트에서 찾을 수 있다.[138] 그러나 이를 근거로 회당의 기원을 B.C. 3세기 프톨레미 왕조하의 유대인 공동체로 돌리는 것은 적절치 않다. 제도화된 건물로서 회당 이전에 전술한 바와 같이 '모임' 혹은 '회합, 회중'의 관점에서 규정되는 회당의 존재를 무시해서는 안 되기 때문이다.

(2) 바리새파와 회당

'회당'은 역시 바리새파와 어울리는 개념이다. 사두개파가 성전 중심이었다면, 바리새파는 회당 중심이었다. 그러나 이것이 처음부터 성전과 회당이 대립 개념으로 출발했다거나 바리새파가 아예 성전을 멀리했다는 것을 의미하지는 않는다. 그런데도 역사적으로 볼 때, 사두개파의 출발점은 희생제사와 관련된 제사장과 성전 중심이었다면, 서기관을 중심한 바리새파는 율법의 연구와 가르침에 집중하였기에 자연히 회당 중심이 될 수밖에 없었음도 사실이다.

---

135 위의 각주 4 참조.
136 느 8:1, 3, 16.
137 미쉬나 『쏘타』 7:7-8; 미쉬나 『요마』 7:1.
138 J. G. Griffiths, "Egypt and the Rise of the Synagogue", 2-6 참조.

복음서를 읽어 보면 회당과 관련하여 서기관과 바리새인들은 언급되고 있으나, 제사장들이나 사두개인들은 한 번도 언급되지 않고 있다. 회당에서 최고 권위의 자리는 '모세의 자리'였는데, 이 자리의 주인이 서기관과 바리새인이었다는 사실은 회당이 전적으로 바리새파 중심이었음을 보여 준다(마 23:2 참조).

고라신 회당의 모세의 자리

적어도 예루살렘 성전이 국가적이고 종교적인 제도로서 시작되었다면, 회당은 자연 발생적인 사회 문화 공동체로 시작되었다. 전자가 희생제사 중심이었다면, 후자는 토라 읽기와 해석 및 설교 중심이었다. 그런 점에서 회당은 성전의 대립 개념으로 출발한 것이 아니라 보완 개념이었다고 볼 수 있다. 오늘날 지역 교회와 비교한다면 교회당이 공식적인 예배 장소이지만, 소규모의 성경 공부 모임들이 존재하는 것과 유사하다고 할 것이다.

A.D. 70년 성전이 파괴되기 이전에 여전히 성전은 유대인들의 종교 활동의 중심지였다. 제2성전 시대의 자료들은 회당을 공적인 기도—예배의 요소—의 장소로 언급하지 않고 있다.

사도행전 3장은 베드로와 요한이 기도하기 위해 성전에 올라 갔음을 진술하고 있다. 이는 회당이 예배 장소가 아니었음을 간접적으로 시사해 준다. A.D. 70년 성전이 파괴되기 이전의 회당은 토라(율법) 낭독과 해설(설교)을 하는 일종의 교육 기관이었다.[139]

성전이 파괴되고 난 후 회당은 희생제사 없는 예배—토라 읽기, 찬송, 해설(혹은 설교)—장소로 전환되었다. A.D. 70년 이후 회당은 예배,(종교) 교육, 및 일종의 공회당 역할을 하며 유대인들의 삶의 중심지가 되었다.

---

[139] 회당이 공식적인 예배 장소가 아니었다고 해서 종교적인 제의 장소로서의 의미가 전연 없었느냐에 대해서는 논란의 여지가 있는 것이 사실이다. 회당에서 토라를 읽고 가르치는 것이 단순한 공부이며 전연 제의적인 성격이 없는 것이었다고 말할 수 없기 때문이다. 유대적인 관점에서 볼 때, 토라 자체는 거룩하며 토라를 낭독하고 공부하는 것 자체가 거룩하며 하나님을 향한 제의적 의미와 기능이 있다는 주장도 무시될 수 없다. 이런 주장에 관해 L. H. Schiffman, "Ancient Synagogue and the History of Judaism", *Sacred Realm: The Emergence of the Synagogue in the Ancient World* (ed. Steven Fine; Oxford: Oxford University Press, 1996), xxvii-xxix; P. W. van der Horst, "Was the Synagogue a Place of Sabbath Worship before 70 CE ?", *Jews, Christians, and Polytheists in the Ancient Synagogue* (ed. Steven Fine; London: Routledge, 1999), 18-43을 보라. 또한, 디아스포라 공동체의 경우 예루살렘 성전 제의에 참여가 쉽지 않았다는 점을 감안할 때, A.D. 70년 이전의 회당 기능을 학당의 것과 동일시하는 것은 이스라엘 내지 예루살렘 지역에 국한해서 적용될 수 있을 것이다.

제4장

랍비 유대교(Rabbinical Judaism): 미쉬나와 탈무드 시대

랍비 유대교는 바리새파의 후예들인 랍비들에 의해 형성되었다. 그러므로 랍비 유대교의 이해를 위해서 유대교의 학자로서 랍비들에 대한 이해가 필요하다.

1. 유대교의 경전과 학자들

유대교의 경전은 크게 성경(구약성경)과 탈무드이다. 탈무드를 간단하게 정의하면 '**구전 율법을 집대성한 법전(法典)**'이라고 말할 수 있다. 구전 율법이 전승되다가 편집된 것이 '**미쉬나**'(Mishna)이며, 이 미쉬나에 '**게마라**'(Gemara, 미쉬나에 대한 랍비들의 해석)를 덧붙여서 편찬한 것이 **탈무드**이다. 다시 말하면 성문 율법(모세오경)에 대한 해석('할라카')들이 권위를 인정받으면서 구전 율법이 되고, 구전 율법들이 편집된 것이 미쉬나이며, 미쉬나에 게마라를 덧붙여서 다시 편집한 것이 탈무드이다. 물론 탈무드에는 구전 율법 외에도, 구전 율법 사이 사이에 흔히 '아가다'(aggadah)라고 불리는 교훈적인 얘기들이 끼여 있다.

흔히 우리가 탈무드하면 재미있고 교훈적인 얘기들이 담긴 이야기책처럼 생각하나, 실제로 탈무드의 핵심은 구전 율법이다. 따라서 유대교를 이해하기 위해서 탈무드를 이해해야 하고, 탈무드에 대한 이해를 위해서는 탈무드의 주된 내용인 구전 율법을 형성하고 가르치고 해석했던 주요 학자들에 대한 이해를 필요로 한다. 탈무드를 읽어 보면 한 율법 문제를 놓고, 어떤 랍비는 이렇게 말했고, 어떤 랍비는 저렇게 말했으며, 그러한 의견에 대해 다시 어떤 랍비는 이런 식으로 해석했다는 식으로 주욱 나열하고 있는 것을 볼 수 있다. 따라서 탈무드는 랍비들의 의견(해석)의 집대성이므로 중요한 랍비들의 계보와 그들에 대한 선지식(先知識)이 없이는 이해하기가 어렵다. 여기서 학자들이란 물론 '구전 율법'의 절대 권위를 인정했던 바리새파 학자들과 바리새파에 뿌리를 둔 랍비들을 의미한다.

2. 시대별로 본 유대교 학자들

유대교에서는 탈무드가 편찬되기 이전까지 활동한 학자들을 시기별로 구분한다. '주곳'(zugot) 시대; '탄나임'(tannaim) 시대(A.D. 약 20년-A.D. 약 200년); '아모라임'(amoraim) 시대(A.D. 약 200년-A.D. 약 500년). '탄나임' 시대와 '아모라임' 시대 구분의 중요한 기준은 '미쉬나'이다. '미쉬나'가 편집된 A.D. 약 200년을 기준으로 그 이전을 '탄나임' 시대, 그 이후를 '아모라임' 시대로 부른다. '주곳'이란 히브리어로 '쌍'(pair)이란 뜻이며, 동시대의 가장 위대한 학자 두 명을 일컫는 말이다.

'주곳' 시대는 마카비혁명기에서 시작하여 A.D. 20년경까지다. 탈무드 아봇(1:4-15)에 의하면 이 시기에 다섯 쌍의 위대한 학자들이 있었다. 시대마다 두 사람 중 한 사람이 '산헤드린'의 의장('나시'라고 부름)을 맡고, 다른 한 사람이 부의장('아브 벧 딘'이라고 부름)을 맡았다. 그러나 이는 대제사장이 산헤드린의 의장을 맡았음을 증거하는 신약성경과 요세푸스의 증언과 배치된다.

제2성전이 파괴되고 유대교의 중심이 예루살렘에서 야브네(얌니야)로 옮겨 가면서 여기서 새롭게 형성된 '야브네 모임'을 새로운 '산헤드린'으로 규정할 수 있는데, 이 '산헤드린'의 의장직을 후대 랍비들이 '주곳' 시대의 조상들에게 시대착오적으로 소급해서 적용한 것으로 보인다.

'주곳' 시대의 다섯 쌍의 학자들 중에 특별히 기억해야 할 한 쌍의 학자가 힐렐과 샤마이이다. 이들은 '주곳' 시대의 마지막 학자들이며, 각각 그들의 뒤를 잇는 '탄나임 학파'의 시조—소위 '힐렐' 학파와 '샤마이' 학파—인 동시에, 랍비 유대교의 기초를 놓은 위대한 학자로서 신약성경에서도 이들의 중요한 사상들이 배어 있다.

3. 힐렐(Hillel)과 샤마이(Shammai): 미쉬나의 뿌리

1) 힐렐(Hillel)

B.C. 약 70년에서 A.D. 약 10년 사이에 살았던 바리새파의 위대한 지도자이다. 대헤롯(Herod the Great) 통치시에 활동했던 제2성전 시대의 가장 위대한 현인(sage, 히브리어로 '하캄'[חָכָם])이다. 바벨론에서 태어나서 성장한 후에 예루살렘으로 이주하였고, 거기에서 제4대 '주곳'이었던 '쉐마이야'(Shemaiah)와 '아브탈리욘'(Abtalion) 학당에서 수학하였다.

탈무드 『요마』(Yoma 35b)편에 그의 학업 열정에 관한 감동적인 이야기가 다음과 같이 전해지고 있다.

> 그는 막일로 가족을 부양하고 학비를 조달하였다. 그런데 몹시 추운 어느 겨울 금요일, 그는 학비를 내지 못하여 학당안으로 들어 갈 수 없었다. 그는 밤에 학당의 지붕위로 기어 올랐다. 지붕에는 채광을 위한 작은 창문이 있었고 그는 그 창문을 통해서 스승의 수업을 들었던 것이다. 새벽녁, 스승인 쉐마이야와 아브탈리욘이 빛을 가로막고 있는 물체를 보게 되었고, 끌어 내렸다. 힐렐이었다. 밤새 내린 눈으로 덮여 힐렐은 거의 동사 상태에 있었다. 비록 그 날이 안식일이긴 하였으나, 그를 살리는 것이 안식일을 범하는 일보다 더 가치있다고

선언하면서 두 스승은 그를 위해 불을 지피도록 했다.

그는 처음에 바벨론 출신이라 하여 무시당하였으나 마침내 스승의 뒤를 이어 최고의 학자로 인정받게 된다. 제자들을 선정하는 데 있어서 혈통과 부를 따지던 경향을 거부하고 생활속에서 율법을 가르쳤다. 아침에 일하러 가는 노동자들에게 토라를 가르치고 저녁에 그의 집에서 질문을 받았다. 그의 '생활 속에서의 율법'이란 반드시 율법과 삶과의 직접적인 연관성 내지 적용 문제 만을 의미하지 않는다.

그에 따르면 토라는 사사로운 목적이 아니라 토라 자체의 목적을 위해 공부해야 한다. 그는 순수한 마음으로 토라를 공부한다면 공부하는 자의 인격을 가다듬고 종교적인 인성을 함양하며 하나님을 경외하게 되어 '진정으로 경건한 사람'('하씨드')의 수준에 이르게 될 것이라고 가르쳤다(탈무드『아보트』2:5).

힐렐의 교수 방법은 거의 헬레네즘의 영향을 받아 소크라테스적이고 소요학파적인 것이었다. 즉 학생들의 반응을 유도하고 머리를 쓰도록 하기 위해 '질문과 대답', '불가해한 화두 던지기' 등의 방법을 사용하였다. 그러기 위해서 스승은 인내심을 가져야 하고, 가르치는 내용이 실제적인 것이어야 했다. 그래서 힐렐 이래로 "봉사하는 학자들"(히브리어로 "쉬무쉬" שמוש)이란 개념이 랍비 교육의 일부가 되었다.

바리새파는 구전 율법의 절대 권위를 인정하는데, 이의 기원을 성문 율법과 동일하게 시내산의 모세에게로 돌린 자가 바로 힐렐이다(탈무드『샤밧』31a). 또한, 힐렐은 인간 경험의 축적의 결과인 대중적인 지혜도 가르쳤는데, 그는 이러한 대중적인 지혜의 근거도 가능한 성경에서 찾고자 했다.

힐렐은 그의 세대와 다가 오는 모든 세대의 경건한 사람의 표상이 된다. 그의 모든 행동의 동기는 하나님을 섬기고 그의 뜻을 준행하기 위한 열망의 표현인 "하늘(하나님)의 영광을 위하여"였다. 그 경건의 모습은 그의 위대한 인내심을 통해 잘 드러나고 있다. 어느 날 개종하고자 하는 이방인이 샤마이에게 찾아 와 자신이 한 발로 서 있는 동안에 모든 율법(토라)를 다 가르쳐 달라고 말하자, 샤마이는 버럭 화를 내면서 그를 쫓아내버렸다. 이에 반해 동일한 질문을 받은 힐렐은 다음과 같이 말한다.

> 너에게 해로운 것을 너의 동료에게 하지 말라. 이것이 바로 모든 율법(토라)이며, 나머지는 해석이다. 자 이제 가서 배우라!(탈무드 『샤밧』 31a).

이 점에서 예수님의 '황금율'은 힐렐의 가르침을 더욱 적극적으로 해석한 것임을 알 수 있다. 힐렐은 이 '황금율'을 유대교의 입문자에 대한 최상의 서론적인 가르침이자 모든 유대교 가르침의 종합으로 본 것이다. 그의 인내심과 인간애는 유대교의 성격과 이미지에 깊은 영향을 끼쳤을 뿐 아니라, 기독교의 사상 형성에도 적지 않은 영향을 끼친 것으로 드러나고 있다.

그에게 80명의 제자가 있었던 것으로 전해지고 있는데, 그 중에서 가장 어리면서도 촉망받는 제자로서 그의 후계자가 되었던 인물이 바로 로마 장군 베스파스안에게 "야브네와 현인들을 남겨 달라"고 요구했던 요하난 벤 자카이(Johanan ben Zakkai)이다.

힐렐이 남긴 어록 중에서 몇 개를 추려 보면 다음과 같다.

> 공동체에서 이탈하지 말라.
> 네가 죽는 날까지 네 자신에 대해 확신하지 말라.
> 네가 그 분 앞에 설 때까지 네 동료를 판단하지 말라.
> '내가 시간이 있을 때, 공부하겠습니다'라고 말하지 말라.
> 만일 내가 내 자신에 대해 관심을 갖지 않는다면, 누가 나에 대해 관심을 가질 것인가?
> 그러나 내가 내 자신만 생각한다면, 나란 존재는 무슨 소용이 있을 것인가?
> 지금 행하지 않는다면, 언제 행할 것인가?

2) 샤마이(Shammai)

B.C. 약 50년에서 A.D. 30년 사이에 활동했던 바리새파 학자이다. 힐렐과 달리 유다에서 태어났다. 힐렐과 평생 율법 해석('할라카')을 가지고 논쟁을 벌였던 인물이다. 할라카 문제에 있어서 샤마이는 힐렐보다 더욱 엄격한 노선을 견지했다. 그의 해석이 전반적으로 더 보수적인 이유는 더 오래된 할라카를 따르고 성문 율법을 문자적으로 해석하고자 하는 경향 때문이었다.

샤마이의 엄격함은 종종 인내심이 부족하고 쉬이 분노하는 성격탓으로 돌려지기도 하는데, 전술한 바와 같이 개종하고자 하는 이방인이 자신이 한 발로 서 있는 동안에 모든 율법을 가르쳐 달라고 하자, 버럭 화를 내며 마침 손에 들고 있던 지팡이를 들고 쫓아내버렸다는 얘기에도 잘 드러나고 있다.

그로부터 샤마이 학파가 시작되었으며, 비유대인들과의 접촉을 엄격하게 금하는 샤마이 학파의 노선들은 샤마이가 살았던 당시의 유대인에게 노출되었던 위험들에 대해 샤마이 자신이 내렸던 경고들을 반영하는 것이다. 미쉬나의 『아보트』 1:15에 그의 어록 3개가 실려 있다.

> 토라 공부를 습관화하라.
> 말은 적게 하고 행함에 힘쓰라.
> 모든 사람에게 밝은 얼굴로 인사하라.

비록 그의 종교적인 열정이 그의 인격을 엄격하고 전투적인 모습으로 드러나게 했을지라도 그의 어록의 마지막 말은 샤마이 역시 관대와 자비의 중요성을 가르쳤고, 노년에는 관대하고 자비로운 인격의 소유자였을 것임을 시사해 준다.

3) 힐렐 학파와 샤마이 학파

힐렐과 샤마이가 죽고 난 후 그들의 제자들에 의해 각각 학파가 형성된다. 양 학파는 상호 논쟁을 통해 제2성전 말기(A.D. 40-60년대)에서 A.D. 약 100년까지 구전 율법의 발전에 지대한 영향을 끼쳤다.

양 학파는 모든 분야의 율법에 걸쳐 논쟁을 하였다. 탈무드에는 316개의 논쟁이 기록되고 있는데, 보통 샤마이 학파의 의견이 먼저 진술되고 있다. 미쉬나(『에두욧』 4, 5:1-4)에 기록되어 있는 예외적인 것들을 제외하고는 샤마이 학파의 견해(해석)는 항상 힐렐 학파보다 엄격하였다. 때때로 힐렐 학파는 자기들의 입장을 바꾸고 샤마이 학파의 입장을 채택하기도 하는 유연한 입장을 취하였다.

전반적으로 양 학파 간에는 그들의 성경 해석에 있어서 근본적인 차이가 있었다. 샤마이 학파는 성경 구절을 문자적으로 해석하는 경향이 있는 데 반하여, 힐렐 학파는 성경 구절 아래에 깔려 있는 목적에 더 많은 주의를 기울이고자 했다. 샤마이 학파는 자신들의 해석을 내놓을 때, 거의 변함없이 과거에 나왔던 오래된 '할라카'들을 인용하곤 했는데, 이 '할라카'들은 그 내용과 준수에 있어서 엄격하였다. 그래서 현대 학자들은 샤마이 학파를 보수주의자들로, 힐렐 학파를 자유주의자로 간주한다.

19세기 중엽 이래로 학자들 간에 사회학적 관점에서 양 학파의 신학적 성격을 조명해 보고자하는 시도들이 있어 왔다. 이들 연구 결과에 의하면 샤마이 학파는 향리(鄕里)의 부유한 귀족 가문 출신들로 구성되어 있었는데, 이들은 전통적으로 보수적인 입장을 견지해 왔다는 것이다.

이에 반해 힐렐 학파는 도시의 소상인과 장인(匠人) 등 사회적으로 평민 출신들이었다고 한다. 그러나 이런 출신 배경이 양 학파의 신학적 성격을 규정하는데 중요한 요인이 되었는 지에 관해서는 좀 더 연구가 필요하다고 하겠으나, 적어도 샤마이 학파는 성경의 문자적 해석 및 오래된 전통적인 할라카에 좀 더 치중하면서 보수적이고 엄격한 입장을 취했다면, 힐렐 학파는 성경 이면에 담긴 정신과 현실적인 상황을 고려하는 유연한 입장을 취했던 것이 사실이다.

예를 들어 이혼 문제에 관해, 샤마이 학파는 '이혼을 미워한다'는 말라기 선지자의 입장을 따라(말 2:16) '아내가 음행한 경우에만 이혼할 수 있다'는 엄격한 입장을 취했다. 이에 반해 힐렐 학파는 남편이 아내에 대해 심각한 불만이 있다면 남편에게 이혼할 권리를 부여해야 한다는 입장을 취했다(탈무드 『깃틴』 9:10).

양자 간의 신학적 차이점에도 불구하고 초창기에는 서로간에 혼인을 하는 등 양 학파의 관계는 우호적이었다. 그러나 제2성전 시대 말기(A.D. 60년 이후)에 이르러 로마의 압제가 심해지면서 양자 간의 우호적 관계가 사라지게 된다. 로마의 압제가 계기가 되어 샤마이 학파는 유대인과 이방인(특히 로마인)과의 접촉을 엄격히 제한하는 입장을 취하게 된다. 이 때까지만 해도 샤마이 학파는 힐렐 학파보다 숫자적 우위에 있었으므로, 이들은 힐렐 학파의 반대를 물리치고 유대인과 이방인과의 접촉을 금하는 18개의 금령을 내놓게 된다.

그러나 A.D. 70년 예루살렘 성전이 파괴되고, 유대교의 중심이 야브네로 옮겨지면서 힐렐 학파가 주도권을 잡게 되고 A.D. 약 100년경에는 항상 힐렐 학파의 견해(해석)가 '할라카'를 형성하게 된다.

탈무드(『에루빈』 13b)는 이렇게 된 연유를 다음과 같이 설명하고 있다.

> 3년 동안 샤마이 학파와 힐렐 학파는 자신들의 견해가 '할라카'(규정, 법)가 되어야 한다고 논쟁을 벌였다. 그런데 하늘에서 소리가 들리며 선언하기를, '양자의 견해는 모두 살아 계신 하나님의 말씀이다. 그러나 '할라카'는 힐렐 학파의 견해에 따라 만들어진다.
>
> 왜 그런가?
>
> 왜냐하면, 양자의 견해를 가르칠 때 그들은 친절하고 겸손하며, 자신들의 입장을 진술하기 전에 샤마이 학파의 견해를 먼저 소개하였기 때문이다.

4. 탄나임 (tannaim) 시대

'탄나임'은 '탄나'(tanna, תנא)의 복수이다. '타나'는 '공부하다', '반복하다'는 뜻을 지닌 아람어 동사(테나, תנא)의 파생어로서 '선생, 스승'이란 뜻을 지니고 있다. 시기적으로 A.D. 약20년-A.D. 약200년 사이에 활동한 유대교 학자(랍비)들을 일컬어 '탄나임'이라고 부른다.[1] '탄나임' 학자들의 출발은 전술한 '샤마이 학파'와 '힐렐 학파'의 학자들이며, 따라서 '탄나임'의 직접적인 조상은 '힐렐'과 '샤마이'이다.

유대교에 있어서 탄나임 시대의 중요성은 그간 축적된 구전 율법들을 성문화한 시대였다는 점이다. A.D. 200-220년 경 유다 하나시(Judah Ha-Nasi)에 의해 성문화된 구전 율법이 바로 '**미쉬나**'(Mishna)이다. 이 미쉬나에 대한 보충 설명집인 '**토세프타**'(Tosefta)와 미쉬나에 나타나지 않는 '탄나임'의 가르침인 '**바라이타**'(Baraita) 그리고 출애굽기-레위기-민수기-신명기의 주석인 '**미드라쉬 할라카**'(Midrash Halakah) 또한 이 시대에 편집되었다.

미쉬나에는 약 120명 이상의 탄나임이 언급되고 있다. 미쉬나에 언급되지 않는 이 시대의 학자들은 '바라이타'에서 언급되고 있다. 몇 몇 예외가 있기는 하나, 탄나임 학자들 모두는 팔레스타인 출신이며 팔레스타인에서 교육을 받은 자들이다.

---

1 H. L. Strack, *Introduction to the Talmud and Midrash* (Atheneum: New York, 1969), 4.

1) 다섯 세대의 탄나임 학자들[2]

탄나임 시대의 학자들은 크게 다섯 세대(generation)로 나뉜다.

(1) 제1세대

예루살렘 성전이 파괴되기 이전의 탄나임 시대의 초기 지도자는 R. 가말리엘(R. Gamaliel)과 R. 요하난 벤 자카이(R. Yohanan ben Zakkai)이다.

① R. 가말리엘(R. Gamaliel)

힐렐의 손자로서 랍비 유대교에서 흔히 '장로' 내지 '산헤드린의 의장'으로 알려지고 있다. 그와 그의 후손들에 대해서는 현인들에 대해 붙이는 일반적인 칭호인 '랍비'[3] 대신에 '라반'[4]이라는 존칭(尊稱)을 붙인다.

그는 헤롯 아그립바 1세[5]와 동시대의 인물이었다. 그는 할라카에 관한 최고의 권위자로서 성전에서 이스라엘 및 디아스포라 유대 공동체를 향해 십일조와 윤년(閏年)에 관한 '할라카'를 선포하였다. 산헤드린의 핵심적인 권한 사항 중 하나가 유대력(Jewish Calendar)을 조정하는 것이었는데, 산헤드린에서 첫 초생달을 보았다는 목격자들을 조사하여 새 달의 시작을 선포하는 일과 관련된 일련의 규정들을 반포한 자가 가말리엘이었다.

그가 반포한 규율('할라카')중에서 특별히 중요한 것이 결혼과 이혼에 관

---

[2] 아래에서 아주 중요한 대표적인 탄나임 학자들만 소개하기로 한다. 탄나임 학자들에 관한 전반적인 소개는 다음을 참고하라: *ibld.,* 109-19; H. L. Strak and G. Stemberger, *Introduction to the Talmud and Midrash* (tr. M. Boc킬로미터uehl. Minneapolis: Fortress Press, 1992), 72-91; G. Wigoder (ed.), *The New Encyclopedia of Judaism* (New York: New York University Press, 2002).

[3] Rabbi, רבי '나의 선생님'이란 뜻.

[4] Rabban, רבן '우리의 선생님'이란 뜻의 극존칭.

[5] Herod Agrippa I, B.C. 7년에 할아버지 대헤롯에 의해 죽임을 당한 헤롯 알렉산더의 아들이다. A.D. 41-44년 예루살렘과 유대 지역의 분봉왕이었으며, 사도행전 12장에 언급되고 있는 '헤롯' 왕이 바로 헤롯 아그립바 1세이다.

한 것이다(「미쉬나 기틴」 4:2-3). 당시 가부장 사회에서 여성의 권리를 도모하는 차원에서 이혼에 관한 할라카를 반포했다는 것이 이채롭다. 우선 그는 이혼을 막기 위해(약자인 여성 보호 차원에서), 이혼장을 발부하는 것과 관련하여 여러 제한 규정들을 도입하였다.

한편 이혼장을 받지 못하여 평생 전 남편에게 묶여 재혼하지 못하는 여인들을 위한 구제책도 제시하였다. 예를 들어 남편이 실종되어 죽음을 입증할 수 없는 경우에 이혼장을 받을 수 없고 그에 따라 영원히 재혼할 수 없는 족쇄에 걸린 여성들에게 남편의 죽음을 입증해야 하는 규정들을 완화시킴으로써 여성의 권익을 도모하였다.

가말리엘은 인도적인 입장에서 이방인도 유대인과 동일한 자비로운 대우를 받아야 할 것이라고 가르쳤다. 물질적인 곤경에 처한 이방인을 돕는 일이나, 병든 이방인들 병문안을 하는 일이나, 이방인들을 문상(問喪)하고 유족들을 위로하는 일 등. 그는 들에서 이삭을 줍는 이방인들을 결코 차별해서는 안된다고 가르쳤다(레 23:22 참조).

심지어 그는 유대-기독교인들에 대해서도 관대한 태도를 취했다. 사도행전 5장은 베드로와 사도들이 산헤드린 공의회로 끌려 왔을 때, '기다리며, 관망해 보자'는 쪽으로 산헤드린 회원들을 설득하던 가말리엘에 대해서 증거하고 있다. 사도행전 5:34은 그에 대해서 다음과 같이 기술하고 있다.

> 바리새인 가말리엘은 교법사(서기관)로 모든 백성에게 존경을 받는 자라 (행 5:34).

신약성경 중 13권을 기록한 사도 바울은 자신이 가말리엘 문하에서 수학했음을 고백하고 있다(행 22:3).

② 요하난 벤 자카이 (Yohanan ben Zakai)

그의 가계나 출생지에 대해서는 알려진 것이 거의 없다. 하부 갈릴리 '아라브'라는 곳에서 살다가 예루살렘으로 이주하면서 '힐렐'의 제자가 되었다. 힐렐은 그의 뛰어난 재능을 눈여겨 보았고, 놀라운 그의 장래의 모습을 예견한 바 있다.

바리새파의 지도자로서 제사장들을 비롯한 사두개파와 논쟁하면서 그의 탁월한 지도력이 돋보였다. 논쟁의 범위는 주로 성전제사에 관한 규율 외에도, 민법과 형법에 관해서도 다루어졌다. 그는 제사장의 특권과 성전세 면제 주장 등 제사장의 자의적인 권한 행사를 감소시키고자 했다(예. 탈무드, 『쉐칼림』 1:4).

유대인들에게 성전은 종교와 공공 생활의 중심지였다. 요하난의 임무는 바리새파 규정(할라카 전승)에 따라 성전 제사가 제대로 수행되고 있는 지를 감독하는 것이었다. 또한, 성전의 그늘에 앉아서 하루 종일 성지 순례객들 앞에서 율법을 풀어 설명해 주곤 했는데, 특히 유월절 때에는 그 대상이 하루에 수천 명씩이었다고 한다(예. 탈무드, 『페싸킴』 1:4).

그는 음행이 일상화되자 여인의 간음 여부를 가려내기 위해 사용하던 '저주의 쓴 물' 제도를 폐지해 버렸으며(민 5장 참조), 살인 사건이 너무 많이 있게 되자(특히 A.D. 67-69년 예루살렘이 포위되어 있을 당시) 살인자를 알 수 없는 살인 사건에 대한 면책(免責) 수단이었던 '암송아지의 목을 꺾는 의식'을 폐지해 버렸다(신 21:1-9 참조).

제1차 유대 항쟁이 발발하자(A.D. 66년), 요하난은 자신의 정책을 분명히 밝혔다. '정치적 평화, 종교적 자율'이라는 바리새파의 노선에 따라 그는 항쟁을 반대하였고, 항쟁의 성공을 믿지 않았다. 그는 유대 나라를 구하는 길은 유대교를 살리는 길이라고 생각했다. 성 밖은 로마군에게 성 안은 열심당과 등 유대 항쟁군에게 장악되어 있는 상황에서 그냥 있다가는 전멸할 것을 직감하고 성에서 빠져나갈 계책을 세운다.

그는 자신이 죽었다고 소문을 내고 제자들에게 의해 관속에 숨겨져 성을 빠져 나와,[6] 로마 장군 베스파시안(Vespasian)에게 '야브네(얌니아)와 현인들을 남겨 달라'(탈무드 'Gittin' 56a-b)고 요청한다.

그러나 그가 로마 장군 베스파시안(Vespasian)을 만나 '황제'라고 불렀다는 얘기는 유대 항쟁군의 지휘관이었다가 갈릴리 요트바타(Jotpatah)에서 항복하면서 베스파시안이 '황제'가 될 것이라고 예언했던 요세푸스의 이야기[7]와 흡사하여 역사성이 의심되고 있다. 적어도 기록의 시점에서 랍비 문학이 요세푸스의 '유대 전쟁사'보다 훨씬 후대이므로 원래 아람어로 기록되었던 요세푸스의 이야기가 랍비 사회에 알려 졌을 가능성이 매우 높다고 보여진다.[8]

성을 빠져 나온 요하난은 멀리서 성전이 불길에 휩싸이는 것을 보면서, 옷을 찢고, 테필린을 벗고 제자들과 함께 그 자리에 앉아 울었다. 그런데 자신의 제자이자 자기를 관에 숨겨 성 밖으로 데리고 나왔던 '요슈아 벤 하나니야'(Joshua ben Hananiah)가 파괴되는 성전을 바라보면서 "이제 이스라엘 백성이 희생제사 를 통해 죄 속함 받을 길이 사라져 버렸다"고 애곡하자, 요하난은 호세아 6:6을 인용하면서 "아들아 염려하지 말아라, 그 분이 말씀하시기를 **'나는 인애를 원하고 제사를 원치 아니하며 번제보다 하나님 아는 것을 원하노라'** 하셨다(호 6:6)"라고 그를 위로하였다.

그는 성전 파괴와 민족적 재앙을 하나님의 율법(토라)을 지키지 못한 데 대한 하나님의 징벌로 받아 들였다.

예루살렘 성전이 파괴되기 이전부터 존재하고 있었던 '야브네' 학당과 현인들을 남겨 달라고 요청함으로써, 요하난은 비극적인 전쟁과 함께 사

---

[6] 유대인은 죽음을 가장 불결하게 여기므로 거룩한 성 예루살렘에서 장사를 지내는 것이 금지된다.
[7] 『유대 전쟁사』 3.8.399.
[8] 요세푸스의 황제 예언과 요하난 벤 자카이의 황제 예언의 역사성에 관해 Alexander Carlebach, "Yavneh and its Sages", *Niv Hamidrashia* v. 22-23 (1990), 10-18을 보라.

라져 버린 것들을 복구할 수 있는 기반을 마련하였다. 그것은 새로운 '산헤드린'의 구성과 지도 체제 그리고 학당[9]이었다. 그는 성공적으로 성전의 '산헤드린'이 관장하고 있던 중요한 기능들을 '야브네' 공동체로 옮겨 왔고, 자신이 '산헤드린'의 의장으로서 지도력을 발휘하여 성전 파괴 이후의 유대교 발전의 기틀을 다져 놓았다.

(2) 제2세대

탄나임 제2세대는 예루살렘 성전이 파괴된 후, 야브네(Yavneh) 학당을 유대교의 새로운 중심지로 개척한 요하난 벤 자카이(Yohanan ben Zakai) 이후로부터 제2차 유대 반란[10] 이전까지의 세대이다.

이 세대의 중요한 학자들로는 가말리엘의 손자인 '**가말리엘 2세**'(Gamaliel II, 야브네의 가말리엘로 불림), '**엘리아자르 벤 아자리야**'(Eleazar ben Azariah) 그리고 스승 요하난 벤 자카이를 관에 숨겨 성 밖으로 빼 내 왔던 '**엘리에제르 벤 힐카누스**'(Eliezer ben Hyrcanus)와 '**요슈아 벤 하나니야**'(Joshua ben Hananiah) 등이 있다.

① 가말리엘 2세(Gamaliel II)

가말리엘의 손자로서 A.D. 1세기 중엽에서 132년까지 생존했던 인물이다. 요하난 벤 자카이에 이어 야브네의 산헤드린의 의장 및 학당의 학장으로서 국가와 종교적인 회복을 위해 지도력을 발휘하였다. 그의 지도하에 야브네 공동체의 랍비들의 신학적, 법적, 제의적 그리고 윤리적인 가르침들이 나오게 되며, 이런 가르침들이 그의 손자 '유다 하-낫시'(Judah Ha-Nasi)가 편집한 '미쉬나'의 기초를 형성하게 된다. 뛰어난 지적 능력과 깊은 영성 덕에 많은 업적을 낳았지만, 강인한 성품으로 인해 많은 논쟁에

---

9 '베트 미드라쉬'(בית מדרש), 종교 학교를 의미하는 '예쉬바'와 동일한 개념.
10 A.D. 132-135년, 흔히 '바르-코크바' 반란으로 불린다.

휩싸이기도 했다.

한번은 '요슈아 벤 하나니야'와 논쟁 중에 의장의 권위를 내 세워 자신보다 연로한 요슈아 를 앉지 말고 서 있으라고 모욕하였다. 이것이 랍비 요슈아를 지지하는 자들의 분노를 사게 되고 반란을 초래하여, 결국, 산헤드린의 의장직에서 쫓겨 나게 된다. 나중에 복직되면서 그를 대신하여 의장직을 맡고 있던 엘레아자르 벤 아자리야(Eleazar ben Azariah)와 공동으로 직무를 수행하였다.

유대인의 신앙과 제의의 거의 모든 영역에 걸쳐서 그가 이룩한 업적은 지대하였다. 하루에 세 번 서서 드리는 기도(아미다), 이단에 대한 암송 저주문, 저녁 기도문 등이 그에 의해서 표준화되었으며, (구약)성경 정경 결정이 그의 주도로 야브네(암니아) 산헤드린에서 이루어진 것으로 알려지고 있다.

② 엘레아자르 벤 아자리야(Eleazar ben Azariah)

서기관 에스라의 10대 후손으로서 A.D. 70년 제2성전이 파괴되기 몇 년 전에 태어났다. 제1차 유대 반란 반란 기간(A.D. 66-73년)에 아버지와 함께 갈릴리로 피신하여 거기서 요세 헤갈릴리(Yose Hegalili) 밑에서 수학하였다. 아버지로부터 많은 유산을 물려 받은 데에다 본인이 소와 기름 교역을 통해서 부를 쌓았다.

라반 가말리엘(가말리엘 2세)이 요슈아 벤 하나니야를 모욕한 결과로 산헤드린 의장직에서 퇴출되자, 불과 18세의 나이로 의장 대행직에 오르게 된다. 그 때 기적적으로 그의 나이에 해당하는 18줄의 흰머리가 생겨나서 노숙한 인상을 풍기게 되었다는 이야기가 전해지고 있다.

산헤드린의 의장으로서 그는 학당의 입학을 소수로 제한할 것이 아니라, 입학하여 공부하기를 원하면 누구든지 허용하는 혁명적인 조치를 취하였다. 또한, 대부분의 할라카 논쟁을 해결하였고, 아가서와 전도서를 정경에 포함시키는데 결정적인 역할을 했다. 라반 가말리엘과 랍비 요슈아 하나니야 사이에 화해가 이루어지고, 라반 가말리엘이 의장직에 복위되자 엘리아자르는 라반 가말리엘과 공동 의장직을 수행하였다. 그는 "토라(오경)의 말씀은 평범한 사람들의 언어로 기록되었다"(탈무드 '키두신' 17b)라고 하면서 평이한 토라 해석을 강조했다.

③ 엘리에제르 벤 힐카누스 (Eliezer ben Hyrcanus)

요하난 벤 자카이의 가장 뛰어난 제자로서 A.D. 약 40년경에 출생하여 A.D. 약 120년까지 생존하였다. 그의 뛰어난 기억력 때문에, 그의 스승 요하난은 그를 "회반죽을 바른, 그래서 한 방울의 물도 새지 않는 저수조"에 비유하였고, 다른 모든 현인(랍비)을 합친 것보다 가치 있다고 선언하였다(미쉬나 『아봇』 2:8). 그가 내린 300개 이상의 할라카가 미쉬나에 기록되어 있다.

제2성전이 파괴된 후 엘리에제르는 활동 중심지를 야브네로 옮긴 여러 현인들 중의 한 명이지만 룻다[11]에 자신의 학당을 세우기도 하였다. 그의 아내 이마 샬롬(Imma Shalom, '평화의 어머니'라는 뜻)은 라반 가말리엘(가말리엘 2세)의 누이였으며 유대 민족의 곤궁을 완화시키기 위해 가말리엘과 함께 사절단을 이끌고 로마를 방문하곤 하였다.

힐렐 학파의 중대 계보에 속하는 요하난 벤 자카이의 수제자였음에도 불구하고 의외로 성경을 지나치게 문자적으로 해석하는 경향이 있었으며, 자신의 의견을 절대 굽히지 않는 완고함이 있었다. 예를 들어 "이에는 이로"라는 동해(同害) 복수법(출 21:23-24)을 문자적으로 보아야 한다고 주장했다. 이런 경향은 다른 현인들과 날카로운 대립을 불러 일으켰으며, 심지

---

[11] 영어로는 Lydda로 표기되나, 헬라어로는 '룻다' 혹은 '룻다'로 발음된다. 구약성경 에스라 2:33, 대상 8:22에서 '로드', '롯'으로 불리고, 사도행전 9:32에서 '룻다'로 불리고 있다. 욥바에서 동쪽으로 17킬로 미터 지점이며 오늘날 '벤 구리온' 공항이 위치하고 있는 곳이다.

어 그의 제자 아키바와도 충돌하였다.

그는 다른 동료들이 만장일치로 내린 결론도 받아 들이지 않았고, 심지어 특별한 문제에 대해 내려진 '하나님의 음성'(히브리어로 '바트 콜'이라고 함)마저도 무시하자, 출교(出敎) 처분을 받게 된다. 동료들은 그를 '샤마이 추종자'로 조롱하였다. 비록 출교 처분을 받았으나 그는 여전히 존경을 받았고, 사후에 출교 처분이 철회되었으며 현인들이 그의 죽음을 애도하였다.

④ 요슈아 벤 하나니야(Joshua ben Hananiah)

엘리아자르 벤 힐카누스 와 함께 요하난 벤 자카이를 관에 숨겨 예루살렘 성 밖으로 빼어 낸 요하난 벤 자카이의 제자이다. A.D. 130년 로마 황제 하드리안이 이스라엘 땅에 도착했을 때에도 생존해 있었으며, 탈무드에서 "랍비 요슈아"라고 하면, 뒤에 특별한 수식이 없어도 곧 '요슈야 벤 하나니야'를 지칭하는 것이 될 정도로 뛰어난 학자였다.

성전 파괴 전까지 성전에서 봉사하던 레위인으로서 요하난 벤 자카이의 다섯 제자 중의 한 명이었다. 그는 성전 파괴전에 로마에 대항하지 말 것을 설교했으며, 성전 파괴 후에는 지나치게 슬퍼하지 말라고 권고하였다. 그는 또한, 율법을 지나치게 엄격하게 적용하는 것을 반대하였다(미쉬나 『샤밧』 153b). 그는 야브네와 룻다 사이에 있는 페킨이라는 작은 마을에 학당을 세우고 가르쳤다. 겸손하고 평화를 사랑하는 온유한 성품의 소유자로서 가난하고 검소하게 살았다.

(3) **탄나임 제1, 2세대와 야브네 공동체**

① 유대교의 새로운 중심지 : 야브네(Yavneh; יַבְנֶה)

야브네(Yavneh)를 빼 놓고 랍비 유대교(Rabbinic Judaism)를 말하기가 어려울 것이다. 야브네는 A.D. 70년 예루살렘 성전이 파괴된 후, 예루살렘을 대신하여 유대교의 새로운 중심지가 된 곳이기 때문이다. 야브네 공동체는 전술한 탄나임 제1, 2세대와 밀접한 관련이 있다.

탄나임 제1세대의 마지막 학자인 요하난 벤 자카이(Yohanan ben Zakai)가 산헤드린을 야브네로 옮겨 와서 야브네를 유대교의 새로운 중심지로 개척하였고, 그를 뒤 이은 탄나임 제2세대는 제2차 유대 항쟁, 곧 바르 코크바(Bar Kochba) 반란(A.D. 132-135년)이 일어나기 전까지 야브네를 중심으로 활동하였다. 야브네는 랍비 유대교의 기초와 뼈대가 형성된 곳이라 할 수 있다. 야브네와 관련하여 주목해야 할 내용은 이 곳에서(구약) 성경의 정경화가 이루어졌다는 주장과 기독교가 이단으로 정죄되었다는 주장이다.

② 야브네의 위치

야브네는 예루살렘에서 서쪽으로 약 65킬로미터 지점의 해안평야(블레셋 평야)에 위치하고 있다. 이는 국제해안 도로, 곧 '비아 마리스'(Via Maris)가 통과하는 지점이기도 하여 전략적인 중요성이 있는 지역이었다.

③ 야브네와 마카비혁명 및 하스모니안 왕가

야브네의 거주 역사는 고고학적으로 중기 청동기 시대로 거슬러 올라가지만, 기록된 역사에 의할 경우 야브네의 최전성기는 헬라와 로마 시대였다.[12] 특히 야브네와 그 주변 지역의 중요성이 부각되기 시작한 때는 헬라 시대 후반기부터이다.[13]

헬라 시대 초기에 야브네의 행정적인 지위는 확실치 않다. 헬라 시대에 야브네의 주민 대다수는 이방인이었다. 헬라의 다른 도시들과 마찬가지로 야브네는 헬라의 법과 독립적인 행정 체계를 받아들임으로써 헬라의 자치 도시국가를 뜻하는 '폴리스'(polis)가 되었다. 폴리스가 되면서 히브리

---

[12] M. Fischer and I. Taxel, "Ancient Yavneh: Its History and Archaeology", *Tel Aviv* 34,2 (2007), 219-224.
[13] Ibid., 220-21.

식 이름 '야브네'는 헬라식 이름 **'얌니아'**(Ιαμνια)로 바뀌게 되며, 주민들은 계속해서 우상을 숭배하였다.[14]

야브네는 헬라의 셀류시드(Seleucid) 제국에 항거하는 마카비혁명을 거치면서 서서히 유대의 도시로 바뀌어진다.[15] 야브네는 마카비서에서 여러 번 언급되고 있다. 마카비혁명 시에 우상을 섬기는 도시는 마카비혁명군의 공격 표적이 되었다. B.C. 165년말 조지아스(Gorgias)가 이끄는 셀류시드 군대는 유다 마카비군에 패한 후 쉐펠라와 해안지역에 있는 야브네와 여러 도시들로 도망을 쳤다.

> 적의 후위 부대는 전부 칼에 맞아 쓰러지고 유다군은 게젤과 에돔의 아조토와 얌니아까지 추격하여 적군 삼천 명을 죽였다(마카비상 4:15).

그러나 기병 부대를 거느리고 야브네에 계속 주둔하고 있던 조지아스는 B.C. 163년에 벌어진 야브네 전투에서 유대 항쟁군을 물리친다. 마카비상 5:55-62에 따르면 유대 항쟁군의 사망자는 약 2,000명에 달했다. 마카비하 12:3-9에 따르면, 유다 마카비가 요단 동쪽의 전투에서 돌아 왔을 때, 해안 지역의 도시들인 욥바와 야브네-얌을 불태웠다. 그러나 최근 야브네-얌 지역의 발굴 결과는 이 도시가 불 탄 때는 B.C. 2세기 후반, 아마도 하스모니안 왕가의 요한 힐카누스(John Hyrcanus)에 의해 불 탔을 가능성을 제기하고 있다.[16]

또한, 야브네는 B.C. 139년과 137년 사이에 마카비혁명의 최후 지도자이자, 하스모니안 왕가의 시조가 되는 시몬(Simon) 군대와 안티오커스 7세 시데테스(Sidetes)에 의해 임명된 켄데베우스(Cendebaeus) 사이에 벌어진 전투의 최전선이 되었다.

---

14 Ibid., 220.
15 Ibid.
16 Ibid.

켄데베우스는 야브네를 후방 기지와 작전 사령부로 삼고, 야브네 동남쪽 약 6킬로미터에 위치한 키드론에 요새를 건설하였다. B.C. 122년에 요한 힐카누스가 야브네를 점령하면서 야브네는 로마의 폼페이가 B.C. 1세기 전반에 로마의 폼페이에 의해 점령되기 전까지 하스모니안 왕국에 속하였다.[17]

④ 야브네와 로마 통치 시대

로마 시대 초기 부터 야브네는 폼페이에 의해 정복되어 유대 하스모니안 왕국으로부터 해방된 도시들 명단에 올라 있다.[18] 로마의 시리아 총독 가비니우스(Gabinius)는 야브네에 헬라화된 이방인들을 이주시킴으로써 야브네를 이방 도시로 만들고자 하였다. 이는 팔레스타인에 있는 유대인들을 문화적으로 이방화시키고, 정치적으로 중립화시키는 정책의 일환이었다. 로마는 로마의 지역 통치에 충성했던 헬라화된 도시들에게 자유와 특권을 부여했다.[19]

로마 시대에 야브네에는 군사나 강제노역에 동원될 수 있는 인구가 4만 명에 이를 정도로 많은 사람이 살고 있었다. 요세푸스에 의하면 [20] 야브네는 주변 작은 도시들을 포함하는 유대의 행정구(行政區)의 중심지였다. 북쪽으로는 '안티파트리스'[21] 지역과 경계를 이루고, 동쪽으로는 '룻다', 남쪽으로는 아쉬돗 지역과 경계를 이루었다.

대헤롯이 B.C. 30년 경에 클레오파트라에게 빼앗겼던 땅들을 되찾을 때, 야브네를 자기 왕국에 포함시켰다. 헤롯이 B.C. 4년에 죽을 때, 얌니

---

17 Ibid.,221.
18 『유대 고대사』 14.4.74-76.
19 M. Fischer and I. Taxel, "Ancient Yavneh: Its History and Archaeology", *Tel Aviv* 34,2 (2007), 219-224.
20 『유대 전쟁사』 3.3.56.
21 사도행전 23장 31절에 언급된 '안디바드리'를 말하며 예루살렘에서 북서쪽으로 70킬로미터에 위치하고 있다. 삼하 29장에서 블레셋과 이스라엘의 전쟁이 있었을 때, 블레셋이 진쳤던 '아벡'이 바로 이 곳이다.

아(야브네)는 그의 누이 살로메에게 개인 영지로 사용토록 증여되었고, 살로메는 다시 리비아 아우구스타(Livia Augusta)에게 유산으로 물려 주었는데, A.D. 29년에 살로메가 죽으면서 유대에 있던 리비아의 개인 영지는 티베리우스 황제의 수중으로 넘어갔다. 티베리우스가 A.D. 37년에 죽자 다시 야브네는 칼리굴라(Caligula) 황제의 소유가 되었다.[22]

A.D. 39년 칼리굴라의 통치시에 야브네에 거주하는 헬라의 소수 주민이 헬레니우스 카피토(Herennius Capito)의 지지를 등에 업고 칼리굴라의 제단을 세움으로써 주민의 다수를 점하는 유대인들을 격발시켰다. 분노한 유대인들은 제단을 파괴하였다. 황제 칼리굴라에 대한 카이토의 과장된 보고를 들은 칼리굴라는 칙령을 내려 황제의 상(像)을 예루살렘 성전에 세우도록 지시를 내렸다.[23]

⑤ 야브네와 유대교

A.D. 1세기의 야브네의 주민들이 대부분 유대인들이었다는 사실은 로마 장군 폼페이가 야브네를 유대 하스모니안 왕조로 부터 해방시키고 이방 도시로 만들려 했던 시도가 사실상 실효를 거두지 못하였음을 의미한다.

A.D. 67년에 야브네는 유대 항쟁군에 의해 점령되었으나, 그 해 말에 베스파시안 장군—나중에 황제가 됨—의 로마군에 의해 저항없이 재점령된다.

유대 항쟁 기간 중에도 야브네는 평화롭게 남아 유대교 재건의 중심지가 되었다. 야브네가 유대 항쟁 기간 중에 파괴되지 않고 남아 있었다는 사실은 요하난 벤 자카이가 "야브네를(파괴시키지 말고) 남겨 달라"고 청하였다는 탈무드의 증언"(탈무드『기틴』56a-b)과 어울리는 내용이다. 그러나

---

22 M. Fischer and I. Taxel, ibid.,21-23.
23 Ibid.,23.

학자들 간에는 요하난 벤 자카이의 간청으로 로마가 야브네를 파괴하지 않은 것인지에 관해 의견이 갈린다. 그 이전부터 야브네는 로마와 우호적인 관계에 있었고, 따라서 파괴되지 않은 야브네에 요하난과 제자들이 학당을 설립하고 유대교를 일으킨 것으로 보는 견해도 있다.[24]

이러한 이견의 주요한 원인은 전술한 바와 같이 벤 자카이의 베스파시안에 대한 황제 예언이 요세푸스의 황제 예언과 유사한 점에 주목하여, 이는 후대의 랍비 문서에서 요세푸스의 예언을 벤 자카이의 입에 옮겨 놓은 것이라고 보기 시작한 데에 있다.

루이스[25]는 베스파시안이 A.D. 68년 봄에 가이샤라에서 남쪽으로 진군하면서 항복한 도시들의 주민들 중 상당수를 얌니아에 정착시켰다는 요세푸스의 보고[26]를 바탕으로 야브네는 이미 로마와 우호적인 도시였다는 주장을 편다. 그러나 요하난 벤 자카이와 그의 제자들이 베스파시안과 협상 후에 죄수로서 야브네에 보내졌다고 볼 수 있으며,[27] 로마가 유대 반란을 단순 진압이 아니라, 반란의 근거를 뿌리 뽑고자 하는 상황에서 야브네가 파괴되지 아니하고 평화롭게 남아 있었다는 사실은 요하난의 요청을 단순히 후대의 창작으로만 볼 수 없게 하는 이유이다.[28]

중요한 것은 야브네는 유대교 재건의 장소였으며, 이는 벤 자카이에 의해 이루어졌다는 사실이다. 요하난 벤 자카이는 야브네에서 그의 제자, 엘리에제르 벤 힐카누스(Eliezer ben Hyrcanus)와 요슈아 벤 하나니야(Joshua ben Hananiah)를 안수하고 "랍비"라는 칭호를 부여하고 학당(히브리어로 '베트

24　Alexander Carlebach, ibid., 12-17 참조.
25　Jack P. Lewis, "Jamia After Forty Years", *Uebrew Union College Annual* 70-71 (1999-2000), 236.
26　『유대 전쟁사』 4.8.443-4.
27　Gedalia Alon, *Jews, Judaism, and the Classical World* (trans. Israel Abraham; Jerusalem: Magnes, 1977), 294; S. Safrai, "The Jews in the Land of Israel (70-335 C.E.)" *A History of the Jewish People* (Cambridge, Mass.: Harvard University Press, 1976), 320.
28　Alexander Carlebach, ibid., 15.

미드라쉬')을 설립하면서 유대교의 '야브네 시대'를 열었다.

⑥ 야브네와 '얌니야 공의회'(the Council of Jamnia)

전술한 바와 같이 야브네는 헬라의 셀류시드 제국 통치하에서 헬라식 이름인 '얌니야'로 불리게 된다. 유대교에서 '야브네 시대'는 A.D. 70-132년이며, 전술한 탄나임 1,2세대의 학자들이 야브네 공동체를 중심으로 활동한 시기를 의미한다. 이 '야브네 시대'와 관련하여 우리의 관심을 끄는 내용은 '얌니야 회의'에서 (구약)성경의 정경(Canon)이 확정되었다는 주장과 유대 크리스챤들이 이단으로 정죄되었다는 주장이다.

⑦ '얌니야 공회의'와 구약정경

A.D. 90년경 얌니야(야브네) 회의에서 그간 논란이 되던 전도서와 아가서의 정경성이 최종 인정됨으로써 구약성경의 정경이 최종적으로 확정되었다는 것이 구약정경에 관한 정설화된 주장의 요지이다. 이러한 주장의 출발은 유대 역사학자 하인리히 그래츠[29]이다.

그래츠는 전도서의 기원이 헤롯 시대이므로 최종적인 정경화는 그 보다 후대에 유대교의 권위있는 기구에 의해 이루어졌다고 보았다. 그에 따르면 예언서의 정경은 B.C. 400년경 느헤미야 시대 혹은 대회당(the Great Synagogue) 시대에 확정되었고, 성문서에 대한 일차적인 정경화는 제1차 유대 항쟁이 있기 직전(A.D. 약 65년)에 있었고, 최종적인 정경화는 A.D. 90년경 야브네 회의에서 확정되었다.

그래츠는 야브네 모임에 대해 정경을 확정할 만한 권위있는 기구였음을 나타내기 위해 '시노데'(Synode, 종교 회의)라는 용어를 사용하였다. 그로부

---

29 Heinrich Graetz, *Kohelet oder der Salomonische Prediger* (Leipzig: Winter, 1871), 147-73.

터 20년 후 1891년과 1892년에 기독교 학자들인 불[30]과 라일[31]이 그래츠의 주장을 확인으로써 '야브네 공의회에서의 구약성경의 정경화'는 거의 정설로 받아들여져 왔다.

⑧ '얌니야 공의회' 가설의 배경

'얌니야 공의회' 가설은 야브네 모임의 성격을 다음과 같이 이해한 데에 기반을 두고 있다. A.D. 70년 예루살렘 성전의 파괴와 더불어 사두개파는 자신들의 근거지를 잃어 버렸고, 열심당파와 에세네파는 전쟁과 함께 사라짐으로써 사실상 종파주의는 사라지게 되고 야브네에 모인 바리새파만이 세력을 유지하게 되었다.

다른 종파의 견제가 없이 절대적인 힘을 갖게 된 야브네의 (바리새파) 랍비들은 배타적인 윤리를 가지고 당원이 아닌 자들을 쫓아 내었으며, 바리새파 신조에 따르지 않는 자들을 출교시켰다.[32] 야브네 모임에서 (바리새파) 정통주의를 확립하고자 했고 이와 관련하여 구약성경의 정경화가 요구되었다. 만일 A.D. 70년 이후의 야브네 모임의 성격이 이와 같은 것이었다면, 이는 A.D. 325년 니케아 공의회의 것과 동일한 것으로 볼 수 있을 것이다. 한 당이 승리하면, 다른 경쟁당파들은 완전히 배척된다.[33]

⑨ 얌니야 가설에 대한 반대 견해

얌니야 모임에 대한 일반적인 이해는 얌니아 가설을 반대하는 자들에 의해 다음과 같은 지적을 받는다. 얌니야 모임에 대한 이해가 지나치게 단

---

30 Frants Buhl, *Kanon und Text des Alten Testamentes* (Leipzig: Akademische Buchhandlung, 1891).
31 H. E. Ryle, *The Canon of the Old Testament* (New York: Ma센티미터illan, 1892).
32 유대 기독교파가 야브네 공의회에서 이단으로 정죄되고 출교되었다는 주장은 여기서 나온다.
33 Shaye J. Cohen, "The Significance of Yavneh: Pharises, Rabbis, and the End of Jewish Sectarianism", *Hebrew Union College Annual* 55 (1984), 28, 51.

순하다. 얌니야 가설은 야브네 공동체 밖의 사람들을 용납하지 않는 위기감과 경직된 분위기로 가득차 있음을 전제하고 있다.

A.D. 200년경 편집된 미쉬나의 실제 산실(産室)은 야브네 공동체였다. 그런데 미쉬나를 들여다 보면, 서로 대립하는 견해들을 나란히 나열하고 있는 것을 볼 수 있다. 미쉬나 이전에는 견해들이 대립되는 경우에 일방적으로 배척하지 않고 있는 그대로 용납하여 편집한 책들이 없었다. 이는 성전 파괴를 통해 내부 분열의 위험을 직시하면서 유대 역사상 처음으로 야브네 공동체 내에 '서로 동의하지 않을 수 있음을 인정'하는 분위기가 형성되었음을 보여 주는 것이라고 볼 수 있다.[34]

이러한 분위기를 지닌 야브네 모임을 공의회(Council 혹은 Synod)와 같은 성격의 것으로 보기는 어렵고 학당('베이트 미드라쉬')이나 랍비학교('예쉬바', 영어로 Academy)와 같은 성격으로 보아야 한다는 것이다.

구약정경과 얌니야 회의에 관한 주장은 랍비 문헌(미쉬나 등)을 둘러싼 해석상의 문제를 안고 있다. 따라서 여전히 논의의 여지를 남겨 두고 있는 과제 중의 하나이다.[35]

야브네 공동체와 관련된 우리의 두 번째 관심사는 이 곳에서 유대 그리스도인들이 이단으로 정죄되었다는 주장에 관한 것이다.

---

[34] Ibid., 29.
[35] 이러한 논의에 참여하고 있는 대표적인 학자들은 다음과 같다. Shaye J. Cohen, ibid., 27-53; Daniel Boyarin, "A Tale of two Synods: Nicaea, Yavneh, and Rabbinic Ecclesiology", *Exemplaria* 12,1 (2000), 21-62; Jack P. Lewis, ibid., 233-259. 이들 논의의 촛점은 얌니야 공동체가 기독교의 니케아 정경회의와 같은 엄격한 종교회의 (Synod혹은 Council)—어떤 사안을 놓고 논쟁을 벌여 투표에 의해 구속력있는 결정을 내리는 회합—의 성격을 지닌 것이었느냐에 모아지고 있다. 기존의 통설적인 견해와 달리 야브네 공동체를 상이한 집단들의 "대연합"("grand coalition")으로 보는 Cohen의 주장에 대해, Boyarin은 이를 수정하여 공동체가 배타적 단계를 거쳐 포용적 단계로 나갔다는 의견을 제시하고 있고, Lewis는 기존의 통설적인 입장을 수정할 수 있는 좀 더 자세한 랍비 문헌적 증거를 제시하면서도 섣부른 결론을 내리는 것을 경계하고 있다.

⑩ 야브네 모임과 기독교 이단 정죄

예루살렘을 떠나 야브네에 정착한 바리새파 지도자들이 유대교의 생존을 위해 취한 조치는 크게 세 가지였다.

첫째, 구전 율법의 제정을 강화하였다.
둘째, 성전이 파괴되었으므로 희생제사 대신에 기도를 예배 의식의 중심으로 하고 '기도문'을 공식화 하였다.
셋째, 희생제사 대신에 '자비'(인애)[36]와 '자선'[37]을 강조하였다.[38]

유대교의 생존 및 발전과 관련된 이상의 조치와 더불어 이 야브네 공동체에서 유대 크리스천들이 이단으로 정죄되었다고 보는 견해가 학자들 사이에 널리 받아 들여져 왔다.[39]

이 견해에 의하면 유대 그리스도인들을 이단으로 정죄하는 일에 앞장선 인물이 요하난 벤 자카이에 이어 야브네 공동체를 이끌었던 라반 가말리엘 2세[40]였다. 그는 회당 예배의 기도문을 표준화하면서 유대 그리스도인 을 정죄하는 저주문을 도입하였다.

---

36 히브리어로 '헤쎄드'(חֶסֶד).
37 히브리어로 '쩨다카'(צְדָקָה).
38 요하난 벤 자카이의 제자인 '요슈아 벤 하나니야'(Joshua ben Hananiah)가 불타는 성전을 바라보면서 "이제 이스라엘 백성이 희생제사 를 통해 죄 속함 받을 길이 사라져 버렸다"고 애곡하자, 요하난 벤 자카이가 호세아 6장 6절-'나는 인애('헤세드')를 원하고 제사를 원치 아니하며 번제보다 하나님 아는 것을 원하노라'-을 인용하면서, 유대교의 중심이 희생제사 에서 자비와 자선 내지 선행으로 이동하였음을 설파하였다.
39 W. D. Davies, *The Setting of the Sermon on the Mount* (Cambridge: Harvard University Press, 1966); D. Hare, *The Theme of Jewish Persecution of Christians in the Gospel according to St. Mattew* (Cambridge: Harvard University Press, 1967); P. F. Ellis, *Mattew: His Mind and His Message* (Collegeville: Liturgical Press, 1974); J. P. Meier, *Law and History in Mattew's Gospel* (Rome: Biblical Institute Press, 1976); S. van Tilborg, *Jewish Leaders in Mattew* (Leiden: Brill, 1972).
40 '야브네의 가말리엘'로 불렸고, 힐렐의 손자였던 랍비 가말리엘(행 5:34에 언급된 바울의 스승)의 손자, 즉 힐렐의 고손자였다.

유대교의 생존을 모색하는 사람들에게 기독교는 명백한 위협이었으며, 이에 대한 대책으로 야브네 공동체는 기독교에 대한 부정적인 입장을 정리하였고 적극적으로 유대교에서 유대 그리스도인들을 출교시키기로 했다는 것이다. 따라서 유대인들과 유대 그리스도인들 사이의 분열은 이미 야브네 공동체 시기(A.D. 70-132년)의 초기(늦어도 A.D. 85년 이전)에 일어났다고 보았다.

그런 점에서 이 견해는 유대인을 대상으로 하여 기록되었다는 마태복음도 사실상 야브네 유대교의 반(反)기독교 조치에 대한 반론으로 나왔다고 보고 있다.

⑪ 탄나임 문서와 '민'('min', מין)의 해석

탄나임 학자들이 이단에 대해서 사용한 용어는 '민'(복수는 '미님,' מינים)이다. 히브리어 '민'은 '종류, 형태'의 의미를 갖고 있는데, 탄나임 학자가 이 용어를 사용할 때는 정통에서 벗어난 종파나 이단을 의미하였다. 탄나임의 랍비 문헌은 유일신관(monotheism) 내지 부활 신앙을 부인하거나, 예루살렘 성전을 하나님의 거처로 인정하지 않는 신앙의 소유자를 '민'에 포함시키고 있다. 그런 점에서 "우주는 저절로 운행한다"고 주장하면서 하나님의 섭리를 부인하거나, 두 개의 신적인 힘이 존재한다고 말하는 이원론자는 '민' 곧 이단이었다.

또한, 부활을 부인하는 사두개파와 사마리아인, 우상숭배자나 마술 및 영지(靈知)에 관한 서적 소지자도 '민'에 해당하였다.[41] 그러면 탄나임 2세대 곧 야브네 공동체의 탄나임 학자들이 유대 그리스도인 '민'에 포함시키고 있는가 하는 점이다.

이를 위해서 유대인이 하루에 세 번 서서 하는 '아미다' 기도의 축복 기

---

41 A. Finkel, "Yavneh's Liturgy and Early Christianity", *Journal of Ecumenical Studies* 18,2 (1981), 235.

도문[42]을 살펴 볼 필요가 있다. 랍비 전승에 따르면, '아미다' 기도는 성전이 파괴된 후에 매일 드리던 성전제사를 대신하는 제도로 제정되었고, '아미다' 기도문은 그 이전에 있던 기도문을 수정하여 가말리엘 2세('야브네의 가말리엘')에 의해 최종 확정되었다.

이 기도문의 12번째 기도문[43]에 이단에 대한 저주가 나온다. 이 저주 기도문의 원문(原文)을 담고 있는 것으로 알려진 '토세프타 브라코트'에 따르면 이단에 대한 일반적인 용어인 '미님'이란 말만 나타나고 유대 그리스도인들을 지칭하는 '나사렛 사람들'이란 말은 없다.

> '행악자'에게는 희망이 없게 하소서.
> '무례한 왕국'이 근절(根絶)되게 하소서.
> '**미님**'(이단들)이 속히 사라지게 하소서.
> '당신의 백성들의 적들'이 넘어지게 하소서.
> '그들'이 생명책에서 지워지게 하소서.
> '그들'이 의인들과 함께 기록되지 않게 하소서.

이보다 후대에 편집된 '아미다' 기도문에는 '미님' 앞에 "나사렛 사람들"이 첨가되어 나온다.[44] 여기에서 '미님'이 '행악자'와 병행을 이루고, '무례한 왕국'은 '당신의 백성의 적들'과 문학적인 병행을 이루고 있는데 반하여, '미님' 앞에 '나사렛 사람들'을 갖다 놓을 경우에는 전혀 문학적인 동의어나 병행을 찾을 수 없어 후대의 첨가임을 드러내고 있다.

---

42 '18개의 축복문'으로 되어 있어서 히브리어로 '슈모나 에스레'('18)로 불린다.

43 '슈모나 에스레' 즉 '18개의 축복문' 12번째 기도문을 '비르카트 하-미님'(בִּרְכַּת הַמִּינִים)이라고 하면, '이교도에 대한 축복기도'로 번역이 된다. 이를 중심으로 기독교의 유대교로부터의 축출에 관한 논의를 다루고 있는 M. R. Wilson, *Our Father Abraham: Jewish Roots of the Christian Faith*, 이진희 역 (서울: 컨콜디아사, 1995), 86-93를 참고하라.

44 Finkel, ibid., 238.

문제는 '아미다' 기도문을 작성할 시에 명시적으로는 아니라 할 지라도 야브네 공동체에서 유대 크리스천들을 '미님'으로 생각하고 있었는가 하는 것이다. 팔레스틴(예루살렘) 탈무드『브라코트』(9c)편에 따르면, "부활의 축복을 고백하지 않는 자, '무례한 자들'의 패망을 기도하지 않는 자, 예루살렘 성전의 재건을 축원하지 않는 자들이 '민'(이단)'이다"라는 할라카가 나온다. 이 할라카는 요하난 벤 자카이의 제자였으며, 야브네 공동체에 속해 있었던 랍비 '엘리에제르 벤 힐카누스'에 의해 지지받고 있다. 그는 '민'(이단)을 시편 14:1의 '나발'(어리석은 자)과 동일시한다.

> '어리석은 자'(나발)는 그 마음에 이르기를 하나님이 없다 하도다.[45]

'나발'은 하나님의 통치 섭리를 부인하는 자와 영원한 보상(즉 부활) 혹은 하늘의 하나님을 창조주와 분리시켜 생각하는 이원론적 영지주의자들을 가리킨다.[46] 그래서 야브네 공동체의 '아미다' 기도문 안에 있는 이단에 관한 내용은 부활을 부인하거나, 하나님의 통치 섭리를 부인하거나, 토라를 부인하는 유대인들에 대한 방어 조치로 나온 것이었음을 알 수 있다.

미쉬나[47]에서 이러한 자들은 "내세(來世)를 상속하지 못할 자들"로 규정하고 있다. 야브네 공동체는 오직 위에 언급한 세 종류의 사람들만이 '미님' 즉 '이단들'로 규정되었다. 여기에다가 전술한 엘리에제르 벤 힐카누스 의 제자 랍비 아키바가 "외경을 읽는 자", 예를 들어 '벤 시라'[48] 혹은 '미님'(이단) 서적을 읽는 자들을 이단 집단에 추가시켰다.

---

45 탈무드『예바못』63b.
46 Finkel, ibid., 239-240.
47 미쉬나『산헤드린』10:1.
48 우리말 공동번역에서 '집회서'로 번역됨.

그런데 이 '미님'(이단) 서적에 복음서가 포함되지 않았다. 랍비 문헌이 '미님'(이단) 서적으로 분류한 책들은 마술에 관한 책이거나,[49] 이원론적 영지주의에 관한 책들이었지[50] 복음서는 포함되지 않았다. 또한, 사마리아인들이 '미님'으로 규정되어 있고,[51] 우상 숭배자들[52]과 야만인 및 조로아스터교도들[53]도 '미님'으로 분류되고 있다. 이러한 분류는 야브네 공동체의 이단에 대한 입장을 다음과 같이 정리해 주고 있다.

야브네 공동체에 있어서 '미님'(이단)은 우상 숭배자, 야만인들, 유일신으로서의 야훼 하나님의 섭리를 부인하는 자들이나 사마리아인들처럼 부활이나 정경으로서의 토라를 부인하는 자들을 의미했다. 따라서 문헌적 증거에 의하면 기독교가 이단으로 정죄된 때는 A.D. 2세기 이전은 아니었다.

⑫ 바르 코크바 반란과 반기독교 입장

제2차 유대 항쟁 즉 바르-코크바 반란(A.D. 132-135년)이 일어나면서 기독교인들은 이단으로 정죄받고 유대 공동체와 단절이 된다. 바르-코크바가 제2차 유대 항쟁을 일으키자, 랍비 아키바는 그를 '야곱의 별'(민 24:17 참조), 즉 메시아로 선언하게 된다. 유대 그리스도인들이 바르-코크바를 메시아로 인정하는 것을 거부하자, 바르-코크바 추종자들에 의해 핍박을 받게 되었고, 결국, 이들은 랍비들이 주도하는 유대교와 단절하게 된 것이다. 이 일이 있기 전에 유대 그리스도인들은 예수를 메시아로 고백하는 한편, 할례를 비롯한 유대교 의식과 모세의 율법을 지키는 자들이었다.

---

49 『토세프타 훌린』 2:20.
50 탈무드 『하기가』 15b.
51 신 32:41에 대한 『미드라쉬 하가돌』과 『토세프타 훌린』 2:20.
52 『토세프타 훌린』 2:20.
53 탈무드 『예바못』 63b.

이상에서 본 바와 같이 이러한 율법 준수자들에 대해 야브네 공동체는 이단 정죄 또는 출교 조치를 취했다는 어떤 기록도 남기지 않고 있다. 이를 통해서 우리는 바울 당시(A.D. 1세기 중엽) 예루살렘 초대 교회의 전체적인 분위기는 할례 등 제의적 율법(ritual laws)을 준수하는 쪽이었음을 알 수 있다.

바울은 이러한 유대 크리스천들의 할례와 율법 준수 주장에 대한 반박 논쟁을 벌였다(행전 15장; 갈라디아서 참조). 그러나 바울은 예루살렘 교회의 주류적인 율법준수주의 경향에 견디지 못하고 결국 이방인의 복음 전도자로 나서게 되었다고 볼 수 있다(롬 11:13; 갈 2:9 참조). 오늘날 '메시아닉 쥬'(예수를 메시아로 믿는 유대인) 중에는 이러한 초대 유대 기독교인들과 동일한 입장을 견지하는 자들이 있다.

(4) 탄나임 제3세대

탄나임 3세대의 대표적인 학자는 랍비 아키바와 랍비 이스마엘이다. 양자는 성경 해석에 있어서 대조를 보이고 있다. 전자가 토라는 천상의 존재로서 성경의 본문을 단순하게 보지 말고 일일이 그 이면에 담긴 의미를 찾아야 한다고 하는 반면, 후자는 성경은 인간의 언어로 기록되었고 본문이 갖고 있는 단순한 의미로 족하다고 보았다.

① **랍비 아키바**(R. Akiva ben Joseph, A.D. 약 45-135년)

전술한 랍비 엘리에제르 벤 힐카누스(Eliezer ben Hyrcanus)와 랍비 요슈아 벤 하나니야(Joshua ben Hananiah))의 제자이다. 그는 성경 해석의 새로운 방법을 도입하여 구전 율법을 방대하게 확장하는 데 기여하였다. 그래서 미쉬나에 편집된 탄나임 시대의 자료 중 가장 많은 자료를 남기고 있다.

랍비 전승(탈무드)에 따르면, 아키바는 성인이 되기까지 무식한 양치기였는데, 아내 라헬의 권고에 따라 토라 공부를 하기 위해 야브네(Yavneh)로 떠났다. 그녀의 헌신적인 뒷바라지로 공부를 마치고, 수천 명의 제자를 동

반하고 집으로 돌아 왔을 때, 그는 제자들에게 "나와 자네들의 모든 것이 아내 덕분이다"라고 고백하였다(『네다림』 50a; 『크투빔』 62 b-63a) .

아키바의 유명한 격언, "누가 부자냐? 현숙한 아내를 둔 사람이 아니냐!"(『샤밧』 25b)는 격언은 이러한 배경에서 나온 것이다.

아키바는 브네이 바락에서 자신의 학당을 열었는데 수많은 제자가 몰려왔고, 그 중에서 탄나임 4세대를 이끌어 갈 학자들―시몬 바르 요하이, 랍비 느헤미야, 유다 바르 일라이, 요하난 하-산델라, 랍비 메이르, 요세 벤 할라프타 등―이 배출되었다. 이들을 통해 아키바의 가르침이 전수되고 결국 미쉬나와 토세프타 그리고 미드라쉬에 편집되게 된다.

미쉬나에는 그의 가르침이 270회 이상 언급되고 있다. 그는 힐렐이 제시한 7가지 해석 원칙들 외에 독창적인 해석 원칙들을 제시하였다.

예를 들어 "토라에서 유사하거나 동일한 내용이 반복해서 나오면 어떤 가르침을 주기 위한 목적이 있음을 알라."

그의 해석은 오경(토라)에 관한 그의 관점과 밀접한 관계가 있다. 토라는 세상이 창조되기 이전부터 천상에 실존하고 있던 것이다.

"토라는 단순한 인간의 언어가 아니다."

이러한 입장은 성경에 담긴 의미의 층을 하나씩 벗겨 내고자 했던 그의 해석 의도를 잘 설명해 준다. 그의 성경(토라)관과 그에 따른 해석 원칙은 성경 본문 혹은 문자에 담긴 의미를 찾아 내고자 하는 미드라쉬적 해석을 진전시키는 크게 기여하였다. 그는 이런 독창적인 해석의 눈을 가지고 그간 축적된 랍비들의 가르침(할라카)들을 검토하면서, 구전 율법이 성문 율법에 내재되어 있으며, 성문 율법과 구전 율법은 유기적으로 일치한다는 주장을 했다.

이런 해석 원칙으로 인해 그는 때로 본문의 자명한 의미를 무시하고 본문의 숨겨진 의미 찾기에 너무 치중한다는 비난을 받게 된다. 대표적인 반론자가 이어서 소개할 랍비 이스마엘이다. 결국, 그 다음 세대로 오면서 어떤 해석 원칙도 성경 본문 그 자체가 보여 주는 명백한 의미를 무시할 수 없다는 원칙이 확립되면서 아키바의 지나친 의미 중심 해석 원칙들이 균형을 잡게 되었다고 볼 수 있다.

아키바의 공적 중 하나는 기존의 할라카들을 검토하면서 주제별로 정리했다는 점이다. 이 점에서 그는 미쉬나 편집의 출발자라고 할 수 있다. 그래서 아키바에 의해 정리된 할라카를 "아키바의 미쉬나"라고 부른다. 미쉬나의 최종 편집자인 유다 하-나시도 미쉬나의 형태와 순서를 잡아 놓은 아키바에게 공(功)을 돌린다.

아키바와 관련된 또 다른 중요한 내용은 성문서의 정경 확정이다. 그는 그의 학문적 권위를 이용하여 "모든 성문서는 거룩하며 아가서는 지극히 거룩하다"(탈무드 『야다임』 3, 5)고 선언함으로써 아가서의 정경성을 인정하였다.

열렬한 민족주의자요 애국자였던 아키바는 로마에 대한 제2차 유대 항쟁을 열성적으로 지지하면서 항쟁 지도자 바르-코크바를 메시아로 선언하였다(B.C. 132년). 토라 교수를 금지하는 하드리안 황제의 금령을 위반한 죄로 체포되어 가이샤라에서 쇠 빗으로 살점을 찢어내는 혹독한 고문을 받은 끝에 순교하였다.

② 랍비 이스마엘(R. Ishmael ben Elisha)

이스마엘은 제사장 가문 출신으로서 어릴 때 로마의 포로가 되었다가 요슈아 벤 하나니야가 속전을 지불함으로써 풀려 났다. 랍비 아키바와 함께 요슈아 벤 하나니야, 엘리에제르 벤 히르카누스, 느후냐 벤 하-카나 밑에서 동문수학하였다. 그럼에도 그는 성경 해석상 아키바와 많은 논쟁을 벌였다. 아키바에 비해 그는 성경의 단순한 의미에 머물러 있고자 했다.

이런 기조하에 그는 토라는 사람의 방언을 채택하거나 "사람의 언어로 말하고 있다"고 선언하였다(『크리톳』 11a). 아키바가 계명 준수와 선행에 대한 사후의 보상(예를 들어 부활)을 강조하는데 비해, 이스마엘은 현생(現生)의 보상을 강조하였다. 그는 계명이 주어진 목적은 이 땅에서 그것을 지키고 사는데에 있지, 잘 죽는데에 있는 것이 아니라고 믿었다(『산헤드린』 74a). 이러한 차이는 아키바가 전형적인 바리새파 출신인데 반하여, 이스마엘은 사두개파에 속하는 제사장 가문 출신인데서 기인되는 것으로 보인다.

이스마엘 학당에서도 중요한 미드라쉬 작품이 나왔다(출애굽기 미드라쉬인 『메킬타』; 민수기의 미드라쉬인 『시프레이』 등). 전승에 따르면, 그도 바르 코크바 항쟁 시에 순교한 것으로 전해지고 있으나, 실제는 그 이전에 죽은 것으로 보기도 한다.

(5) 탄나임 제4세대

탄나임 4세대의 학자들 대부분은 랍비 아키바의 제자들이다. 바르-코크바 항쟁 이후의 랍비 유대교에 새로운 기운을 불어 넣은 세대이다.

① 유다 바르 일라이 (Judah bar Ilai)

흔히 랍비 유다라고 하면 유다 바르 일라이를 가르키며 A.D. 약 100-180년 생존한 인물이다. 랍비 아키바와 랍비 타르폰의 제자이며 랍비 유다 벤 바바(Judah ben Bava)에 의해 안수를 받고 우샤(Usha)에 자신의 학당을 열고 가르쳤다. 그의 제자 중에 미쉬나를 편집한 유다 하-나시(Judah Ha-Nasi)가 있다. 그의 스승 랍비 아키바의 해석 방법을 따라 그는 레위기에 대한 미드라쉬 『시프라』의 기초를 놓았다. 그가 내린 법적 결정 중 600개 이상이 미쉬나에서 인용되고 있으며, 그의 어록 중 약 3천 개가 기록으로 남아 있다.

'시프라'와 '토세프타'에 그의 이름이 다른 어느 탄나임 학자보다 많이 나타나고 있다는 사실에서 그의 중요성을 알 수 있다. 그가 랍비 메이르나 랍비 시므온 바르 요하이와 의견의 충돌을 빚을 때마다, 궁극적으로는 그의 의견이 할라카로 채택되었다(탈무드 『에루빈』 46a). 할라카와 아가다 양쪽 모두 그의 견해가 많이 진술되어 있어서 '로쉬 하메다브림', 즉 모든 주제의 대변인으로 묘사되고 있다(탈무드 『브라코트』 62a; 『샤밧』 33b).

유다 하-나시가 편집한 미쉬나의 상당한 부분이 스승 바르 일라이가 수집한 것들이었다. 당시의 많은 현인이 그랬던 것처럼, 그도 역시 수공업(手工業)을 통해 생계를 유지하였으며, "노동은 위대하다. 왜냐하면, 노동은 일한 자를 명예롭게 하기 때문이다"(『네다림』 48b)라는 말이나 "누구든지 자식의 아들에게 수공(手工)을 가르치지 않는 자는 사실상 자식을 도둑으로 만드는 것이다"(『키두쉰』 29b)라는 어록을 남겼다. 대부분의 다른 현인과 달리, 랍비 유다는 선행이 공부보다 우선 순위를 차지한다고 주장했다. 그는 장례식 참석이나 결혼을 축하하기 위해 자신의 공부를 중단하곤 했다.

② 시므온 바르 요하이 (Simeon bar Yochai)

브네이 바락에 있던 랍비 아키바 학당에서 13년간 수학했다. 심지어 아키바가 로마 당국에 체포돼서 감금되어 있을 때도 그를 방문해 학문적인 토론을 벌였다. 스승 아키바에 대한 애착과 존경심에도 불구하고 때때로 그는 스승의 견해에 동의하지 않을 때도 있었다. 그는 갈릴리 드고아에 자신의 학당을 열었고, 미쉬나를 편집한 유다 하-나시(Judah Ha-Nasi) 역시 그의 제자 중 하나였다. 그가 학당에서 가르친 결과물인 출애굽기의 미드라쉬와 신명기 미드라쉬에는 랍비 아키바의 학문적 영향력이 나타나고 있다.

그는 로마 통치에 대해 기회가 있을 때마다 비난했고 타협하지 않는 로마의 대적자였다. 바르-코크바 항쟁을 진압한 로마를 공개적으로 비난하자 처형령을 내린 로마 당국을 피해 아들 랍비 엘르아자르와 함께 은둔했다. 그에 관한 전설을 담고 있는 탈무드 기록에 의하면 처형령이 철회될 때까지 13년간 동굴에 숨어 살면서 토라 공부를 계속했다고 한다. 동굴에서 피신 생활을 할 때에 그가 여러 기적을 행했다는 이야기가 전해져 내려오면서 유대 신비주의 종파인 카발라의 주요 교본인 『조하르』의 원저자

(原著者)라는 전승이 있다.⁵⁴

그는 토라 공부 외에 다른 일상적인 일에 몰두하는 사람이면 어느 누구도 인정하지 않는 비타협적인 사람이었다. 그가 은둔 생활에서 나와 백성들의 지도자가 되어 사절단과 함께 로마를 방문하여 하드리안 황제 때에 내려진 할례 금지령을 철회해 줄 것을 황제 안토니우스 피우스에게 요청하여 성공하였다.

③ 요세 벤 할라프타(Yose ben Halafta)

A.D. 약 100-160년경의 인물이며 랍비 아키바의 마지막 제자들 한 명이다. 랍비 문헌에서 "랍비 요세"로 불리고 있다. 미쉬나와 여러 바라이타에서 300회 이상 그의 진술이 인용되고 있다. 그의 동료 유다 바르 일라이와 함께 산헤드린 재건에 공헌하였으며 미쉬나 편집자인 유다 하-나시의 스승이다.

유다 하-나시는 법적 결정을 내려야 할 때면, 요세 벤 할라프타의 견해에 큰 존경을 표했고 할라카 논쟁에서 요세의 의견이 유다 바르 일라이와 랍비 메이르의 의견보다 우세하였다. 그는 갈릴리의 세포리의 한적한 동네에서 피장(皮匠)으로 생계를 꾸리며, 율법 재판소와 학당을 이끌었다. 그의 다섯 아들 모두 유명한 학자였다.

랍비 요세는 '세데르 올람 하바'라는 제목의 '바라이타' 편저자인데, 창세로부터 그의 저작시까지 사건을 연대순으로 정리해 주고 있다. 이 책은 제2성전 시대의 사건들 중 다른 곳에서 언급되지 않고 있는 사건들을 기술하고 있어서 이 시대의 역사 연구에 중요한 자료이다.

④ 랍비 메이르(R. Meir)

뛰어난 학자요 논리의 대가로서 A.D. 약 110-175년 생존했다. 랍비 아

---

54 『조하르』는 A.D. 13세기 작품이다.

키바, 랍비 이스마엘 벤 엘리샤, 랍비 엘리샤 벤 아부야가 그의 스승들이다. 하드리안 황제 핍박 당시에 랍비 유다 벤 바바에 의해 비밀리에 안수를 받고 랍비가 되었다. 그가 활동하던 시기에 하드리안 황제가 죽었다 (A.D. 138년).

그는 미쉬나의 설계자로서 중요한 역할을 감당했다는 평가를 받고 있다. 그의 설계에 기초하여 유다 하-나시가 미쉬나 본문을 편집했다는 것이다. 메이르의 이름은 미쉬나에 330회 이상, 토세프타에 452회 나타나고 있다. 무명으로 되어 있는 미쉬나 진술의 대부분은 랍비 메이르와 랍비 나탄의 것으로 보고 있다. 설교자로서 그는 공개 강론을 할 때마다 남자는 물론 여성들도 학당으로 모여 들었다.

그는 강론의 삼분의 일은 할라카에, 삼분의 일은 아가다에, 나머지 삼분의 일은 우화나 비유에 할애하였다. 바르-코크바 항쟁이 실패로 돌아 간 후 메이르는 정치적 현실주의에 따랐다. 로마에 대한 화해적인 입장을 취했으며, 이방인들에 대해 대체로 자유주의적 입장을 견지했다.

메이르에 있어서 토라 연구는 가장 최고의 종교적 가치였다. 그래서 그는 "토라를 준수하는 이방인은 대제사장과 동격"이라고 선언하였다(『바바 카마』38b). 그의 어록 중 중요한 몇 가지를 소개하면 다음과 같다.

> 일 시간을 줄이고 토라를 공부하라.
> 이스라엘 땅에서 종신토록 살고, 그 땅에서 난 열매를 제의적인 정결을 유지한 상태에서 먹으며, 히브리어를 말하고, 아침 저녁으로 '쉐마'(이스라엘에 들으라 너희 하나님은 한 분이신 여호와시니 … 신 6:4 이하의 말씀)를 암송하는 자에게는 누구든지 내세(천국)에 자리가 확보되어 있다.
> 아담을 만들 때 사용된 흙은 전 세계의 모든 곳에서 모아진 것이다.
>
> 모든 사람은 '로쉬 하샤냐'(새해)에 심판을 받으며 판결문은 대속죄일에 인(印)이 찍힌다.

하나님이 악을 선으로 갚으시듯이, 당신도 그리 하라.

(6) 탄나임 제5세대

탄나임의 마지막 세대로서 구전 율법의 집대성인 '미쉬나'를 최종 편집한 세대이다. 유다 하-나시(Judah Ha-Nasi)가 대표적인 학자이다.

① 유다 하-나시(Judah Ha-Nasi)

A.D. 약 138-217년 생존한 유대인의 영적인 정치적 지도자이다. '가말리엘2세'('야브네의 가말리엘')의 손자이다. A.D. 170년경 산헤드린의 의장직('나시'라고 부름)을 이어 받았다. 자신의 아버지('시몬 벤 가말리엘') 외에 '유다 바르 일라이', '요세 벤 할라프타', '시몬 바르 요하이' 그리고 '엘리아자르 벤 샤무아'로부터 가르침을 받았다.

산헤드린의 의장 및 유대 공동체의 정치적인 지도자로서 그는 거의 무제한의 직권을 행사하였다. 그는 이스라엘 전역에 걸쳐 유다 공동체의 재판관과 랍비들을 임명할 수 있었다. 그가 쌓은 막강한 부(富)는 그의 권위를 강화하는데 도움을 주었던 것으로 보인다. 그는 자신의 가문에 세습된 땅에서 작물 재배와 목축업 뿐만 아니라 양모와 아마포를 생산하였고, 심지어 자신의 배를 이용하여 무역업(수출과 수입)을 하기도 하였다. 그는 개인적으로 광범위한 업무들을 처리하면서도 연구와 부와 정치적인 권력을 조화시켰다.

유대 공동체의 지도자와 대변인이었던 그의 효과적인 지도력은 로마 당국에 의해서도 인정을 받았던 것으로 보인다. 랍비 유다와 로마 당국 간의 밀접한 관계는 "랍비 유다"와 로마 통치자 "안토니우스" 왕조(A.D. 92-196년) 사이의 우정에 관한 수많은 랍비 문헌에서 드러나고 있다. 그러나 랍비 문헌에서 언급하고 있는 "안토니우스"는 이 왕조의 어느 황제였는지가 분명하지 않고,[55] 또한, 랍비도 "랍비 유다"를 말하고 있는지 아니면 그의 아들이나 손자를 언급하는 것인지 분명하지 않다. 랍비 문헌에 남아 있는 이야기들은 양 대표 간의 개인적인 만남과, 통신, 공동 사업 추진과 아울러 심지어 함께 나눈 주연(酒宴)에 대해 들려주고 있다.

유다는 그가 편집한 '미쉬나'를 통해서 방대한 구전 율법 전승들을 정리하고 보존했다는 점에서 역사적 평가를 받는다. 구전 율법과 해석들을 정리하고자 하는 시도들이 이전에 있었고, 유다 바로 직전에는 랍비 아키바와 제자들에 의한 그런 시도들이 있었음은 전술한 바와 같다. 그런데 랍비 유다는 당대의 최고 학자들과 합력하여 이 편집 작업을 완성하였다.

각자 학자들이 수집하고 있던 전승들을 편집했는데, 여기에는 율법뿐만 아니라 신학, 윤리 그리고 역사적인 자료들도 포함이 되고 있다. 수집된 자료들을 분류하고 정리할 때, 상당한 자료들을 잘라 내버렸는데, 이렇게 최종 편집에서 제외된 자료들은 다시 랍비 유다의 동료들과 제자들에 의해 수집되어서 '토세프타' 등과 같은 편집물로 태어나거나 '바라이타'(미쉬나의 외경)의 형태로 정리되었다. 미쉬나는 랍비 문헌의 기념비적 결정판인 탈무드(예루살렘 탈무드와 바벨론 탈무드)의 기초가 되었다.

랍비 유다의 견해는 그가 편집한 '미쉬나'에서 뿐만 아니라 나머지 기타 랍비 문헌에서 수없이 인용이 되고 있다. 그의 인격에 관한 평가는 복잡하다. 그의 후세 사람들은 그를 겸손한 사람으로 칭송하고 있으나(『소타』 9:15), 산헤드린 의장 및 학당장으로서 굉장히 권위주의적인 사람이었던 것으로 보고 있다. 그는 자기 직위의 권위에 대해 문제가 제기되자 매우 민감한 반응을 보였으며, 자신보다 더 가까운 다윗 후손임을 주장하는 바벨론 유대 공동체의 최고 책임자에 대해 질투감을 드러내었다고 한다(예루살렘 탈무드 『킬라임』 9:4). 유다 랍비는 자신의 생애 마지막 17년은 갈릴리

---

55 '안토니우스 피우스' 황제였는지, 유명한 '명상록'을 남긴 '마르쿠스 아우렐리우스' 황제였는지, 혹은 아우렐리우스의 아들로서 영화 '글레디에이터'(gladiator)에서 다뤄지고 있는 '코모더스'를 언급하는 것인지 분명치 않다.

세포리에서 보냈다. 마지막으로 자신의 아들 가말리엘을 산헤드린 의장직에 임명했으며, 사후에 벤 샤아림의 공동묘지에 묻혔다.

그가 남긴 어록 중 몇 개를 소개하면 다음과 같다.

> 3가지를 깊이 생각하라 그러면 범죄치 않을 것이니, '그대의 위에서 보고 계시는 눈이 있으며, 듣고 계시는 귀가 있으며, 그대의 모든 행동이 낱낱이 기록되고 있음을 ….'
> 나는 스승으로부터 많이 배웠으며, 동료로부터도 많이 배웠다. 그러나 나의 제자들로부터 가장 많이 배웠다.
> 나이나 젊음 등 외모에 의해 속지 마라, 새 주전자에 좋고 오래된 포도주가 가득할지 모르고 오래 된 주전자가 텅 비어 있을지 모를 일이니.[56]

5. 탄나임 학자들과 미쉬나 (Mishnah, מִשְׁנָה)

1) 미쉬나의 의미

따라서 미쉬나란 용어 자체가 '반복하여(외위서) 배운다'는 뜻을 지니는 동시에, 세대를 거쳐 구두로 전승된 율법들의 총화임을 나타낸다. 미쉬나 형성의 주역은 '탄나임' 학자들이다. 아람어 '탄나임'이란 단어 역시 미쉬나와 연관이 된다. 미쉬나의 어원 동사 '샤나'와 마찬가지로, '탄나임'의 단수 '탄나'(tanna, תַנָּא, '선생'이란 뜻)의 아람어 동사는 역시 '반복하다'는 뜻을 지닌 '타나'(tana, תנה)이다. 즉 반복을 통해 가르치고 배우는 '탄나임' 학자들을 통해서 미쉬나가 탄생했다는 말이다.[57]

---

[56] J. Neusner, *Invitation to the Talmud* (New York: HarperCollins Publishers, 1984), 28.
[57] H. L. Strak and G. Stemberger, *Introduction to the Talmud and Midrash* (tr. M. Boc킬로미터uehl. Minneapolis: Fortress Press, 1992), 123.

'탄나임' 세대는 전술한 바와 같이 A.D. 20-200년경의 학자들로서 이들은 그 이전 세대부터 내려 온 구전 율법들을 반복하면서 자신들의 해석을 더 하여 '미쉬나'를 탄생시킨 것이다. 그래서 '미쉬나'는 거의 500년에 걸쳐 형성되고 전승되어 내려 온 구전 율법의 총화이다.

2) 미쉬나 편집의 공로자

랍비 전승은 미쉬나는 탄나임 제5세대의 랍비 '유다 하-나시'에 의해 A.D. 200년경 편집된 것으로 간주한다.[58] 유다 하나시가 최종적으로 할라카들을 편집하기 제2-3세대 전에 할라카들을 수집하는 노력들이 있었다. 그 중에서 가장 뛰어난 것이 랍비 아키바의 수집이었다. 이를 그의 제자 랍비 메이르가 기록하고 정리하였다. 그러나 할라카를 내놓은 학자들의 이름에 따라 정리하여 주제적으로는 서로 연관이 없는 할라카들을 모아 놓거나, 표현 형태에 따라 모아 놓기도 하였다.

유다 하-나시와 그 동료들의 업적은 수집된 법적 견해들을 주제별로 분류하였다는 점이다. 결국, 미쉬나 편집은 3세대의 랍비 아키바에 의해 시작되고 제4세대의 랍비 메이르에 의해 좀 더 발전된 형태로 정리되었으며, 5세대의 유다에 의해 최종적으로 완성되었다고 볼 수 있다.[59]

3) 미쉬나의 목적

미쉬나는 성경 다음으로 유대인에게 가장 중요한 종교 문헌이다. 미쉬나에 대한 해석과 논의가 덧붙여져서 탈무드가 탄생했다. 미쉬나에는 비록 '아가다'('할라카'가 아닌 모든 것)가 포함되어 있으나 미쉬나의 대부분은

---

58 Ibid., 149.
59 미쉬나 편집에 관한 자세한 내용은 ibid., 145-56 참조.

'할라카'이다. 미쉬나의 목적은 판사와 교사들에게 유대 율법에 대한 권위있는 안내서를 제공하는 것이었다.

'할라카'들이 구두로 전승되는 과정에서 문제가 발생하자, 법전 편찬이라는 긴급한 필요성이 제기되었다. 그래서 탄나임 제3세대 학자 아키바에 의해 구전 율법의 편찬 작업이 시작되었고, 랍비 유다에 의해 완성된 것이다. 탄나임 학자들에 의한 법적 논쟁과 토론의 기록인 미쉬나는 기본적으로 유다 하-나시와 그의 동료들이 정리했던 모습 그대로 전해지고 있다.

4) 반대 의견의 존중

힐렐과 샤마이를 비롯하여 편집자 유다 하나시에 이르기까지 거의 150명의 랍비들의 이름이 미쉬나에 나타나고 있다. 다른 의견이 제기될 때마다, 반대 의견이나 소수 의견을 먼저 소개하고 있는데, 이는 그 의견이 최종적으로 할라카로 채택되지 않는다 할지라도 그 의견을 고려해 주고자 하는 의도에서 나온 것이다. 할라카로 채택된, 권위있는 견해는 맨 나중에 나오는데, "랍비 유다가 말하기를 …" 혹은 "그러나 현인들이 인정하는 바와 같이…"와 같은 관용적인 표현 양식으로 소개되고 있다.

5) 미쉬나의 구성[60]

미쉬나를 히브리어로 '샤쓰'(ש"ס)라고 부르기도 한다. 이는 미쉬나가 여섯 개의 '쎄데르'(Seder, סֵדֶר, 복수는 '쎄다림')로 구성되어 있음을 나타낸다. '6개 세데르'를 히브리어로 나타내면 '쉬샤 쎄다림'(שִׁישָׁה סְדָרִים)이고, 이것의 두음(頭音)을 붙이면 '샤쓰'(ש"ס)가 된다.

---

[60] 미쉬나의 구성과 내용에 관해 ibid., 123-32을 참고할 것.

제4장 랍비 유대교(Rabbinical Judaism): 미쉬나와 탈무드 시대

'쎄데르'는 영어로 'Order'로 번역되고 있다. 랍비 유다 하-나시는 구전 율법들을 6개의 주제로 나누었다. 그 주제에 해당하는 히브리어가 '쎄데르'이다.

6개의 주제('쎄데르')는 다음과 같다.

첫째, '제라임'(זְרָעִים)
'씨앗'이라는 뜻이며 농사에 관한 할라카(법)들을 담고 있다.

둘째, '모에드'(מוֹעֵד)
'절기'라는 뜻이며 안식일 등 성일에 관한 할라카들을 담고 있다.

셋째, '나쉼'(נָשִׁים)
'여성'이라는 뜻이며, 결혼, 이혼, 간통, 형수와의 결혼 등 주로 가족에 관한 법(할라카)들을 다루고 있다.

넷째, '네지킨'(נְזִיקִין)
'상해'(傷害)라는 뜻이며 민.형사상의 재판 법규들을 담고 있다.

다섯째, '코다쉼'(קוֹדָשִׁים)
'성물'이란 뜻으로서 성물 및 성전에서의 제사와 식사에 관한 할라카들을 다루고 있다.

여섯째, '토호로트'(טְהוֹרוֹת)
'정결'이란 뜻으로서 정결 및 부정에 관한 할라카를 담고 있다.

이상에서 본 6개의 '쎄데르'는 각각 '마쎄케트'(מַסֶּכֶת 복수는 '마쎄코트')라고 불리는 몇 개의 '소주제'(小主題)로 구성되며, 6개의 '쎄데르'는 총 63개의 '마쎄코트' 즉 총 63개의 '소주제'(小主題)로 구성되어 있다. 63개의 '소주제'(小主題)는 다시 각각 몇 개의 장(章, 히브리어로 '페렉' פרק)으로 분류되어 총 513 장으로 구성되어 있고, 각 장은 몇 개의 절('미쉬나'라고 한다)로 구성되어 있다.

이를 정리해 보면, 미쉬나는 6개의 '쎄데르'(주제), 63개의 '마쎄코트'(소주제), 513 '페렉'(장)으로 구성되어 있다. 미쉬나를 인용할 경우에는 먼저 소주제를 적고, 장과 절을 적는다. 예를 들어『깃틴』은 '나쉼'이란 '쎄데르'(주제)에 속해 있는 7개의 소주제('마쎄코트') 중의 하나로서 이혼 절차에 관한 할라카를 다루고 있는 소주제이다. 따라서『깃틴』4:2-9라고 하면, 이혼 절차법인『깃틴』의 4:2에서 9절을 나타낸다.

6) 미쉬나의 언어

다소 예외적인 경우를 제외하고 미쉬나는 문법과 단어에 있어서 성서 히브리어와는 상당히 다른 간결한 히브리어로 기록되고 있다. 미쉬나 히브리어는 후기 예언자들과 에스라와 느헤미야 시대에 사용된 히브리어에서 자연스럽게 발전된 후대의 히브리어이다. 또한, 헬라 시대와 로마 시대를 거치면서 헬라어와 라틴어에서 차용된 단어들도 사용되었는데, 미쉬나에서 약 200개 정도가 발견되고 있다.[61]

6. 아모라임(Amoraim, אֲמוֹרָאִים) 학자들과 탈무드

'아모라'(אֲמוֹרָא)는 아람어로 '해설자'라는 뜻이다. 이의 복수 아모라임은 미쉬나를 해설한 학자들을 일컫는다. 아모라임 학자들이 미쉬나를 해설 혹은 주석한 것을 아람어로 '게마라'(גְּמָרָא)라고 부르며, 미쉬나와 게마라를 합쳐서 탈무드라고 한다.[62] 탄나임 학자들과 달리 아모라임 학자들은

---

[61] G. Wigoder (ed.), *The New Encyclopedia of Judaism*, 542. 미쉬나 및 랍비 문헌의 언어에 관한 자세한 내용은 H. L. Strak and G. Stemberger, *Introduction to the Talmud and Midrash*, 111-18 참고할 것.

[62] H. L. Strack, *Introduction to the Talmud and Midrash*, 5.

팔레스타인(이스라엘)과 바벨론 학자들 모두를 통칭해서 일컫는다. 시기적으로 미쉬나가 편집된 시기(A.D. 200년경)부터 바벨론 탈무드가 편집된 시기(약 550년경)에 걸쳐서 활동한 학자들이 아모라임이다.

아모라임 학자들은 바벨론에서는 제8세대, 이스라엘에서는 제5세대의 학자들로 구성되어 있다. 아모라임 학자들은 서로간에 의견이 일치하지 않는 경우들이 많았다. 그들의 논쟁의 촛점은 미쉬나 해석에 관한 것이었다. 몇 몇 예외가 있으나, 미쉬나에서 소개되는 탄나임 학자들의 견해들은 어디에서도 그들 견해에 대한 성서적인 근거나 그런 견해에 도달하게 된 추론을 나타내지 않고 있다. 이를 밝히는 임무가 아모라임 학자들에게 주어졌다.

미쉬나를 인용한 후에 아모라임 학자들은 종종 다음과 같은 질문으로 토론을 시작한다.

> 이를 우리는 어디에서 아는가?
> 즉 이 할라카는 어느 성경 구절에 기초하고 있는가?
> 혹은 미쉬나의 할라카를 기초하고 있는 법적인 원리는 무엇인가?

미쉬나를 자세하게 분석함으로써 아모라임은 거기에서 진술되고 있는 두 개의 할라카 사이의 모순을 집어 내었다. 이러한 모순들은 할라카들이 두 명의 다른 탄나임의 견해를 나타내고 있다고 결론을 내리거나 다른 환경을 다루고 있다고 주장함으로서 해결된다.

아모라임 학자들은 할라카와 아가다 양자를 개발했음에도 불구하고 어떤 아모라임은 특히 아가다를 만들어 낸 것으로 알려지고 있다. 그 결과 '아가다의 랍비'라고 불린다. 다른 아모라임은 할라카 문제에 집중한다. 한편 팔레스타인 아모라임은 랍비라는 칭호를 받은 반면에 바벨론 아모라임은 '라브'라고 불리웠다.[63]

---

[63] 팔레스타인과 바벨론의 아모라임 학자들에 관한 자세한 소개는 다음을 참고하라: H. L.

이 차이는 안수가 오직 이스라엘 땅에서만 이뤄어졌기 때문이다. 그래서 바벨론 아모라임은 탄나임의 법적인 계승자로 간주되는 팔레스타인의 아모라임에게 경의를 표하였다. 사실 팔레스타인 아모라임 학자들은 미쉬나 본문과 초기 아모라임 학자들이 논의한 것을 바벨론으로 가지고 왔다. 따라서 바벨론 아모라임 학자들 간에 이견이 있었을 때, 최종 결론을 내리기 위해 종종 이스라엘 땅의 학당의 아모라임 학자들에게 질문을 보내곤 했다.

아모라임 시대 즉 200-550년 사이의 아모라임 학자는 약 760명 정도가 확인되고 있다. 나머지 학자들은 자료에서 그들에 관한 부족한 정보 때문에 밝혀내기가 쉽지 않다. 탄나임 시대 말부터 그리고 아모라임 시대를 통해 학자들은 시민들에 부과된 국세와 지방세를 면제 받았다. 이들의 노력으로 탄생되는 탈무드는 성경과 함께 유대교의 양대 중심 경전으로 자리 잡게 된다.

1) 탈무드

탈무드는 약 700여 년간에 걸쳐 축적된 유대인의 전승된 율법과 지식의 총화이다. 탈무드라는 말은 '공부하다, 연구하다' 혹은 '가르치다'는 뜻의 히브리어 어근 동사 '라마드'(למד)에서 나왔다. 전술한 바와 같이 탈무드는 미쉬나와 미쉬나에 대한 아모라임 학자들의 토론 혹은 해석인 게마라를 합친 것이다.

탈무드는 팔레스타인 땅에서 형성된 예루살렘(팔레스타인) 탈무드와 바벨론에서 형성된 바벨론 탈무드로 나뉜다.[64] 여러 세기 동안에 예루살렘 탈무드는 대체로 경시되어서, '탈무드'라면 으례껏 바벨론 탈무드를 일컫

Strack, *Introduction to the Talmud and Midrash*, 119-34; H. L. Strak and G. Stemberger, *Introduction to the Talmud and Midrash*, 91-110.
64 H. L. Strack, *Introduction to the Talmud and Midrash*, 5-6.

는 것으로 간주되어 왔다.

바벨론 탈무드의 분량은 방대하다. 단어수는 2백 5십만 단어에 이르고, 페이지로는 가로 약 26.7센티미터, 세로 약 35.6센티미터 크기(일반적인 책의 크기는 가로 15.5센티미터, 세로 22.5센티미터)의 종이에 좌우 양 페이지로 5,894쪽 이상이다.

4세기 이후로 탈무드가 기독교의 반유대주의로 인해 금서가 되었을 때는 유대인들은 '탈무드'란 말 대신에 '게마라'라는 말을 썼다. 탈무드는 또한, '샤쓰'라는 말로도 표현되는데, '샤쓰'는 전술한 바와 같이 미쉬나의 여섯 주제를 가리키는 '쉬샤 쎄다림'(שישה סדרים)의 두문자어(頭文字語)이다.

구전 율법의 집대성인 미쉬나는 A.D. 200년경 편집되었고, 이로부터 약 200년 후에 예루살렘 탈무드가, 약 300년 후에 바벨론 탈무드가 편집되었다.[65] 따라서 탈무드 시대는 크게 미쉬나 시대와 게마라 시대로 나뉜다. 이러한 분류는 단순히 양자를 시대별로 분류하는 것 이상의 의미가 있다.

유대 율법은 오래된 순서에 따라 상하 수직적 권위 체계를 갖고 있다. 즉 더 오래된 자료일 수록 더 큰 권위를 가지게 된다. 따라서 성경에 언급된 법들은 미쉬나에 언급된 법보다 더 권위가 있으며, 미쉬나에 언급된 법들은 게마라에 언급된 것들보다 더 권위가 있으며, 게마라에 언급된 법들은 그보다 후대에 내려진 할라카 율법보다 더 높은 권위를 갖게 된다. 이러한 법적 권위에 따라, 시대별로 랍비들에게 내려진 칭호도 달랐다. 미쉬나 시대의 랍비(학자)들에게는 '탄나임', 게마라 시대의 랍비들에게는 '아모라임'이란 칭호를 붙였던 것이다.

미쉬나를 연구하는 아모라임 랍비들은 이스라엘 땅에 있든지, 바벨론에 있든지 를 막론하고 연구 방법론과 목적에 있어서 동일하였다. 율법과

---

[65] 예루살렘(팔레스타인) 탈무드와 바벨론 탈무드에 대해서는 J. Neusner가 그의 책 *Invitation to the Talmud*에서 예문을 들어 가며 쉽고 상세하게 가이드를 해 주고 있다. 전자는 96-166쪽, 후자는 167-270쪽을 보라.

경구의 백과사전식 모음집인 미쉬나와는 달리, 게마라는 여러 학당의 토론 과정을 담고 있다. 즉 게마라는 미쉬나와 성경 본문 혹은 율법에 관해 학자들 간에 벌어진 주고 받기식의 논쟁과 토론[66]을 기록하고 있다. 편집자들은 다른 학당 혹은 다른 시대에서 유래된 자료들까지 묶음으로써 토론의 범위를 확장시켰다.

토론의 근본 목적은 미쉬나를 좀 더 분명하게 설명하는 것이었다. 탈무드의 장은 먼저 미쉬나가 나오고 뒤이어 게마라가 나온다. 아모라임 학자들에 의해 설명되는 개개의 미쉬나 본문은 한 단락을 넘지 않는다. 그러나 몇 몇 예외적인 경우를 제외하고는 그 한 단락의 미쉬나에 대한 토론, 즉 게마라는 여러 쪽에 걸쳐서 이루어지고 있다.

탈무드가 미쉬나에다가 미쉬나에 대한 설명인 게마라를 덧붙인 것이라고는 하나, 게마라에서 토론되는 내용은 미쉬나의 내용에 국한되지 않는다. 아모라임 랍비들은 단순 논리뿐 아니라 연상 논리를 사용했기 때문에, 그들은 때로 토론 범위를 원래의 주제와 별 상관이 없는 다른 율법이나 구절, 논제로 확장하기도 하였다. 또한, 그들은 일상 삶에 직접 적용되는 율법만 다룬 것이 아니었다. 게마라에는 당시의 삶과 전연 관계가 없는 순전히 이론적인 문제에 관한 광범위한 논쟁도 담겨 있는데, 예를 들면 그 당시에 더 이상 존재하지 않았던 희생제사와 성전에 관한 토론과 같은 것들이다. 때로 게마라는 율법(할라카)으로 채택되지 않는 견해에 대해서 상당히 긴 분량을 할애하여 다루고 있다.

미쉬나와 달리, 게마라는 율법의 문제만을 다루고 있지 않다. 게마라는 미쉬나에 대한 법적인 토론이 주를 이루지만, 그 외에 상당히 많은 부분이 미드라쉬(성경 본문에 대한 주석), 아가다(이야기), 랍비들의 이야기, 의료적

---

[66] 여기서 소위 토론식의 '하브루타'(חֲבְרוּתָא) 교육방식이 시작되었다. 참고로 '하브루타'는 히브리어가 아니라 아람어이다. 하브루타 교육에 관해 Elie Holzer and Orit Kent, *A Philophy of Havruta* (Brighton, MA: Academic Studies Press, 2013), 김진섭 역, 『하브루타란 무엇인가』(오산: D6 코리아 교육연구원, 2019)를 보라

인 조언, 과학, 철학적인 논쟁과 귀신론 등에 할애되고 있다.

게마라 토론은 미쉬나의 분석으로 시작해, 율법(할라카)으로 채택할 것이 무엇인가에 관한 논쟁으로 끝을 맺는다. 때로는 어느 견해를 표준 할라카로 채택할 것인가에 관한 논쟁이 있었다. 때로는 논쟁의 결론을 내리지 못하고 '태쿠'(תיקו 무승부)라는 말로 끝을 맺는데, 이는 선지자 엘리야가 메시아의 오심을 선포하기 위해 이 세상으로 돌아올 때 엘리야 자신이 이 문제를 풀게 될 것이란 뜻이다.

2) 할라카(Halakhah, הלכה)와 아가다(Aggadah, אגדה)

탈무드는 '할라카'와 '아가다'로 구성되어 있다. 구약성경의 오경(토라, Torah)이 율법과 비(非)율법적인 내용들로 구성되어 있는 것처럼, 탈무드도(구전) 율법과 비(非)율법적인 내용들로 구성되어 있다. 탈무드의 구전 율법을 '할라카'로, 비(非)율법적인 내용들을 통틀어서 '아가다'로 부른다.[67] 참고로 '아가다'(אגדה)와 유사한 '하가다'(הגדה)라는 말이 있다. 양자

---

[67] '할라카'와 '아가다'에 관해 다음을 참고하라: W. Bacher, "Origin of the Word haggadah(Aggadah)", *Jewish Quarterly Review* 4 (1892), 406-29; J. B. Agus, "Halakah in the Conservative Movement", *Proceedings of the Rabbinical Assembly of America* 37 (1975), 102-17; H. N. Bialik, *Halakha and Aggadah* (tr. Sir Leon Simon; London: Education Department of the Zionist Federation of Great Britain and Ireland, 1944); idem, "Halakhah and Aggadah", *Modern Jewish Thought: A Source of Reader* (ed. N. N. Glatzer; New York: Schocken Books, 1977), 55-64; J. Hauptman, "Halakhah and Aggadah Are Both Binding", *Conservative Judaism* 58 (2006), 46-52; J. Heinemann, "The Nature of the Aggadah", *Midrash and Literature* (ed. G. H. Hartmann and S. Budick; New York: Yale University Press, 1986), 41-55; B. Narkiss, *The Golden Haggadah* (Rohnert Park, CA: Pomergranate Artbooks, 1997); J. Neusner, J. Neusner, "Prolegmenon to the Theological System That Animates the Aggadah", *Handbook of Rabbinic Theology: Language, System, Structure* (Leiden: Brill, 2002), 107-9; idem, *Halakhah and the Aggadah: Theological Perspectives* (Lanham: University Prees of America, 2001); L. H. Schiffman, "The Pharisees and their legal traditions accounting to the Dead Sea Scrolls", *Dead Sea Discoveries* 8, 3 (2001), 262-77; A. Shinan, *The World of Aggadah* (tr. J. Glucker; Tel-Aviv: MOD Books, 1990), 11-23, 126-36; L. H. Silberman, "Aggadah and Halakhah: Ethos and Ethics in

는 모두 '이야기 하기'(narration)라는 말 뜻을 지닌 동의어이지만, 사용되는 경우에 있어서 차이가 있다. '하가다'(הגדה)는 오직 유월절에 가정에서 행해지는 유월절 '의식'('세데르'라고 함)에 관한 본문과 유월절 '의식'과 이야기를 담고 있는 책을 지칭할 때만 사용되는 용어이다. 쉽게 말해서, '아가다'와 '하가다'는 모두 이야기인데, 후자는 '유월절 이야기' 혹은 '유월절 의식을 지키는 이야기 책'이라고 생각하면 틀리지 않다.

3) 할라카

'할라카'는 '가다, 따르다'는 뜻의 히브리어 동사 '할라크'(הלך)의 명사형이다. 문자적으로 '가는 것, 걷는 것'을 의미하며, 비유적으로 '(사람이 좇아가도록 안내하는) 규정, 규칙 및 종교적인 율법'을 가리킨다. 출애굽기 18:20에서 이드로가 모세에게 "그들에게 율례('호킴')와 법도('토롯'-토라의 복수)를 가르쳐서 마땅히 '갈 길'과 할 일"을 보여 주라고 조언한다. 여기서 '갈 길'이란 모세로부터 받은 율례와 법도의 구체적인 적용을 말한다.

할라카를 낳게 된 이유는 다음과 같다. 성문 율법을 적용하게 되는 환경이 변화하면서, 성문 율법 자체를 자세하게 풀어 해석해 주어야 했다. 성문 율법과 할라카의 관계를 안식일 율법을 예를 들어 설명해 보자.

"안식일에 … 아무 일도 하지 말라"(출 20:10)는 율법을 구체적으로 지키기 위해서 어떤 일이 안식일 율법을 범하는 것인지를 정의해 줄 필요가 있었다. 따라서 '안식일에는 이런 이런 일들을 해서는 아니된다'는 서기관(혹은 랍비)의 설명 혹은 해석들이 나오게 될 것이고 이 중에서 권위있는 해석이 '할라카'이며, 세대를 거치면서 '구전 율법'이라는 말이 붙여지게 된다. 신약성경

Rabbinic Judaism", *The Life of Covenant: The Challenge of Contemporary Judaism* (Chicago: Spertus College of Judaica Press, 1986), 223-33; G. Wigoder (ed.), *The New Encyclopedia of Judaism* (New York: New York University Press, 2002), 39-40 (Aggadah), 323-32 (Halakhah).

에서는 '장로들의 유전'(마 15:2 참조)이란 표현으로 나타난다.

'할라카' 혹은 '구전 율법'의 기원은 제2성전 시대(B.C. 515-A.D. 70년)의 초기로 거슬러 올라간다. 바벨론 포로에서 돌아 온 유대인들이 새로운 상황에서 성문 율법에서 예기치 못한 상황을 규정하는 새로운 규율을 채택해야 할 필요성과 함께 기본 성문 율법을 더욱 자세하게 해석해야 할 필요성을 갖게 되었다. 좀 더 구체적으로는 5세기 중엽 "모세의 성문 율법에 익숙한 학사"(스 7:6)인 에스라 때로 거슬러 올라 간다. 우리말 성경의 '학사'라는 표현은 히브리어 본문에서는 '소페르' 즉 서기관이다.

"에스라가 여호와의 율법을 연구하여 준행하며 율례와 규례를 이스라엘에게 가르치기로 결심하였었더라"(스 7:10)라는 본문에서 '연구하여'에 해당하는 히브리어 '다라쉬'(דרשׁ)에서 성경 해석의 한 방법인 '미드라쉬'(מִדְרָשׁ)가 나왔다. 에스라가 율법을 '연구'(다라쉬)했다는 것은 포로에서 귀환한 백성들에게(성문)율법의 구체적인 적용의 길인 '할라카'를 내놓았다는 말이다.

현인들(히브리어로 '하캄', 영어로 'sage'; 미쉬나 시대의 위대한 랍비들을 일컬음)은 자신들의 권위의 원조인 서기관들에게 큰 권위를 부여하였다.

> 토라의 말씀보다 서기관들의 말씀이 더욱 값지다. 서기관들의 말씀을 무시하는 것에 대한 처벌은 토라의 말씀을 경시하는 것보다 더 무겁다(예루살렘 탈무드, 『산헤드린』 11:4).

결국, 성경의 말씀보다 '서기관들의 말씀'에 더 권위를 부여하는 결과를 가져왔다.

서기관들의 계보를 잇는 현인(혹은 랍비)들은 성문 율법에서 해석 근거를 찾지 못하면, 기본적이고 중요한 의미를 설명하기 위해 본문의 문자적 의미를 초월하여 의미를 탐구하는 미드라쉬적 해석 방법을 사용하였는데, 이는 그들이 내놓은 할라카적인 선언들 중에 성경 본문과 거리가 먼 것들이 존재하는 이유이다. 어떤 할라카는 성경 본문을 전연 언급하지 않고 시내산에서 모세로부터 받은 것으로 간주하였다. 이와 같은 이유에서 예수님은 할라카를 "사람의 계명"(마 15:9)이라고 비판하신 것이다.

유대인들 삶의 실제적인 규범이 된 할라카를 만들어 내는 현인들의 권위는 사실상 무제한적이었다. 그들은 자신들의 이러한 권위가 모세에게서 내려온 것으로 보았다. 모세가 여호수아에게 안수하고 토라를 전해 주었듯이(민 27:18), 그들은 안수를 통해서 권위를 제자들에게 대물림하였고, 탈무드 시대에서는 '안수' 대신에 '랍비'라는 칭호를 부여함으로써 권위를 전수하였다. 현인들의 율법에 관한 권위는 B.C. 2세기의 하스모니안 시대에 시작된 공의회 내지 법정으로서의 산헤드린에 이르러 절정을 이루게 된다.

산헤드린은 모세 시대의 70인 장로회(민 11:16-17)와 에스라 시대의 120인 대공회에 그 기원과 권위를 두고 있다고 주장한다. 산헤드린에서 해석되고 반포된 할라카에 대해 문제를 삼는 자는 사형을 당할 수도 있었다. 사형의 근거는 신명기 18:12이었다.

> 사람이 만일 무법하게 행하고 네 하나님 여호와 앞에 서서 섬기는 제사장이나 재판장에게 듣지 아니하거든 그 사람을 죽여 이스라엘 중에서 악을 제하여 버리라 (신 18:12).

바리새파는 모세가 시내산에서 성문 율법을 받을 때, 구전 율법도 함께 수여 받았다고 주장 한다.

> 하나님이 시내산에서 모세에게 율법판을 수여하실 때, 장차 서기관들이 제정하게(성문화하게 될) 될 모든 규정도(구전 율법) 보여 주셨다(탈무드 『메길라』 19b).

그러나 사두개파는 구전 율법의 권위를 부인하고 성문 율법에 엄격하였다. 특별히 사두개파가 바리새파의 구전 율법의 권위 내지 유효성에 의문을 제기한 것과 관련하여 주목할 만한 것은 '사후 세계관'(영생, 부활 등)과 '보상과 처벌'에 관한 것 등이었다. 그들은 바리새파와 달리 성문 율법에 절대 권위를 부여했기 때문에 바리새파의 미드라쉬적 해석의 결과로 나온 영생, 부활 등을 부인하게 된 것이다.

4) 아가다 (Aggadah, אגדה)

'아가다'는 '말하다, 이야기하다'는 동사 '히기드'(הגיד)의 명사형으로 '이야기'라는 말이다. 탈무드를 비롯한 고전적인 랍비 문헌은 크게 두 분류, 곧 '할라카'와 '아가다'로 나뉜다. 전술한 바와 같이 법적인 토론과 결정을 '할라카'로 그 나머지를 '아가다'로 부른다. '아가다'는 고전적인 랍비 시대, 즉 성경이 정경화된 때로부터 A.D. 10세기까지 형성된 것에 국한되며 크게 탈무드와 미드라쉬에 존재한다.

탈무드의 '아가다'는 랍비들의 법적인 토론 사이에 끼여 있다. 그런데 미쉬나에는 '아가다'가 별로 나오지 않는다. 미쉬나의 편집이 A.D. 3세기이므로 탈무드의 아가다는, 따라서 대부분 3세기 이후의 것이 되는 셈이다. 탈무드에는 '할라카'를 찾기 위한 랍비들의 법적 토론 사이 사이에 역사, 철학, 신학, 윤리 그리고 민담 등에 관한 내용들, 소위 '아가다'들이 끼여 있는데, 대충 탈무드 전체의 약 사분의 일을 차지하고 있다.

'아가다'라는 말은 비(非)율법적인 랍비 문헌을 통칭하는 용어이기 때문에 포괄적인 의미를 가지고 있으나, 항상 교훈적인 것이 특징이다. 우선 아가다는 전설을 담고 있는데, 대부분 랍비들의 성경 해석(설명)에서 추출하여 만들어 낸 것이거나 랍비와 유대 영웅들의 전기에서 만들어 낸 것이다.

아가다의 또 다른 요소는 성경의 이야기를 좀 더 정교하게 가다듬어서 독창적인 모습으로 꾸며 낸 이야기이다. 아가다에는 성경의 이야기와 주제적으로 상관이 없거나 성경 이후 시대의 유명 인물에 관한 유대인들의 민담도 많이 포함되어 있다. 이러한 민담에는 천사와 귀신에 관한 이야기나 유대 사회에 흥행하던 이야기도 들어 있다.

아가다에는 철학적이고 신학적인 내용들도 포함되어 있다. 미쉬나 『아보트』편에 보면, 하나님, 인간, 이스라엘, 토라 그리고 윤리적 삶에 관한 가르침들이 명쾌하고 대중적인 문체로 소개되고 있다. 때로는 성서의 본문이나 문자에 감추어진 의미를 찾는 가운데 만들어지는 아가다들도 있다. 랍비들의 해석신학을 바탕으로 이야기가 만들어지기도 하고, 랍비들의 설교를 바탕으로 형성된 아가다들도 있다.

'할라카'는 권위있는 당국에 의해 변경되거나 폐지되기 전에는 율법으로 존속되지만, '아가다'는 어디까지나 저자의 개인적인 견해에 불과하고 구속력이 없다. 랍비들은 아가다적 자료들에 근거하여 율법의 권위를 찾는 것을 거부했다. 그러나 할라카와 아가다 사이에는 양자 간의 엄격한 구분이 모호해 지는 경우들이 있다. 아가다의 윤리적인 교훈이 할라카의 정신에 영향을 주게 되어 율법이 인간의 삶의 정황에 좀 더 민감해 지게 되는 것이다. 현대 히브리 시인이자 학자인 '하임 나흐만 비알릭'(נחמן ביאליק חיים)은 '아가다'는 '할라카'를 정제한 것이며, '할라카'는 '아가다'의 정수들을 법제화한 것이라고 지적했다. 다시 말해서 '아가다'는 율법을 좀 더 윤리적인 것으로 만들며, '할라카'는 윤리를 좀 더 구속력이 있게 만든다는 것이다.

예수님의 복음은 매우 아가다적이며 할라카적이다. 복음서에서 소개되고 있는 그 분의 탄생과 삶과 가르침과 고난과 십자가에서의 죽으심과 부활과 승천과 재림에 관한 예수님의 복음 이야기(아가다)는 '서로 사랑하라'는 새 계명(할라카)으로 집중되며 결국 '하나님 나라' 건설의 날줄과 씨줄로 융합되고 있다.

5) 탈무드와 미드라쉬 (Midrash, מדרש)

탈무드는 '할라카'와 '아가다'로 구성되어 있다. 이 양자를 만들어 낸 자료들과 관련된 중요한 개념이 미드라쉬이다. 미드라쉬(מדרש)란 '찾다, 연구하다'는 뜻의 동사 '다라쉬'(דרש)에서 나온 명사형으로 '해석' 혹은 '설명'이란 뜻을 갖고 있다. 성서 본문 자체가 분명하게 법적인 규율 내지 의미를 제시해 주지 않을 때, 본문을 해석하게 되는데, 이를 히브리어로 '미드라쉬'라고 부른다. 전통적으로 미드라쉬의 기원은 에스라에게서 찾아진다.

"에스라가 여호와의 율법을 연구하여 준행하며 … 가르치기로 결심하였더라"(스 7:10)에서 '연구하다'는 동사가 히브리어로 '다라쉬'(דרש)이다. 느헤미야 8:7-8은 에스라의 권고에 따라 B.C. 5세기 중엽 예루살렘성 수문 앞 광장에 모인 회중(會衆) 앞에서 모세오경이 낭독되고 "… 레위 사람들이 … 그 뜻을 해석하여 백성으로 그 낭독하는 것을 다 깨닫게"하였다고 보고하고 있다.

시간이 지남에 따라 성경에서 법적 규율 즉 '할라카'와 교훈적인 이야기인 '아가다'를 추출해 내기 위한 '해석 방법들'이 개발되게 된다. B.C. 1세기 말 힐렐은 7가지 해석(미드라쉬) 방법들을 제시하였고, 후대의 학자들에 의해 32가지로 확장된다. 복잡한 미드라쉬 해석 원칙들이 있으나 미드라쉬적 해석의 중요한 특징은 랍비 아키바의 해석에서 잘 나타난다.

아키바는 기록된 성경 구절에는 모두 문자적인 의미 이상으로 이면(裏面)에 감추어진 뜻이 있다고 보았고 심지어 글자 한 자 한 자에 뜻이 담겨 있다고 보았다. 이 감추어진 의미를 찾는 것이 '미드라쉬'라는 것이다. 그래서 감추어진 의미를 찾기 위해 그는 문맥상으로 불필요한 단어들이나 심지어 타동사의 목적어를 표시하는 목적격 전치사 '에트'(את)조차도 의미를 담고 있다는 주장을 하였다.

이에 대해 랍비 이스마엘은 "성경은 인간의 언어로 말한다"고 하면서 랍비 아키바의 지나친 주장에 대해 반대하였다. 탄나임 3세대 학자들인 아키바와 이스마엘의 논쟁은 후대에 오면서 드러난 뜻이 명백한 경우에까지 이면의 뜻을 찾는 것은 무리가 있다는 랍비 이스마엘의 입장이 더 설득력을 얻게 된다.

후대에 오면서 미드라쉬적 해석의 강조점에 따라 첫 단어의 4자음의 합성어인 '파르데스'로 불리는 네 개의 해석 경향으로 나눠진다.

첫째, 프샤트(פשט)
본문의 '표면적, 직접적' 의미를 강조하는 해석이다. 랍비 이스마엘의 입장이다

둘째, 레메즈(רמז)
본문의 '암시적, 감춰진' 의미를 찾는 것을 강조한다. 랍비 아키바의 입장이다

셋째, 데라쉬(דרש)
본문에서 교훈적인 의미를 찾는데 주력한다

넷째, 소드(סוד)
이 학파는 본문의 문자 하나 하나에 비밀스런 의미가 담겨 있다고 보고, 이를 위해 히브리어 철자가 갖는 숫자값을 통해 숨겨진 의미를 찾는 게 마트리아(gematria) 방법을 많이 사용한다.

미드라쉬는 이상과 같이 성경 해석 방법을 의미하지만, 그 자체로 해석집(주석책)을 의미하기도 한다. 탄나임 시대에 나온 주석으로서의 미드라쉬는 크게 두 가지로 나뉜다. 우선은 법적 문제를 분명하게 풀어 놓은 '미드라쉬 할라카'와 교훈적인 이야기를 가르치고 있는 '미드라쉬 아가다'가 그것이다. '미드라쉬 할라카'는 일반적으로 탄나임 시대에 나온 오경의 주석을 가리키는 용어로 사용되고 있다.

출애굽기 주석(미드라쉬)을 '메킬타'(מְכִילְתָּא)라고 하며, 레위기에 대한 주석을 '시프라'(סִפְרָא), 민수기와 신명기에 대한 주석을 '시프레'(סִפְרֵי)라

고 부른다.⁶⁸ '미드라쉬 할라카'는 '미쉬나'를 토론할 때 인용되면서 탈무드 형성의 한 자료가 된다. 또한, '미쉬나'의 첨가판인 '토세프타'에서도 '미드라쉬 할라카'를 직접적으로 많이 인용하고 있다.

6) 게마라(גְּמָרָא) 형성의 자료들

탈무드는 구전 율법 모음집인 '미쉬나'에다가 미쉬나에 대한 해석들인 '게마라'를 덧붙인 것이다. 미쉬나는 A.D. 200년경 편집되었으며, 이 미쉬나를 가지고 '아모라임' 학자(랍비)들이 다시 해석(논의)한 것이 '게마라' 이다.⁶⁹ 아모라임 학자들이 미쉬나를 가지고 논의할 때, 몇 가지 자료들을 인용하였다. '미드라쉬 할라카', '바라이타', '토셉프타'가 그것이다. 창세기를 제외한 4경(출애굽기, 레위기, 민수기, 신명기)의 주석을 의미하는 '미드라쉬 할라카'는 이미 전술한 바와 같다.

(1) 바라이타(בְּרַיְיתָא)

미쉬나가 편집될 때 이에 포함되지 않은 랍비(탄나임 학자들과 약간의 아모라임 학자들)의 견해들을 아람어로 '바라이타'(복수는 바라이토트)라고 한다. 랍비 '히야', '오샤야', '바르 카파라'에 의해 수집이 되었다. 바라이타의 법적인 권위는 미쉬나보다 떨어진다. 따라서 아모라임 학자들의 논의 중에 미쉬나와 바라이타간에 견해가 대립될 때, 예외적인 경우들이 있으나 거의 항상 미쉬나의 견해가 채택된다.

---

68 탄나임 시대의 주석(미드라쉬)에 관해 J. Neusner, *The Midrash: An Introduction* (Northvale, NJ: Jason Aronson, 1994), 31-140을 참고하라.
69 H. L. Strack, *Introduction to the Talmud and Midrash*,5. 게마라에 관한 자세한 내용은 J. Neusner, *The Talmud: What it is and What it says* (Rowman 퍼센트 Littlefield Publishers: Lanham, 2006), 45-69를 참고하라.

탄나임 학자들의 바라이토트는 다양한 범주로 나뉜다.

첫째, 미쉬나를 보충해 주는 것들
둘째, 미쉬나에는 아예 없는 할라카를 인용하는 경우
셋째, 미쉬나에서 인용된 할라카와는 다른 할라카를 담고 있는 경우 등

이러한 바라이토트는 독특한 도입 양식—예를 들어 '타냐'("우리가 이를 배웠다") 혹은 '타누 라바난'("현인들이 가르쳤다")—을 지니고 있다. 이에 반해 아모라임 학자들의 바라이토트는 일반적으로 미쉬나에 대한 간단한 설명 혹은 보충의 성격을 지니고 있다. 즉 탄나임 학자들의 바라이토트와 달리 아모라임 학자들의 바라이토트는 미쉬나와 다른 견해를 담고 있지 않다.

이러한 아모라임 학자들의 바라이토트에 대해서는 탈무드의 현인들이 그리 높은 가치를 두지 않았다. 즉, 예루살렘 탈무드에서 주장의 예증으로 사용되고 있는 바라이토트가 바벨론 탈무드에서는 나오지 않는다. 그 역도 마찬가지이다. 그러나 그런 바라이타가 알려지지 않았다고 결론을 내릴 수는 없다.[70]

(2) 토세프타(תוֹסֶפְתָּא)

미쉬나에 있는 탄나임 학자들의 가르침에 대한 부록집이다. 미쉬나보다 4배 정도 분량이 많으며, 토세프타 역시 6개의 주제("쎄데르")와 소주제("마쎄코트")로 구성되어 있다. 토세프타의 자료는 아모라임 학자들이 미쉬나를 토론할 때 주로 인용 했던 '바라이토트'(바라이타의 복수)였다.[71]

---

[70] G. Wigoder (ed.), *The New Encyclopedia of Judaism,* 104-5; H. L. Strack, *Introduction to the Talmud and Midrash,* 4-5 참고.

[71] 토세프타에 관한 자세한 내용은 J. Neusner, *Invitation to the Talmud,* 70-95를 참고하라.

7. 유대교 학자들과 학당

 탈무드는 학자(랍비)들의 토론장으로 여겨질 정도로 학자들의 의견이 꼬리에 꼬리를 물고 이어진다. 이는 어느 한 날 한 장소에 랍비들이 모여 주고 받은 토론 내용들이 아니라, 장소와 시간(수백년 간)을 달리한 토론 내용을 최종적으로 편집한 것이다. 가르치고, 배우고, 토론하고, 외우는 장소가 학당이다. 학당을 히브리어로 '베트 미드라쉬'(בית מדרש) 혹은 '예쉬바'(ישיבה)라고 한다. 전자는 '해석' 혹은 '연구'의 집이란 뜻이며, 후자는 '앉음'(sitting)이란 뜻이다.

 학당의 앉는 자리 배열 때문에, '앉음'이란 뜻의 '예쉬바'가 랍비 학교를 나타내는 대표적인 용어가 되었다. '예쉬바'란 표현이 가장 최초로 나타나는 문헌은 B.C. 2세기 초의 문헌인 『벤 시라』(집회서)(51:16, 23,29)이며, 이는 미쉬나 『아보트』(2:7)에서 '베트 미드라쉬'와 동일시되고 있다.

 랍비들은 이러한 학당들이 이미 '주곳' 시대(마카비혁명이 일어나기 전, 즉 B.C. 167년 이전에서, 힐렐 이전 즉, A.D. 약 30년 이전까지)에 존재했다고 보고 있다. '주곳'이란 히브리어로 '쌍'이란 뜻이며, 한 사람은 학당의 의장으로, 다른 한 사람은 랍비 재판소장을 맡는 체제를 말한다. 원래 성전산에서 열리는 71명 회원의 '산헤드린'은 최고 재판소였을 뿐 아니라, 랍비들의 연구와 토론장 즉, '예쉬바' 혹은 '베트 미드라쉬'였다.

1) 팔레스타인(이스라엘 땅)의 학당들[72]

 A.D. 70년 예루살렘 성전이 파괴되기 이전에 이스라엘 땅에서 예루살렘 외에 공식적인 랍비 학교가 있었느냐에 대해서는 논란이 있다. 예루살렘 성이 로마군에 의해 파괴되기 직전 성을 빠져 나온 랍비 요하난 벤 자

---

72 팔레스타인의 학당에 관해 G. Wigoder (ed.), *The New Encyclopedia of Judaism*, 24 참조.

카이가 로마 장군 베스파시안을 '황제'라고 부르며 "야브네와 그 현인들을 남겨 달라"고 했다는 탈무드의 '아가다'(『깃틴』 56b)만 놓고 보면, A.D. 70년 이전에 야브네에 학당이 있었던 것으로 보인다. 그러나 로마군에 포로로 잡힌 요세푸스 역시 베스파시안이 황제가 될 것이라고 예언을 하였다.[73]

바벨론 탈무드의 편집 시기가 요세푸스보다 무려 400년 가량 후대이므로 베스파시안에 대한 황제 예언의 원조(原祖)는 요세푸스일 가능성이 더 높다. 이 점에서 "야브네와 그 현인들을 남겨달라"는 요하난 벤 자카이의 간청은 그 역사적 진실성이 의심스러운 것이 사실이다.

그러나 요세푸스의 예언은 반란 초기 갈릴리 요트바타(Yotvata)에서 있었던 일이며, 요하난 벤 자카이의 예언은 예루살렘 함락 직전 예루살렘에서 있었던 일임을 생각하면 '베스파시안에 대한 황제 예언'이 다른 시기와 장소에서 각각 다른 두 사람에 의해서 이루어진 일이었을 가능성도 배제할 수 없다. 여하간에 탈무드의 아가다는 역설적으로 예루살렘 파괴 이후에 야브네 학당을 이스라엘 땅에부터 바벨론의 니시비스(Nisibis) 그리고 로마에 이르기까지 모든 랍비 학당의 최초요 가장 중심적인 회당으로 키운 인물이 요하난 벤 자카이임을 증거하는 중요한 자료이다.

야브네 학당은 구조와 기능 양면에서 예루살렘의 대 산헤드린을 모본으로 삼았다. 야브네학당은 이스라엘 땅의 다른 학당들의 모판이 되었으며, 요하난의 직계 제자들에 의해서 퍼져 나갔다. 그 중 대표적인 것으로는 엘리아자르 벤 힐카누스에 의한 룻다 학당, 요슈아 벤 하나니야에 의한 페킨 학당이 있고, 그 후로 랍비 아키비에 의한 브네이바락학당, 하나니야 벤

---

[73] 『유대 전쟁사』 3.8.9: "오, 베스파스안 장군이시여, 당신은 요세푸스를 포로로 잡은 것 밖에는 생각지 않으시는군요; 하지만 나는 좋은 소식들을 갖고 온 전령으로 당신에게 왔습니다…오, 베스피시안 장군이시여, 당신은 케이사르요 황제입니다…만일 제가 경솔하게 하나님에 관한 것을 확언한다면, 정녕 저는 지금보다 더욱 확실하게 구금되어 처벌받음이 마땅할 것입니다."

테라디온에 의한 시크닌학당, 요세 벤 할라프타에 의한 세포리학당, 유다 하-나시에 의한 벤 쉐아림학당 등이 있다. 브네이 바락에 위치한 랍비 아키바학당에는 수천 명의 제자들이 몰려들었다고 한다.[74]

제2차 유대 항거 곧 바르 코크바 반란(A.D. 132-135)이 실패로 끝나고 이스라엘 땅 중남부 지역이 초토화되면서 많은 학자가 흩어지게 되는데, 일부는 바벨론으로 도망을 하게 된다. A.D. 약 140년경 야브네학당은 갈릴리의 우샤로 옮겨 갔다가, A.D. 200년경 다시 세포리로 옮겨 지는데, 여기서 유다 하-나시의 주도에 의해 미쉬나가 편집이 된다. 그리고 궁극적으로 이 학당은 A.D. 235년경 티베리야에 다시 자리를 잡게 된다.

티베리야 시대 이후는 탈무드를 낳은 아모라임 학자들의 시대이다. 티베리야는 예루살렘(혹은 팔레스틴) 탈무드의 산실이다. 티베리야학당은 아랍이 성지를 점령한 A.D. 7세기 이후에도 약 100년간 존속했으나, 남아 있던 나머지 학당들(룻다, 가이샤라, 세포리)은 A.D. 4세기 말에 모두 사라져 버렸다.

탈무드 시대의 학당의 기능과 권위는 다양하였다. 야브네와 그 뒤를 잇는 이스라엘학당의 최고 의장은 다른 고위 동료들과 함께 율법 최고 재판소를 구성하였다. 의장은 때때로 이스라엘 땅과 바벨론에 있는 유대 공동체에 전령들을 보내어 이스라엘의 율법 전통과 해석들을 전달하고 학당들과 학생들을 위해 기부금을 조성하였다. 그러나 받는 액수로는 랍비들이 거의 생활비를 충당하기에 부족하여 몇 예외적인 경우를 제외하고 이들은 장인이나 농부로 생계비를 벌어야 했고, 따라서 학당은 주로 저녁에 열렸다.

이스라엘 학당의 최고 의장에게는 랍비직 안수('쓰미카' סְמִיכָה)와 현존하는 구전 율법으로는 감당할 수 없는 새로운 상황에 적용할 수 있는 법령

---

[74] 야브네 학당이 이스라엘 땅의 다른 학당들과의 관계에서 중심 역할을 하며, 할라카를 지도한 내용에 관해 A. Oppenheimer, "Rabban Gamaliel of Yabneh and his Circuits of Eretz Israel", *Beteen Rome and Babylon: Studies in Jewish Leadership and Society* (ed. Nili Oppenheimer; Tübingen: Mohr Siebeck, 2005), 145-55을 참고하라.

('타나카') 제정권이 있었다.

A.D. 3세기부터 이스라엘의 학자들(랍비들)이 바벨론으로 "내려 가서", 이스라엘의 랍비들의 가르침들을 바벨론의 동료들과 학생들에게 전수하게 된다. 이런 학자들을 통칭하여 '네후테이'(נְחוּתֵי: "내려 가는 자들"이란 뜻) 라고 부른다. 이는 비잔틴 기독교 통치자들로 인해 성지에서의 유대인의 삶과 문화가 점차 어렵게 되었음을 의미한다. 반유대인 정책이 이민과 학당 폐쇄 그리고 A.D. 425년에 의장직 철폐를 불러 왔다.

바벨론에서 마르 주트라(מר זוטרה)가 오면서 티베리야 학당이 A.D. 520년에 다시 문을 열어 740년까지 존속하다가 예루살렘으로 옮기게 된다. 그러나 십자군의 성지 점령(1099년)과 더불어 예루살렘의 학당이 폐쇄되기 이전에, 이미 이스라엘 땅에서의 학당은 바벨론학당의 그늘에 가리워진 상태였다.

2) 바벨론학당[75]

초기에 바벨론학당은 이스라엘 땅의 학당보다 그 권위에 있어서 열등하였다. 바벨론학당과 라브[76]의 권위는 이스라엘 땅의 것보다 떨어졌다. 요슈아 벤 하나니야[77]의 조카인 하나니야가 '네하르 페코드'에서 가르쳤는데, 새 달의 시작과 윤년을 결정하는 권한이 이스라엘 땅의 학당의 의장('나시') 랍비에게 있음에도 불구하고 이를 행사한 적이 있다. 그러나 바르 코크바 항쟁이 실패로 돌아간 뒤 바벨론으로 피신한 랍비 아키바의 제자들에 의해 하나니야의 결정은 취소되었다.

A.D. 200년경 '네하르데아' 학당이 유다 하-나시와 이스라엘 땅의 유대인 공동체와 계속적인 접촉을 유지하면서 바벨론 유대인들의 영적인 중심

---

75 바벨론학당에 관해 G. Wigoder (ed.), *The New Encyclopedia of Judaism*, 24-9 참조.
76 바벨론에서는 '랍비'라는 표현을 쓸 수 없고, '라브'로 불렸다.
77 요하난 벤 자카이의 제자.

지가 된다. 바벨론학당의 영향력은 라브 아바 아리카가 유다 하-나시로부터 '라브' 임명을 받고 돌아 옴으로써 한층 강화되었다. 라브 아바가 A.D. 220년경 새로이 '수라'에 세운 학당은 네하르디아학당보다 우세해져서 거의 800년간 존속하였다.

수라학당은 1,000명 이상의 학생들이 몰려 들었고 바벨론 공동체에 학문적 부흥을 가져오는 발판이 되었다. 사무엘이 네하르디아학당을 이끌면서, 이 두 사람이 바벨론 아모라임 첫 세대를 주도하였다. '사무엘'이 할라카 결정권을 자주 '라브 아바'에게 맡기면서 바벨론 탈무드의 '마세코트'의 대부분이 편집된 곳은 수라학당이었다.

이스라엘 땅의 학당들에서와 같이, 바벨론학당도 2중의 역할을 감당하였다. 유대 율법을 연구하는 연구.교육 기관인 동시에 종교적, 시민적인 법률 문제를 다루는 재판소의 역할을 하였다. 또한, 이스라엘 땅에서와 마찬가지로 학당의 장 역시 학자들의 투표에 의해 선출되었는데, 학당장은 '로쉬 하-예쉬바'(예쉬바의 수장)으로 불렸으며(탈무드『브라코트』57a), 바벨론 유대 자치 공동체장(아람어로 '레쉬 갈루타'로 불리며, '디아스포라 유대인 공동체 의장'이란 뜻)의 인준을 받아야 했다.

네하르디아학당은 로마의 팔미라 군에 의해 259년에 파괴되었다가 사무엘의 제자이며 후계자인, 유다 바르 에스겔(220-299년 경)에 의해 '품베디타'에서 재건되었으며 9세기까지 지속되다가, 바그다드로 옮겨 13세기 말까지 지속되었다.

A.D. 6세기, 즉 탈무드 시대 이후로는 바벨론학당의 장은 '가온'(גָּאוֹן,'뛰어남'이란 뜻)이란 호칭을 갖게 되며, 여러 디아스포라 유대 공동체들이 보내 온 질문들에 대한 '가온'들의 답변들은 '츄봇'(תְשׁוּבוֹת, '답변들'이란 뜻)이란 문학을 낳게 낳았다. '츄봇'에는 제의적인 질문에 대한 답변 뿐 아니라, 신학, 성경 그리고 탈무드의 구절들에 대한 해석에 이르기까지 다양한 질문에 대한 답변들이 포함되었다.

A.D. 6세기, 탈무드 시대 이후가 되면 이스라엘 땅의 학당과 랍비들의 권위는 약화되고 바벨론학당의 권위가 우세하게 된다. 그러나 바벨론 공동체는 내부적으로 갈등이 일어나게 된다. 우선 유대 자치 공동체장('레쉬 갈루타')과 학당장('가온') 간에 권위의 우위 문제로 갈등을 겪게 되었으며, 수라학당과 품베디타 학당 간에 해외 지원금 배당 문제로 갈등이 있게 된다. 전술한 바와 같이 해외 디아스포라 유대 공동체에서 '가온'에게 질문을 할 때는 학당 후원금을 함께 보냈는데, 이 후원금 분배 문제로 '수라' 학당과 '품베디타' 학당 간에 갈등를 빚었다. 결국, 해외 디아스포라 유대 공동체를 두 부분으로 나눔으로써 이 문제를 해결하였다.

중세에 이르러 바벨론 공동체 역시 현격하게 쇠퇴하게 된다. 서구 중세 사회(스페인, 이태리, 프랑스, 독일 등)에서의 유대 공동체가 성장하게 되고, 그간 바벨론에서 교육을 받고 돌아온 학자들이 서구 유대 공동체를 이끌게 되면서 바벨론학당의 이들에 대한 지도력과 영향력이 서서히 줄어들게 된 것이다.

3) 이스라엘 공동체와 바벨론 공동체의 교류

탈무드는 미쉬나에 아모라임 학자들의 논의가 더해져서 형성된 것이다. 이스라엘 (팔레스틴) 땅에서 만들어진 것을 예루살렘(혹은 팔레스틴) 탈무드라 하고, 바벨론에서 만들어진 것을 바벨론 탈무드라고 한다. 양 탈무드는 언어, 문체, 내용, 주제의 범위 및 법적인 권위 문제에 이르기까지 상당한 차이를 보이고 있다. 그럼에도 불구하고 양자는 이스라엘 땅에서 편집된 미쉬나를 기초로 하고 있으며, 아모라임 시대 초기에 바벨론 학자들이 팔레스틴 학자들에 의존하고 있었다는 점에서 양 탈무드는 유사한 점도 있다.[78]

---

[78] 이스라엘 땅의 학당들과 바벨론학당들 간의 교류에 관해 A. Oppernheimer, "Contacts between Eretz Israel and Babylonia at the Turn of the Period of the *Tannim* and the *Amoraim*", *Beteen Rome and Babylon: Studies in Jewish Leadership and Society* (ed. Nili Oppen-

이런 유사성은 양 공동체의 일반적인 교류와 더불어, 양 지역의 학자들 사이를 이어 주는 교량 역할을 했던 '네후테이'(נחותי)의 공헌이 결정적이다.

4) 양 공동체의 교류 상황

미쉬나와 탈무드가 형성되던 시기에 팔레스틴 지역과 바벨론 지역은 각 각 로마와 파르티안 제국에 속해 있었다. B.C. 63년 이래로 팔레스틴은 로마 제국의 지배하에, 바벨론 지역은 페르시아제국의 후예인 파르티안 제국(B.C. 238- A.D. 226)의 지배하에 있었다. 때때로 양 제국 간에는 영토 확장을 위한 군사 충돌이 있었으나, 그럼에도 불구하고 팔레스틴과 바벨론의 유대인들 간의 상호 방문과 이주를 통한 교류는 중단되지 않았다.

무엇보다 현인들과 현인들이 파견한 대표단이 양국을 오가면서 이스라엘 땅의 학당에서 내린 새로운 규율들을 전달하였다. 이러한 교류는 특히 제2차 유대 항쟁, 곧 바르 코크바 항쟁(A.D. 132-135년) 이후에 이스라엘 땅의 많은 유대인이 바벨론 지역으로 도피(이주)함으로써 절정에 이르렀다.

바벨론 유대 공동체는 바르 코크바 항쟁 이후 많은 지도자와 현인이 이주해 옴으로써 독자적인 토라 연구를 위한 학당들을 설립할 기반을 마련하게 된다. 한편 이스라엘 땅의 유대 공동체는 쇠퇴와 발전과 쇠퇴를 거듭하였다.

바르 코크바 항쟁 이후 야브네학당이 갈릴리 지역으로(우샤, 세포리) 옮겨 지는 과정에서 다소 쇠퇴했으나, 랍비 유다 하-나시의 지도하에 미쉬나가 편집되는 시점에 이르면 팔레스틴학당의 권위는 최정점에 이르게 된다. 그러나 A.D. 3-4세기 이후로 팔레스틴의 경제적 위기와 기독교화된

heimer; Tübingen: Mohr Siebeck, 2005), 417-32를 참고하라.

로마(비잔틴 제국)의 억압으로 팔레스틴 공동체와 학당은 점점 쇠퇴하게 되는 반면에 바벨론 지역의 학당들은 더욱 융성하게 되면서, 탈무드 시대 말기에 이르면 팔레스틴 랍비 지도부의 지도에서 벗어나 독자적인 권위 체계를 형성하게 된다.

(1) 네후테이(נְחוֹתֵי)

팔레스틴과 바벨론 공동체 간의 가장 강력한 연대 관계를 형성한 주역이 '네후테이'이다. 아람어로 '내려 가는 자들'이란 뜻을 지닌 '네후테이'는 탈무드 현인들에게 붙여진 칭호이다. 이들은 이스라엘 땅과 바벨론 사이를 오가며 '할라카'와 가르침을 전달하는 역할을 감당하였다. 팔레스틴과 바벨론학당 간의 교류는 특히 A.D. 3-4세기에 활발하였다.

가장 초기의 네후테이는 팔레스틴 학자들이었다. 그들은 팔레스틴학당과 랍비들의 견해들을 전달하였을 뿐 아니라, 다양한 역사 정보를 바벨론학당에 전달하였고 이스라엘 땅의 학당들에서 제기된 질문들에 대해서도 친숙할 수 있도록 하였다. 그런데 네후테이의 목적이 팔레스틴 현인들의 가르침을 전달하는 데에 있었다기 보다, 바벨론의 부유한 유대인들로부터 팔레스틴학당을 위한 모금 활동에 있었다는 주장이 있다.

설혹 그렇다고 하더라도, 양 공동체를 '오고 간 학자들'이 양쪽 학자들의 결정적인 분열을 방지하는 역할을 하였음이 틀림없으며, 바벨론 탈무드 내에 상당한 양의 팔레스틴 자료들이 발견되고 있음은 '네후테이'의 활동 덕분임을 부인할 수 없다.

제5장

에스라와 미드라쉬 그리고 성경

1. 유대교의 역사: 에스라에서 탈무드까지

유대교의 양대 경전은 구약성경과 탈무드이다. 전자의 핵심은 토라(모세오경)이며 이 토라를 해석하면서, 구전 율법이 나오게 되고, 구전 율법이 집대성 된 것이 탈무드이다. 따라서 성문 율법의 시조는 모세이며, 구전 율법의 시조는 서기관(학사[1]) 에스라이다.

그는 바벨론 포로의 원인이 하나님의 말씀, 토라를 지키지 않은 데 있다고 자각한 사람들 중의 하나였다(스 9:7 참조).

"그러면 어떻게 모세의 율법을 변화된 환경, 즉 포로 후기의 상황에서 준수할 수 있을 것인가?"

이러한 그의 문제 의식은 그가 이스라엘 땅으로 돌아온 후에 생긴 것 같지는 않다. 그런 문제 의식에 따른 결단이 그로 하여금 고국으로 돌아가게 했을 것이다.

그가 생각한 것은 연약한 백성들에게 율법을 풀어 주는 것이었다. 이게 뭐 대단한 거냐고 하겠지만, 그 때는 대단한 것이었다. 예언자들은 모세의 율법을 지키라고 윽박지르기만 했지, 이것이 무슨 의미이며 그래서 이 율법을 이렇게 지켜야 한다고 친절하게 가르쳐 주지 않았다. 오늘의 우리가

---

[1] 우리 말 성경의 학사는 히브리어로 '쏘페르'(סוֹפֵר)이며 이는 '서기관'으로 번역하는 것이 원어의 의미에 가깝다.

생각해 보아도 무지렁이 백성들은 몰라서 못 지킨 것도 많았을 것이다. 글을 모르면 더 모르는 법이다. 우리나라에는 세종대왕이 그렇게 쉬운 한글을 만들어 주신 지 500년이 지나도록 한글을 깨우치 못한 사람들이 많아서 편지나 문서를 대신 작성해 주는 대서방(代書房)이 있었다. 그게 불과 30-40년전 얘기다.

하물며 그 옛날에 B.C. 5세기라면 더 말할 것도 없었을 것이다.[2] 그는 백성들에게 말씀(율법)을 친절하게 풀어서 가르쳐 주기로 결심하였다. 거듭 말하지만, 에스라 7장 10절에 표현된 에스라의 결심, "여호와의 율법을 연구하여 준행하며 ⋯ 이스라엘에게 가르치기로 결심"한 그의 결심은 유다 땅으로 돌아 온 후에 한 것이 아니었다고 본다. 흔히 결심은 무슨 계기가 있어야 하는 법인데, 에스라 7:1-9을 보면 그런 결심을 할 만한 사건이나 계기가 전혀 나타나지 않고 있다. 그는 모세의 율법에 능숙한 서기관이었다.

그런데 민족이 당했던 비극의 원인이 하나님의 말씀을 잘 지키지 않았기 때문이라는 반성에 이르게 되었을 때, '그가 어찌 강한 책임감을 느끼지 않았을 것인가?'

'비극의 재연을 막기 위해서는 어떻게 해야 할 것인가?'

---

[2] 고고학적으로 볼 때, 원-가나안어(Proto-Canaanite)에서 시작된 가나안 알파벳 문자는 B.C. 11세기 중엽에 페니키아에서 완숙되고 구체화되었으며, 10세기에 시리아-팔레스타인 지역으로 퍼져 나갔다. B.C. 10세기의 가나안 게제르(Gezer)에 귀속되는 게제르 달력은 예외라고 하더라도, 이스라엘과 유다지역에서 B.C. 8세기 이전의 것으로 돌려지는 어떤 비문(inscription)도 발견되지 않았다. 또한, 지난 150년 동안 고대 예루살렘의 전 지역에서 크고 작은 발굴들이 이루어졌는데, B.C. 8세기 후반부 이전의 것으로 귀속되는 단 한 점의 비문도 발굴되지 않았다. 따라서 이스라엘에서 B.C. 8세기 전까지 문자 사용은 매우 제한적이었던 것으로 보인다. 이런 연유에서 다윗과 솔로몬 시대에 서기관은 특권층이었고 당연히 고위관리에 봉해졌던 것이다(삼하 8:16-18; 20:23-26; 왕상 4:2-19 참조). 이에 관해 N. Na'aman, "The 'Conquest of Canaan' in the Book of Joshua and in History", *From Nomadism to Monarchy* (ed. I. Finkelstein and N. Na'aman; Jerusalem: Yad Izhak Ben-Zvi, 1994), 219-21을 참고하라; 가나안 문자와 오늘날 서구의 모든 알파벳의 역사에 관해 Joseph Naveh, *The Early History of the Alphabet* (Jerusalem: the Magness press of the Hebrew University, 1987) 참고하라.

'어떻게 하면 백성들이 말씀을 지킬 수 있게끔 도울 수 있을 것인가?'
'율법(말씀)을 연구(미드쉬)해서 '나' 부터 지키고 무지렁이 백성에게도 가르쳐서 지키게 하자!'

아마 이런 결심이 에스라를 유다 땅으로 돌아오게 했을 것이다. 이런 결심으로 그는 B.C. 457년에 바벨론에서 돌아 왔다. 바벨론에서 제1차로 포로가 돌아온 지 81년만이요, 무너진 성전을 다시 봉헌한 지 55년 만이었다.

에스라 이전에 토라를 가르치는 자들이 없었던 것이 아니다. 호세아 4장 6절에 의하면 제사장들이 토라를 가르쳤다. 이는 신명기 31:9과 33:10 등에서 확인이 된다.[3] 그러나 에스라의 경우에 있어서 특별한 점은 율법(토라)을 연구[4]하여 가르치기 시작했다는 점이다. 에스라 이전에도 율법을 가르치는 레위인 혹은 제사장들이 있었고, 율법을 지키지 않을 때 혼을 내는 예언자들이 있었다. 그러나 에스라는 포로기 이후 제2성전 시대가 되면서 율법을 지켜야 할 실제 삶의 정황이 달라진 점을 놓치지 않았다. 아무리 좋은 이상이어도 현실에 뿌리 내리지 못하는 이상은 공상이나 다름 없다. 아무리 제정 당시에는 좋은 뜻을 가진 법이라도 변화된 시대에 맞지 않는 법은 재해석되거나 폐기 처분되어야 할 것이다.

그러나 하나님의 말씀으로서의 율법은 폐기 처분될 성질의 것이 아니다. 하나님으로부터 나왔기 때문이다. 역사적 현실에서 해석되어야 한다. 에스라는 이것을 깨달았던 것이다. 무지렁이 백성은 아예 몰라서 모르고, 글을 알아도 모세에게 주셨던 율법이 지금 페르샤가 지배하고 있는 이 때에 어떻게 적용돼야 하는 지 몰라서 못 지키는 백성들을 위해서 에스라는 율법을 연구(해석)하기 시작했던 것이다.

---

3 신명기에서 레위인과 제사장은 동일시된다.
4 '연구하다, 해석하다'란 뜻의 동사 '다라쉬'에서 '해석, 연구, 주석'을 의미하는 '미드라쉬'가 나왔다.

에스라는 이런 변화된 상황에서 백성들이 율법을 지킬 수 있도록 "율법을 연구"하였고, 연구(해석)된 율법을 본인이 먼저 지키는 모범을 보이면서, 가르쳤다는 점에서 그의 위대함이 드러난다. 그의 결심과 헌신의 열매가 나타났다. 그의 가르침을 따르는 자들, 곧 경건한 사람들(소위 "하씨딤")이 나왔다. 프톨레미 왕조 중·후반기(B.C. 3세기 중.후반)에는 경제적 중산층이 형성된다. 경제적 여유가 생기면 타락할 수도 있고, 더욱 건설적인 방향으로 나갈 수도 있다. 정신이 죽어 있으면 전자 쪽으로 빠지고, 정신이 살아 있으면 후자를 향해 나아가게 된다.

에스라로 인해서 하씨딤이 나와서 정신이 살아 있으니까, 평신도들이 돈 가지고 타락으로 빠진 게 아니라, 생긴 여유를 말씀(율법) 공부하는 쪽으로 돌린 것이다. 여기서 많은 평신도 서기관이 등장하게 된다. 이들이 바로 신약성경에서 늘 바리새파와 함께 등장하는 서기관들의 조상이다. 이들의 후예가 B.C. 2세기에 형성되는 바리새파의 지도자가 된다.[5] 신약성경에서 서기관을 율법학자쯤으로 보면 틀리지 않다.[6] 기독교의 신학자와 유사하다고 보면 될 것이다.

이러한 하씨딤과 평신도 서기관들이 중심이 되어 형성된 종파가 바리새파이다. 전술한 바와 같이 B.C. 167년 안티오커스 에피파네스 4세의 유대교 말살 정책에 반대하여 일어난 마카비혁명에 이들 하씨딤과 서기관들이 가담하면서 이들은 독자적인 종파를 형성하게 된다. 이들은 자기들 이전의 조상들의 율법 해석들(가르침)을 '구전 율법'으로 중시하였다. 이들은 하나님이 모세에게 성문 율법을 주실 때, 성문 율법의 이면에 '구전 율법'을 숨겨 두셨다고 보았다.[7]

---

[5] 신약성경에서 서기관과 바리새인들은 항상 같이 등장하지만, 서기관과 바리새인이 동일시될 수는 없다. 굳이 따지자면, 서기관은 바리새파의 지도자라고 볼 수 있다—"바리새인의 서기관들"(막 2:16) 참조.
[6] 이에 관해 Ellis Rivkin, "Scribes, Pharisees, Lawyers, Hypocrites", *Hebrew Union College Annual* 49 (1978), 135-142 참조.
[7] 숨겨 두셨다는 것은 필자의 표현이다. 탈무드(**샤밧** 31a)에 의하면 하나님이 모세에게

놀라운 신학적 창안이다. 하나님이 한 세대만을 위하여 조금만 숨겨 두시지 않았을 것이다. 무한정 숨겨 두셨을 것이다. 우리가 이런 지혜를 배운다면, 해석이 있는 한 성경 66권은 과학만능의 21세기를 위해서도 물론, 영원히 어느 세대에든지 적용될 수 있는 영원한 하나님의 말씀임을 확신하게 된다.

'미드라쉬'라는 해석을 통해 바리새파는 유대교와 기독교에 많은 기여를 하였다. 직접적으로는 미드라쉬가 없었다면 미쉬나와 탈무드가 없었을 것이다. 부활과 영생 등 내세사상도 미드라쉬적 해석의 통로를 통해서 분명하게 되었으며, 신약성경에도 미드라쉬적 해석이 많이 나타나고 있다.

A.D. 70년 후 열심당파는 물론 사두개파와 에세네파도 사라지면서 바리새파는 오늘날 랍비 유대교의 뿌리가 되었다. 이들은 야브네에서 무너진 유대교를 재건하고 A.D. 200년경에는 그간의 구전 율법들을 정리하여 미쉬나를 편집하였고, A.D. 400년경에는 미쉬나에 해석(게마라)을 더하여 예루살렘(팔레스틴) 탈무드를 그리고 이들 이스라엘 땅의 바리새파 후예들(랍비들)의 영향으로 바벨론 공동체에서는 A.D. 500년경에 바벨론 탈무드를 편집하였다.

에스라가 '율법을 연구하여 가르쳐 지키기로 결심'한 이래로, 구전 율법(해석법)이 형성되기 시작하여, 구전 율법의 총화인 탈무드가 집대성되기 까지는 1,000년의 세월이 걸린 셈이다.

성문 율법을 주실 때에 구전 율법도 함께 주셨다고 한다. 그런데 그걸 다른 말로 이해하면, 성문 율법 사이에 혹은 뒤에 끼워 두셨다는 말이라는 것이다..

2. 바리새파와 미드라쉬[8]

바리새파의 거두 힐렐은 하나님이 모세에게 성문 율법을 주실 때에 이미 구전 율법도 주셨다고 했다(바벨론 탈무드, 『메길라』 19b). 이는 하나님이 성문 율법 뒤에 구전 율법을 숨겨 두셨다는 말이다.

그러면 어떻게 숨겨 두신 것을 찾아 내느냐?

해석을 통해서다. 그 해석이 미드라쉬이다. 미드라쉬란 말 자체가 '해석'이란 뜻을 갖고 있다. '연구하다, 조사하다, 혹은 [확장된 의미로] 설교하다'라는 뜻을 지닌 '다라쉬' 동사에서 나왔다.

에스라가 '[성문]율법을 연구하여 가르쳐 지키기로 결심하였더라'(스 7:10)에서 '연구하다'는 동사가 히브리어로 '다라쉬'이다. 그러므로 미드라쉬의 선조는 에스라이다. 에스라 이래로 백성들의 삶을 율법과 연관시키고자 하여, 성문 율법을 백성들에게 해석해 주기 시작하면서 구전 율법이 형성되기 시작하였다.

바리새파에 의하면 이 구전 율법은 모세 곧 하나님으로부터 비롯되었다. 해석에서 비롯된 구전 율법이 하나님에게서 나왔다는 주장은 기록된 하나님의 말씀이 해석을 통해서 현재화 된다는 신학적 명제의 창출을 가능하게 한다. 이런 명제는 바리새파의 해석, 곧 미드라쉬적 해석을 통해 구약성경으로부터 신약성경의 도출이 가능하게 되었고, 구약성경 자체가 영원한 진리이신 예수 그리스도에 관한 증언이라는 요한복음 5:39의 말씀을 이해할 수 있게 해 준다.[9]

---

[8] 미드라쉬에 관해 다음의 책들을 참고하라: Jacob Neusner, *The Midrash: An Introduction* (Northvale, N.J.: Jason Arnoson, 1994); David Stern, *Midrash and Theory: Ancient Jewish Exegesis and Contemporay Literary Studies* (Evanton: Northwestern University, 1996); Jacob Neusner and Alan J. Avery-Peck (ed.), *Encyclopaedia of Midrash:Biblical Interpretation in Formative Judaism* (Leiden: Brill, 2005); H. Trautner-Kromann (ed.), *From Bible to Midrash: Portrayals and Interpretative Practices* (Lund: Arcus Förlag, 2005).

[9] 이에 관해 곧 후술할 것이다.

우리는 이러한 논의를 좀 더 구체적으로 하기 전에 바리새파의 미드라쉬적 해석의 방법과 특징에 대해 잠깐 살펴 보기로 한다. 미드라쉬란 단어 자체가 해석이지만, 바리새파와 랍비들이 행한 해석의 방법과 특징은 현대 주석가들이 의도하는 해석 방법과 다른 특징이 있기 때문이다.

1) 미드라쉬의 해석 방법[10]

(1) 경중 원리 - 칼 바호메르(קַל וְהֹמֶר)

이는 가벼운 경우에서 심각한 경우를 추론해 내는 해석 방법이다. 예를 들어 어떤 방에 소수의 사람이 있는 경우에도 금연(禁煙)이라면 많은 사람이 있는 경우에 금연은 당연한 것으로 해석이 된다. 이 규칙은 영어의 "~이라면, 하물며(furthermore) ~하랴"라는 표현을 생각하면 쉽게 이해된다. "들풀(가벼운 존재)도 하나님이 입히시건든 하물며 너희(중요한 존재)일까 보냐"(눅 12:28 참조).

> 공중의 새(가벼운 것)를 먹이시건든 하물며 너희(중요한 것)를 먹이시지 않겠느냐 (마 6:26).

(2) 동일 표현 - 그제라 샤바(גְזֵרָה שָׁוָה)

이는 어떤 단어가 다른 본문에도 나타날 때 양자의 본문은 동일한 의미로 받아들여진다. 이는 랍비들에게 흔하게 사용되던 해석 원칙이었으며 신약성경에서도 많이 사용되고 있다. 민수기 28:2과 민수기 9:2에는 "정

---

10 '해석 방법들'을 히브리어로 '미돗'(מִידוֹת)라고 부르는데, 영어로는 'measures', 즉 '해석 도구들'을 의미한다. 역사 비평적 접근들—자료비평, 양식 비평, 전승 비평, 편집비평 등—도 19세기 이래 개발되기 시작한 해석 도구들인 셈이다. 이하에서 소개되는 탄나임 시대의 해석 도구(방법) 내지 원칙에 관한 자세한 내용은 H. L. Strack, *Introduction to the Talmud and Midrash* (Atheneum: New York, 1969), 93-8을 참고하라.

한 기일"이란 동일한 표현이 나온다. 이를 통해 랍비들은 두 구절이 각각에 대해서 적용시키고 있다(바벨론 탈무드,『페싹』66a). 예수님도 이런 해석 원칙을 사용하고 있다. 예를 들어 성전의 환전상들을 향해 "내 집은 만민의 기도하는 집이라 칭함을 받으리라고 하지 아니하였느냐 너희는 강도의 굴혈을 만들었도다"(막 11:17)라고 하신 말씀은 이사야 56:7("이는 내 **집**은 만민의 기도하는 집이라 일컬음이 될 것임이라")과 예레미야 7:11("내 이름으로 일컬음을 받는 이 **집**이 너희 눈에는 도적의 굴혈로 보이느냐")에 공통으로 존재하는 '집'이라는 표현을 통해서 나온 해석이다.

페시크타 라바티(Pesiqta Rabbati)에 의하면(Pesiq. R. 4.2), 모세와 엘리야는 동일한 영적 권위의 인물로 비교된다. 양자의 비교는 먼저 출 3:10("내가 너를 바로에게 **보내리니**")과 말라기 3:23("내가 선지자 엘리야를 너희에게 **보내리니**")에서 '보낸다'는 동사를 통해서 이루어진다. 그리고 양자는 신명기 33:1과 열왕기상 17:18에서 '하나님의 사람'으로 불리며, 출애굽기 19:3과 열왕기하 2:1에서 '올라가다'는 동일한 동사가 사용된 점을 근거로 모세 역시 하늘로 올라간 것으로 해석이 되고 있다.

신약성경에서 마태기자는 아기 예수가 애굽에 피난갔다가 돌아온 사실을 "헤롯이 죽기까지 거기 있었으니 이는 주께서 선지자로 말씀하신 바 애굽에서 내 아들을 불렀다 함을 이루려 하심이니라"(마 2:15)로 해석한다. 다시 말해서 예수께서 애굽에 피난갔다가 돌아온 사실이 이미 선지자를 통해서 예언되었다는 말이다. 메시아가 애굽으로 피난갔다가 돌아오게 되리라는 예언은 구약성경에 없다. 그러나 미드라쉬적 해석에 의하면 가능해진다. 여기서 마태기자가 생각한 선지자는 호세아다.

이스라엘의 어렸을 때에 내가 사랑하여 내 **아들**을 애굽에서 불러내었거늘 (호 11:1).

마태는 호세아 11:1과 출애굽기 4:22("너는 바로에게 이르기를 여호와의 말씀에 **이스라엘**은 내 **아들** 내 장자라")에서 공통으로 언급되는 이스라엘과 아들이란 단어를 통해 마태복음 2:15의 해석을 이끌어 내고 있다. 그는 '이스라엘은 하나님의 장자'요, 또한, 예수도 하나님의 '장자'라는 동일 표현과 이스라엘의 출애굽을 "내 아들을 **애굽에서 불러내었다**"는 호세아의 표현에 근거하여 마태복음 2:15의 해석을 도출해 내고 있다.

2) 특정 원칙의 유사 적용-비니얀 아브 미크타브 에하드(מִכְתָּב אֶחָד בִּנְיַן אָב)

이는 어떤 특정한 본문에서 추출된 원칙을 다른 유사한 본문 해석의 기초로 사용하는 것이다. 이 해석의 대표적인 예가 레위기에 대한 주석(미드라쉬)인 『시프라』(ספרא)에 나온다.

『시프라』에서 랍비들은 레위기 29:10-21에 기술되고 있는 범죄 행위자들을 돌로 쳐 죽여야 한다고 해석한다. 그 이유는 11, 13, 16절에 나오는 "피가 ~에게로 돌아간다"는 표현이 27절에도 나오는데, 특별히 27절에는 "돌로 치라"는 나오기 때문이다(『시프라』 209 [20:13-16]).

다시 말해서 27절에 나오는 "돌로 치라"는 명령은 "피가 ~에게로 돌아간다"는 표현이 나오는 11, 13, 16절에도 적용이 된다고 해석한 것이다. 그리고 신명기 19:15("사람의 모든 악에 관하여 또한, 모든 죄에 관하여는 한 증인으로만 정할 것이 아니요 두 증인의 입으로나 또는 세 증인의 입으로 그 사건을 확정할 것이며")로부터 랍비 시몬 벤 쉐타크는 "모세의 율법이 증인에 관해서 말할 때는 한 증인을 특정하는 경우가 아니라면 두 증인을 말하는 것"이라고 결론을 내렸다(탈무드 『마코트』 5b).

(1) 두 개 문장에서 추출-비니얀 아브 미슈네이 케투빔(אָב מִשְׁנֵי כְתוּבִים בִּנְיָן)

이는 두 개의 문장에서 하나의 일반적인 원칙을 만들어 내는 것을 말한다. 바울은 신명기 25:4("곡식 떠는 소에게 망을 씌우지 말지니라")과 제사장이 번제물을 취할 권리를 언급하고 있는 신명기 18:1-8을 통해 '그리스도의 사도로서 먹을 권리'를 이끌어 내고 있다(고전 9:1-14).

(2) 일반 원칙과 특정 원칙의 교환-클랄 우페랏 우페랏 우클랄(וּכְלָל וּפְרָט וּפְרָט וּכְלָל)

일반 원칙이 성경의 특정 진술을 통해서 나오고 특정 원칙이 일반 진술에서 나온다는 것이다. 아키바는 레위기 19:18("원수를 갚지 말려 동포를 원망하지 말며 네 이웃 사랑하기를 네 자신과 같이 사랑하라")을 주석하면서, "이는 율법의 최고 원리(일반 원리)"라고 했다(레위기 주석 『시프라』§ 200 '레 19:1-19에 관한 주석'). 예수께서 최고의 계명이 무엇인가라는 질문에 대해 '온 마음을 다해 주 하나님을 사랑'하고(신 6:4-5) '네 이웃을 네 몸과 같이 사랑하라'(레 19:18)고 대답하실 때, '특별'명령들을 '일반'명령으로 요약하셨다(막 12:28-34; 마 22:34-40).

(3) 동일 사건 사상의 확대 적용-카요체 보 베마콤 아헤르(בְּמָקוֹם אַחֵר כְּיוֹצֵא בוֹ)

이는 위에서 설명한 그제라 샤바(גְּזֵרָה שָׁוָה)와 유사한 것이다. 차이가 있다면, 후자가 동일 단어나 표현에 국한되는 반면에 전자는 유사한 사상이나 사건, 단어도 고려한다는 것이다. 랍비 샤마이야에 따르면 "그들의 조상 아브라함이 나를 믿은 믿음은 내가 그들(이스라엘 백성)을 위해 바다를 갈라야 했던 충분한 이유이다. 기록된 바 '그리고 그가 주를 믿었다'(창 15:6)". 여기에 대해 랍비 아브탈욘은 다음과 같이 부언한다.

그들(이스라엘 백성)이 나를 믿은 믿음은 내가 그들을 위해 바다를 갈라야 했던 충분한 이유이다, 기록된 바: '그리고 백성이 믿었다'(출 4:31)(출애굽기 주석 『메킬타』'베샬라크' § 4 [출 14:15에 관한 주석]).

(4) 문맥 중시-다바르 하라메드 메이니야노(דָּבָר הַלָּמֵד מֵעִנְיָינוֹ)

이는 주어진 본문의 의미는 그 맥락을 통해 분명해진다는 원칙이다. 랍비 아키바는 이 해석 규칙을 다음과 같이 설명한다.

모든 성경 구절은 가까이 있는 다른 성경 구절과 연관해서 해석되어야 한다.

힐렐의 7개 해석 방법은 탄나임 시대의 랍비 이스마엘에 의해 13개의 해석 방법으로 확장되었고, 갈릴리 출신 랍비 엘리에제르 벤 요세에 의해 다시 32개의 해석 방법으로 확장되었다.

3) 미드라쉬적 해석의 특징

에스라 이래로 온유한 바리새파[11]의 관심은 말씀(율법)이 주어진 과거의 상황과 다른 현재의 상황에서 어떻게 말씀(율법)을 삶의 현장에 적용할 것인가였다. 말씀의 문자적 준수에 치중할 것인지, 아니면 말씀의 현재적인 문제에 대한 가이드 내지 적용에 비중을 둘 것 것인가에 따라 말씀(율법)의 해석 경향은 달라질 것이다.

온유한 바리새파는 현재의 이상적인 관심에 강조점을 두고 과거를 해석하는 쪽이었다. 아래에서 우리는 미드라쉬적 해석의 구체적인 예를 몇 가지 들어서 이 해석의 특징을 살펴 보기로 한다.

---

11 이는 좀 더 문자적인 해석과 준수를 강조하는 샤마이학파가 아닌 힐렐학파를 의미한다.

이 해석의 가장 기본적인 특징은 문자적 의미가 아니라, 문자 뒤에 숨어 있는 의미를 추구한다는 점이다. 이는 하나님이 성문 율법 뒤에 구전 율법을 숨겨 주셨다는 말과 밀접한 상관관계에 있다. 문자적으로 나타나 있지 않은 의미를 추구하다 보니, 자연히 본문을 비유, 상징, 알레고리 등으로 해석하게 된다. 예를 들어 잠언에서 경고하고 있는 음녀를(잠 2:11-22) 우상 숭배자로 해석한다든지, 아가서를 하나님과 그분의 사랑인 이스라엘 간의 비유적인 대화로 해석한 것은 초기 기독교의 알레고리적 해석의 원류가 되었다.

또한, 미드라쉬는 성경에 소소하게 나열되어 있는 사항들에 대해 상징적인 의미를 부여하기도 한다. 창세기 38:18에서 유다는 다말에게 약조물로 준 도장과 끈과 지팡이를 미드라쉬는 다음과 같이 해석한다. 이것들은 장래의 왕국과 산헤드린과 메시아의 전조를 상징하는 것이다(『창세기 랍바』 85).

미드라쉬적 해석은 또한, 본문에 기록되어 있지 않는 어떤 표현의 배경이나 동기를 찾아내는 시도를 하였다. 아브람이 다섯 왕을 무찌르고 돌아온 후에 야훼께서 환상 중에 아브람에게 나타나셔서 "아브람아 두려워하지 말라 …"고 말씀하신다.

왜 아브람에게 두려워 말라고 하셨는가?

아브람은 무엇 때문에 두려워하고 있었는가?

미드라쉬는 이렇게 묻고 난 후, 다음과 같이 대답한다.

> 아브람은 '혹시 내가 죽인 사람 중에 의인이 있지 않았을까' 생각하며 두려워하고 있었다(『창세기 랍바』 44:4).

미드라쉬적 해석은 본문 뒤에 숨어 있는 어떤 도덕적 혹은 종교적 메세지를 이끌어 내기 위해 언어 유희를 사용하기도 한다. 신명기 23:14의 "네 기구위에 작은 삽을 더하라"라는 말씀에서 기구는 히브리어로 '아젠'인데 이를 '오젠'으로 읽으면 '귀'라는 말이다. 그래서 미드라쉬는 이 본문을 다음과 같이 해석한다.

네가 악한 소문을 들을 때에, 네 귀에 손가락을 갖다대어 악한 소문을 막으라 (『케투보트』 5a).

때로는 성경 위인의 과오를 합리화시키기 위해 가능한 이론을 만들어 내기도 하였다. 예를 들어 다윗이 밧세바와 간음을 했다는 이야기는 다윗의 도덕적 품위를 떨어뜨린다. 다윗의 도덕적 품위를 회복을 위해 미드라쉬는 밧세바가 다윗과 관계하기 전에 이미 그녀의 남편 우리아와 이혼을 했다는 해석을 내린다. 전쟁에 나가기 전에 다윗의 병사들은(전사를 대비해서) 아내와의 한정적인 이혼을 허락했다는 것이다(『샤밧』 56a). 미드라쉬에서 다윗은 심지어 정결법을 결정하는데에 관여하는 탈무드의 랍비로서 등장한다(『브라코트』 3b).

그런데 때로는 기록된 본문의 이면적 의미를 추구하다 보니, 문자나 단어마다 하나님의 숨겨 놓은 뜻이 있다는 쪽으로 주장한 랍비들도 있었다. 예를 들면 "왜 성경이 알파벳 첫 글자인 '알렙'(א)으로 시작하지 않고 두 번째 글자인 '베트'(ב)로 시작하는가?"라고 질문한 후 다음과 같이 대답한다.

> '베트'(ב)는 한 쪽면만 열린 사각형과 같다. 위, 아래, 뒷 면이 다 닫혀 있고 오직 앞 면만 열려 있다. 이는 사람이 하늘 위에 있는 것이나, 땅 아래 있는 것이나, 창세 이전에 있던 것들을 물어서는 안되고, 오직 한 방향 앞으로의 삶을 향해서만 나가야 할 것을 가르치기 위함이다.

아키바가 이런 경향에 서 있었던 대표적인 랍비였다.

결국, 미드라쉬적 해석의 특징을 한 마디로 요약한다면, 해석자의 이상적 관심으로 인해, 문자적 의미나 콘텍스트를 뛰어넘는다는데에 있다. 예를 들면 시 22:6의 기자의 자신의 개인적인 아픔을 "나는 벌레요 사람이 아니라 사람의 비방거리요 백성의 조롱거리니이다"라는 표현으로 담아내고 있다. 그런데 미드라쉬는 이 시편을 이스라엘이 열방 중에 조롱받고 있는 것으로 해석한다.

> 벌레는 모든 피조물 중에서 가장 업신여김 받듯이, 이스라엘은 모든 열방 중에서 가장 업신여김 당하고 있다. 그러나 벌레의 유일하게 보이는 기관이 입이듯이, 이스라엘도 그 입을 통하여 하나님께 탄원하고 기도함으로써 열방이 이스라엘에 대항하여 획책한 모든 악한 법령을 무효화시켜 버린다(『시편 미드라쉬』 22:18).

때로는 성경 구절의 본래의 뜻과 완전히 반대되는 쪽으로 해석하기도 한다. 예를 들면 애가서 1:1 "슬프다 이 성이여 … 이제는 과부같이 되었고"라는 표현은 예루살렘의 파괴를 슬퍼하여 부르는 비탄의 시이다. 그런데 미드라쉬에서는 희망의 노래로 둔갑을 한다.

> 과부같다는 말이지, 실제로는 과부가 아니다. 오히려 과부같다는 말은 그 남편이 해외 출장을 나갔지만 그녀에게 돌아오게 될 남편이 있는 여인같다는 말이다
> (바벨론 탈무드, 『모에드 카탄』 20a).

심지어 이스라엘에게 닥칠 두려운 경고에 관한 성경 구절도 미드라쉬적인 해석에 의해 구원의 희망의 메세지로 바뀌어진다. 신명기 1:44의 "아모리 족속이 너희에게 마주 나와 벌떼 같이 너희를 좇아"라는 표현은 다음과 같이 해석된다.

"벌은 어떤 사람을 쏘자 마자 자신이 죽는 것처럼, 너희의 적도 너희를 치는 순간에 그렇게 될 것이다."

이와 같이 미드라쉬적 해석은 기록된 말씀 이면에 감추어진 의미를 추구하다 보니, 시간적인 환경과 콘텍스트를 뛰어넘고 있다. 이는 과학적인 분석을 중시하는 현대 주석가들에게는 용납되기 어려운 해석 방법일 수 있다. 그럼에도 불구하고 인정해야 할 사실은 신약성경의 말씀 중에서 구

약적인 근거를 찾을 때, 이러한 미드라쉬적 해석이 사용되었으며, 기독교의 핵심인 부활과 영생사상의 형성 내지 확산이 이 미드라쉬 해석에 힘입고 있다는 것이다.

이 미드라쉬에는 율법을 해석한 미드라쉬 할라카와 율법 이외의 것들(이야기, 시, 역사 등)을 해석한 미드라쉬 아가다가 있다.

3. 바리새파와 예수 그리스도 그리고 신약성경

바리새파의 미드라쉬적 해석이 신약성경에서 발견되고 있다는 사실은 예수님과 초기 기독교가 바리새파와 어떤 관계가 있었음을 암시해 준다. 예수님과 바리새파의 관계는 예수님이 바리새파에 속했느냐, 즉 바리새인이었느냐,[12] 아니면 단지 영향을 받은 것이었느냐는 질문에서 부터 시작하여 에세네파와의 관계는 어떠했으며, 바리새파가 초기 기독교에 영향을 미치고 그 미친 영향이 복음서에 나타나 있느냐는 질문에 이르기까지 단순하지 않다.[13] 적어도 예수님과 바리새파의 관계, 바리새파가 초기 기독

---

[12] 바리새인이었다면, 예수님의 바리새인에 대한 신랄한 비난을 어떻게 이해할 수 있겠는가에 대한 질문도 뒤따르게 된다. 여기에 대해 죠셉 슐람(Joseph Shulam)은 예수님은 바리새인으로서 바리새파의 개혁을 위해서 오셨고, 복음서에 나타난 바리새파에 대한 비판은 이러한 개혁을 위한 비판으로 이해된다고 주장한다. 이 주장은 2003년 7월 13일 '1세기 종말론과 메시아 운동'이란 주제로 이스라엘 성서연구소가 주최한 심포지움에서 "Jewish Sects and Messianic rumors in the first century in the Land of Israel"라는 제목의 발표 중에서 언급된 내용이다. 유대교의 맥락에서 신약성경을 읽어야 한다는 그의 관점은 로마서와 갈라디아서 및 사도행전의 주석에서 잘 반영되고 있다. *A Commentary on the Jewish Roots of Romans* (Baltimore: Messianic Jewish Publishers, 1997); *A Commentary on the Jewish Roots of Acts* (Jerusalem: Academon, 2003); *A commentary of the Jewish Roots of Galatians* (Jerusalem: Academon, 2005).

[13] 바리새파와 예수님의 관계 및 바리새파와 기독교의 관계에 관한 기본적인 논의는 다음을 참고하라: J. Massingberd Ford, "The Christian Debt to Pharisaism", *The Bridge v.5: A Yearboo of Judaeo-Christian Studies* (ed. John M. Oesterreicher; New York: Seton Hall University, 1970), 219-230; John T. Pawlikowski, "Jesus—A Pharisee and the Christ",

교에 미친 영향은 기본적으로 예수 당시의 유대 사회가 절대적인 바리새파의 영향하에 있었다는 사실을 전제하고 있다.

바리새파와 예수님과의 관계의 논의는 예수님이 랍비[14]라고 불리셨으며, 예수님의 황금율은 B.C. 약 70년에서 A.D. 약 10년 사이에 살았던 바리새파의 위대한 지도자 힐렐의 가르침을 바탕으로 하고 있다는 사실 등에서 출발한다.[15] 여기에 더하여 바리새파와 예수님의 관련성을 회개와 용서의 측면에서 하나만 더 예를 들어보자.

Introductionto Jewish Christian Relations (ed. M. Shermis and A. E. Zannon; New York: Paulist Press, 1991), 174-201; B. Pixner, "Jesus and His Community: Between Essenes and Pharisees", *Hillel and Jesus* (ed. J. H. Charlesworth and L. L. Johns; Minneapolis: Fortress Press, 1997), 193-224; Hyam Maccoby, "Jesus the Pharisee", *Jewish Quarterly* 194 (2004), 37-42.

14 '(나의) 선생님'이란 뜻의 '랍비' 칭호는 바리새파에서 율법 해석이 뛰어난 사람들에게 붙여주던 칭호였다. 신약성경에 언급되고 있는 '서기관,' '율법학자,' '율법사'는 모두 같은 말이며, 이에 대한 존칭어가 '랍비'이다. 물론 역사적 예수님이 실제로 랍비로 불렸느냐는 질문에 대한 논의는 전문적인 신약학자의 손에 맡겨질 일이다.

15 필자가 이 책의 힐렐을 소개하는 부분에서 언급한 바와 같이 어느 날 개종하고자 하는 이방인이 힐렐에게 찾아와 자신이 한 발로 서 있는 동안에 모든 율법(토라)를 다 가르쳐 달라고 말하자, 힐렐은 다음과 같이 대답해 준다. "너에게 해로운 것을 너의 동료에게 하지 말라; 이것이 바로 모든 율법(토라)이며, 나머지는 해석이다. 자 이제 가서 배우라!"(탈무드『샤밧』31a). 이 점에서 예수님의 '황금율'-"그러므로 무엇이든지 남에게 대접을 받고자 하는데로 너희도 남을 대접하라 이것이 율법이요 선지자니라"(마 7:12)-은 힐렐의 가르침을 더욱 적극적으로 해석한 것임을 알 수 있다. 힐렐과 예수님의 관계에 대해서는 J. H. Charles Worth and L. L. Johns (ed.), *Hillel and Jesus* (Minneapolis: Fortress press, 1997)을 참고하라. 특히 이 중에서 다음의 논문들을 참고하라: J. H. Charlesworth, "Hillel and Jesus: Why Comparisons Are Important", 3-30; D. Flusser, "Hillel and Jesus: Two Ways of Self-Awareness", 71-109; B. Pixner, "Jesus and His Community: Between Essenes and Pharisees", 193-224; C. Safrai, "Sayings and Legends in the Hillel Tradition", 306-320; P. S. Alexander, "Jesus and Golden Rule", 363-388; B. T. Viviano, "Hillel and Jesus on Prayer", 427-459.

대속죄일[16]은 회개의 날이다. 바리새파는 대속죄일에 관한 민수기29:7의 말씀 "마음을 괴롭게 하고"를 회개하라는 말로 해석하였다. 그런데 회개는 하나님께 지은 죄에 대해서만 회개하는 것이다. 그러면 사람에게 지은 죄의 회개는 언제하나. 나팔절, 즉 신년절 첫 날부터 열흘 째 해지기 전까지(대속죄일이 시작되기 전까지) 해야 한다. 그 때까지 사람에게 지은 죄를 개인적으로 용서받지 못하면, 하나님께도 용서받지 못한다.[17]

하나님께 지은 죄의 용서를 구하고자 하는 자는 먼저 사람에게 지은 죄를 먼저 해결해야 한다는 것이다. "(그러므로) 예물을 제단에 드리려다가 거기서 네 형제에게 원망들을 만한 일이 있는 것이 생각나거든 예물을 제단 앞에 두고 먼저 가서 형제와 화목하고 그 후에 와서 예물을 드리라"(마 5:23-24)는 예수님의 말씀은 이러한 바래새파의 죄 용서 이해와 맞닿아 있다. 주기도문에서 "우리가 우리에게 잘못한 사람을 용서하여 준 것 같이 우리 죄를 용서하여 주시고"라는 말씀 역시 바리새파의 죄 용서의 이해와 연결되어 있다고 본다.[18]

이제 우리는 바리새파의 미드라쉬적 관점을 가질 때에야 제대로 이해될 수 있는 신약성경의 대표적인 몇 구절을 살펴 보기로 한다.

---

[16] 대속죄일(욤 키푸르)은 이스라엘 민족의 죄 문제를 해결하는 날이다. 이 날에 아사셀 염소는 이스라엘 민족의 죄를 담아 광야로 보내지는 죄의 쓰레기통이다. 한 개인이 죄를 지으면 희생제물에 자신의 죄를 전이시켜 그 피를 제단에 뿌리면 죄의 처벌에서 해방된다. 그러나 제단은 죄로 오염이 된다. 제단에 쌓인 한 해의 모든 죄를 모아 죄의 쓰레기통인 아사셀 염소에 옮겨 담아 죽음을 상징하는 광야로 보내버리는 것이 대속죄일의 의식이다. 여기서 중요한 것은 대속죄일의 죄 문제 해결이 개인의 죄에 대한 것이 아니라 이스라엘 자손 곧 민족의 죄에 대한 것이라는 점이다. 대속죄일에 관해 민수기 29:7-11, 레위기 16장을 참고하라.

[17] 탈무드 『로쉬 하샤나』 16a.

[18] 그러나 죄 용서의 이해에 관한 바리새파와 예수님의 상관성은 탈무드에 기록된 내용이 과연 예수님 당시 혹은 그 이전의 바리새파에 까지로 소급될 수 있느냐는 논의의 여지를 남겨 있음이 사실이다.

1) 마태복음 2:17-18

> 이에 선지자 예레미야로 말씀하신 바 라마에서 슬퍼하며 크게 통곡하는 소리가 들리니 라헬이 그 자식을 위하여 애곡하는 것이라 그가 자식이 없으므로 위로 받기를 거절하였도다 함이 이루어졌도다(마 2:17-18).

이 말씀은 예레미야 31:15을 근거하고 있다. 여기서 라헬은 B.C. 722년 앗시리아에게 멸망당하여 포로로 잡혀가는 북왕국 주민들, 곧 요셉의 자손들을 '라마'에서 바라보며 슬피우는 요셉지파(므낫세, 에브라임)의 어머니들을 대표하고 있다.

예레미야 31:15에서 이스라엘의 어머니들이 애곡하는 이유는 자식들이 이방에게 포로로 잡혀가기 때문이다. 이러한 본문의 역사적 정황은 헤롯이 아이들을 죽인 상황과는 전혀 관계가 없다. 그런데도 마태 기자가 헤롯에 의해 죽임당한 자식들의 어머니들의 통곡을 이방으로 끌려가는 자들의 어머니들의 통곡과 유비시켜 예레미야 31:15의 예언이 이루어졌다고 말할 수 있었던 이유는, 그 자신이 미드라쉬적 해석에 익숙해 있었기 때문이며, 마태복음의 독자 역시 이러한 미드라쉬적 해석에 익숙하였던 유대인이었기 때문이다.

마태 기자는 신약의 모든 상황은 이미 구약에서 모두 예언된 것이라는 미드라쉬적 관점을 가지고 구약성경을 읽고 있는 것이다. 따라서 이 본문은 문맥과 역사적 정황을 중시하는 현대 비평적 관점으로는 결코 이해될 수 없는 성질의 것이다.

2) 마태복음 2:23

> 나사렛이란 동네에 와서 사니 이는 선지자로 하신 말씀에 나사렛 사람이라 칭하리라 하심을 이루려 함이러라(마 2:23).

구약의 예언서 어디에도 나사렛이란 지명은 물론 나사렛 사람이란 표현은 나오지 않는다.

그러면 마태는 어디에서 나사렛이란 표현을 이끌어 내었을까?

"이새의 줄기에서 한 가지가 나며 그 뿌리에서 한 **싹**이 나서 결실할 것이요"라는 이사야 11:1에서 도출한 것이다.[19]

랍비 해석원칙에 익숙했던 마태는 유사한 단어를 통해서 해석을 이끌어내는 '그제라 샤바'(גְּזֵרָה שָׁוָה) 원칙을 적용하고 있다. 싹에 대한 히브리어 '나쩨렛'(נצרת)[20]과 유사한 '네쩨르(נֵצֶר)' 단어를 이사야 11:1에서 찾아낸 것이다. 사 11:1은 다윗의 후손에서 메시아가 탄생하실 것을 가리키고 있다.

'네쩨르(נֵצֶר)'는 메시아의 별칭이며, 예수를 메시아로 확신하고 있는 마태는 메시아 탄생을 예언하는 이사야 11:1의 '네쩨르'(נֵצֶר)'는 '나사렛'(나쩨렛 נצרת) 예수를 말씀하고 있다고 본 것이다. 다시 말해서 '나사렛 사람'[21]으로 불리던 예수님의 호칭은 이미 이사야의 예언에서 나왔다고 보

---

19 "이새의 줄기에서 한 **싹**이 나며, 그 뿌리에서 한 **가지**가 나서 결실할 것이요."라는 우리말 개역개정역은 "이새의 줄기에서 한 **가지**가 나며, 그 뿌리에서 한 **싹**이 나서 결실할 것이요."로 읽는 것이 원문에 가까운 표현이다. 개역개정의 싹에 대한 히브리어 '호테르'는 '가지'를 의미하며, 가지에 대한 히브리어 '네쩨르'(נצר)는 '싹'을 의미하기 때문이다.

20 복음서에서 언급되는 나사렛(마 2:23, 4:13, 21:11, 26:71; 막 1:9, 24, 10:47, 14:67; 16:6; 눅 2:4 , 39, 51, 4:16, 34, 18:37, 24:19; 요 1:45, 46, 18:5, 7, 19:19; 행 2:22, 3:6, 4:10, 6:14, 10:38, 22:8, 24:526:9)에 대한 히브리어 נצרת의 발음이 일치되지 않고 있다. 신약성경의 F. Delizsch에 의한 히브리역(Hebrew translation)은 '네짜렛'(נְצֶרֶת)으로, United Bible Societies의 히브리역은 나쯔랏'(נְצָרַת)으로 발음하고 있다. 그런데 오늘날 주민들은 '나쩨렛'(Natzeret)으로 발음하고 있다.

21 A.D. 16세기 까지 유대인들의 이름에는 성(姓)이 없었다. 그래서 동일한 이름들을 구분하기 위해 대체로 이름 뒤에 누구의 아들이라고 붙이거나, 출신지역을 따라 '어디(출신) 사람' 누구라는 식으로 불렀다. 나사렛 출신 예수님은 '나사렛(사람) 예수'라고 불리기도 하고, '요셉의 아들 예수'라고 불리기도 했던 것이다. 여호수아는 '눈의 아들 여호수아'(히브리어로는 여호수아 벤 눈)로, 영화 '벤 허'에서 '벤 허(ben Hur)'는 '후르의 아들'이란 뜻으로서, 그의 개인 이름 '유다'와 합하여 '유다 벤 허'가 주인공의 이름이다. 참고로 '가룟 유다'는 히브리어 '이쉬 크리옷 유다'(יהודה איש קריות)의 우

고 있는 것이다. 바리새파, 즉 랍비 해석이 없었다면, 마태복음 2:23은 존재하지 않았을 것이다.

3) 마태복음 3:3

> 그는 선지자 이사야를 통하여 말씀하신 자라 일렀으되 광야에 외치는 자의 소리가 있어 이르되 너희는 주의 길을 준비하라 그가 오실 길을 곧게 하라 하였느니라 (마태복음 3:3).[22]

이는 이사야 40:3의 인용으로서 히브리어 본문 읽기에 따라 읽게 되면 다음과 같다.

> 한 소리가 외치고 있다.
> '(너희는) 광야에서 주의길을 예비하라.'
> '사막에서 우리 하나님을 위한 대로를 평탄케 하라.'

즉, 히브리어 본문 읽기에 의하면 이사야 40:3은 "광야에 외치는 자의 소리"가 아니라, "한 소리가(있어) 외치기를, '광야에서 주의 길을 예비하라'…"로 읽혀진다. 그러나 마태 기자는 유다 광야에서 사역하던 세례 요한을 떠올렸고, 이사야 40:3을 그에게 적용시키기 위해, "광야에서 외치는 자의 소리"로 고쳐 읽으면서, 이사야의 예언이 세례요한을 통해서 성취되었다고 선언하고 있다. 미드라쉬에서 이 정도는 약과라 할 것이다.[23]

리말 표현인데, '크리욧 마을 사람 유다'라는 뜻이다.
22 막 1:3; 눅 3:4-6; 7:27 참조.
23 누가는 한 걸음 더 나아가, "여호와의 영광이 나타나고 모든 육체가 (그것-여호와의 영광-을) 함께 보리라"(사40:5)는 말씀을 "모든 육체가 하나님의 구원하심을 보리라"(눅3:6)로 바꿈으로써, 세례요한이 예수 그리스도를 통한 구원의 예비자임을 더 분명하게 부각시키고 있다.

4) 고린도전서 10:1-2

> … 우리 조상들이 다 구름 아래에 있고 바다 가운데로 지나며 모세에게 속하여 다 구름과 바다에서 세례를 받고 (고전 10:1-2).

세례란 물로 죄 씻는 의식이다. 구약 시대에는 세례가 없었다. 쿰란 공동체 사람들의 정결의식에서 유래된 것이며, 쿰란 공동체의 일원이었던 세례요한에 의해 시작된 것으로 보고 있다. 바울은 이 물 세례 의식이 이미 구약에서 그것도 모세 때에 기원하고 있다는 해석을 내리고 있다.

애굽을 죄의 상징으로, 그래서 출애굽한 백성들은 죄에서 빠져 나와 구원받은 백성의 상징이며, 홍해를 건넌 것은 기독교의 세례를 상징한다고 보고 있다. 세례는 후대에 생긴 것임에도 이미 모세 때에 있었다고 보는 것은 시간적 환경을 초월하는 미드라쉬적 접근이며, 사건을 상징 내지 유비로 해석하는 미드라쉬의 전형적인 한 예를 보여 주고 있다.

5) 고후 3:13-16

> 모세가 … 수건을 그 얼굴에 쓴 것같이 아니하노라 … 마음이 완고하여 … 구약을 읽을 때에 그 수건이 벗겨지지 아니하고 있으니 그 수건은 그리스도 안에서 없어질 것이라 오늘까지 모세의 글을 읽을 때에 수건이 그 마음을 덮었도다 그러나 언제든지 주께로 돌아가면 수건이 벗겨지리라 (고후 3:13-16).

모세가 시내산에서 증거의 돌 판 두개를 받아들고 내려 올 때 그 얼굴의 광채로 인해 백성들이 가까이 하기를 두려워하자 여호와의 말씀을 전달한 후에 수건으로 얼굴을 가렸다 (출 34:29-35).

바울은 모세가 자기 얼굴을 수건으로 가린 것을 구약의 말씀을 제대로 이해하지 못하는 완고한 마음에 비유하고 있다. 수건은 그리스도 안에서 없어진다고 하는 말씀을 통해 바울이 본문에서 의도하는 바는, 구약의 말씀의 참된 의미는, 그리스도를 영접할 때에야 성령님의 조명에 의해 깨닫게 된다는 것이다(벧후 4:4, 6; 고전 12:3 참조).

본문에서 바울이 말하고자 하는 의도는 이해되지만, 현대 주석적인 관점에서 보면 말도 안되는 말을 하고 있다. 모세가 수건으로 자기 얼굴을 가린 것은 백성이 두려워했기 때문이었다. 수건을 가린 것은 백성의 완고한 마음과 전혀 관계가 없다. 백성에게 여호와의 말씀을 전한 것도 오히려 수건을 쓰기 전이었다. 그런데도 바울은 모세가 자기 얼굴을 수건으로 가렸다는 사실 하나만으로 마음이 완고해서 계시의 참된 뜻을 깨닫지 못한다는 쪽으로 메세지를 전하고 있다.

해석자의 이상적인 가치에 따라 본문의 문자적 의미와 콘텍스트를 뛰어넘는 미드라쉬의 전형을 보여 주고 있다. 해석자인 바울에게 있어서 이상적인 가치는 그리스도이다. 즉, 바울에게 중요한 것은 그리스도가 없으면, 구약에 담긴 하나님의 뜻을 읽을 수 없다는 메세지이며, 이 메세지를 위해 모세의 수건은 미드라쉬적으로 해석되고 있는 것이다.

6) 부활과 영생

무엇보다 바리새파의 미드라쉬적 해석이 기독교에 끼친 가장 큰 영향은 부활과 영생사상이다. 제1성전 시대의 문서에서는 부활과 영생사상이 전혀 나타나지 않으며, 구약성경 전체를 통틀어서도 문자적으로 읽을 경우에 부활과 영생사상을 발견하기란 쉽지 않다. 포로 후기의 문서인 에스겔 37장의 마른 뼈 환상이 부활사상을 보여 준다고도 볼 수 있다.

그러나 11절에서 "이 뼈들은 이스라엘 온 족속"이란 말씀을 통해 이스라엘의 회복을 비유적으로 묘사하고 있음을 본문 자체가 증거하고 있다.[24]

---

24 그러나 쿰란 공동체는 이를 문자적으로 해석하고 있다(4Q385).

"주(당신)의 죽은 자들은 살아나고 우리의 시체들은 일어나리이다 티끌에 거하는 자들아 너희는 깨어 노래하라"(사 26:1)는 구약에서 발견되는 부활사상에 관한 대표적인 근거 구절이다.[25] 그러나 이사야 26:14-15에서 일어나지 못하는 죽은 자들과 확장되는 나라 사이를 비교해 볼 때, 부활은 에스겔에서와 같이 백성의 부활을 의미하는 것으로 해석될 수 있는 여지를 남겨 두고 있기도 하다.

다니엘 12:2에서 부활과 영생사상을 엿볼 수 있다. 그러나 다니엘서는 대표적인 묵시 문학으로서 특별히 12장의 저작은 헬라 시대로 돌려질 수 있다고 볼 때, 전반적으로 B.C. 4세기 이전에 유대교에서 부활과 영생사상을 발견해 내기란 쉽지 않다. 개인의 부활과 영생사상에 관한 명시적인 언급은 위경이자 문학인 에녹서에 처음으로 나타난다.[26]

『파수꾼이 책』(The Book of the Watchers, 1-36장)이 B.C. 3세기의 것으로 돌려진다고 볼 때, 에녹서의 저자는 바리새파의 출현보다 약 1세기 앞서는 셈이다.

문제는 이런 사상을 앞에 둔 유대교 종파의 반응이 다르다는 점이다. 이들의 모든 판단 근거는 모세와 선지자이다. 즉, 모세오경과 예언서에 그런 사상이 있느냐를 기준으로 판단한다는 것이다. 특별히 중요한 것이 모세오경 이었다. 성경을 문자적으로 보는 사두개파는 당연히 없다는 쪽이었다. 그러나 하나님이 성문 율법 뒤에 다 숨겨두셨다고 보는 바리새파는 당

25　G.F. Hasel, "Resurrection in the Theology of Old Testament Apocalyptic",, *ZAW* 92 (1980), 267-284.
26　에녹서는 5권으로 구성되어 있다. The Book of the Watchers (1-36장) B.C. 3세기경; The Parables of Enoch (37-71장) B.C. 1세기에서 A.D. 1세기; The Astronomy Book (72-82장) B.C. 3세기 혹은 그 이전; The Dream Vision (83-90장) B.C. 165-160년; The Admonitions of Enoch (혹은 the "Epistle of Enoch") (91-105장) B.C. 2세기. 에녹서는 타락한 천사가 영적이고 영원한 생명을 버리고 여인과 동침하여 "죽고 멸망하는" (15:4) 혈육의 자녀를 낳고, 유한한 멸망(mortality)존재로 떨어지는데 반하여, 에녹의 승천하여 영생으로 올라간다는 내용을 담고 있다.

연히 있다는 쪽으로 나갔다.[27] 그 다음부터 바리새파는 이 사상이 모세와 선지자 어디에 숨어 있는지 찾기 시작한다.

> 너희가 성경에서 **영생을 얻는 줄 생각하고 성경을 상고하거니와** 이 성경이 곧 내게 대하여 증거하는 것이로다(요5:39).

이 예수님의 말씀은 바로 영생에 관한 말씀이 어디에 숨겨져 있는 지를 찾고 있던 바리새인들에 대한 말씀인 것이다.

부활에 관한 미드라쉬적 해석의 정수를 보여 주는 말씀이 마태복음 22:23 이하(눅 20:7 이하)에 잘 나타나고 있다.

> 부활이 없다하는 사두개인들이 그 날 예수께 와서 물어 이르되 … 그런즉 그들이 다 그를 취하였으니 부활 때에 일곱 중의 누구의 아내가 되리이까 예수께서 대답하여 이르시되 너희가 성경도, 하나님의 능력도 알지 못하는 고로 오해하였도다 부활 때에는 장가도 아니 가고 시집도 아니가고 하늘에 있는 천사들과 같으니라 죽은 자의 부활을 논할진대 하나님이 너희에게 말씀하신 바 **나는 아브라함의 하나님이요 이삭의 하나님이요 야곱의 하나님이로라** 하신 것을 읽어 보지 못하였느냐 하나님은 죽은 자의 하나님이 아니요 살아 있는 자의 하나님이시니라(마 22:23-32).

예수님은 부활의 근거를 모세오경에서 제시하신다. 아브라함과 이삭과 야곱의 하나님이라는 표현은 오경의 여러 곳에 나오지만, 하나님이 직접 자신을 '아브라함의 하나님, 이삭의 하나님, 야곱의 하나님'으로 칭하시는 곳은 출애굽기 3:6이다.

도대체 이 표현이 어떻게 부활을 말하고 있다고 볼 수 있는가?

---

27 행 23:6-8은 부활 문제를 가지고 양파간에 있었던 논쟁의 한 실례를 잘 보여 주고 있다. 에세네파는 근원적으로 보면 바리새파와 한 뿌리에 속해 있었으므로 부활과 영생을 인정한다.

아브라함의 하나님, 이삭의 하나님, 야곱의 하나님은 본문에서도 나타나 있듯이, 이스라엘 백성의 '조상의 하나님'이란 말이다. 조상은 이미 죽은 자들이다. 아브라함과 이삭과 야곱은 이미 옛날에 죽은 자들이다. 문자적으로는 죽은 자들의 하나님이다.

그런데 어떻게 '아브라함과 이삭과 야곱의 하나님'을 언급하면서, 이는 죽은 자의 하나님이 아니라, 산 자의 하나님이란 해석이 나올 수 있는가. 더우기 '아브라함의 하나님, 이삭의 하나님, 야곱의 하나님'은 한 개인의 하나님이 아니라, 이스라엘 백성, 곧 이스라엘 공동체 전체 조상의 하나님이란 말이다. 구약에서 하나님은 이스라엘 민족 전체와 계약관계를 맺음으로써 이스라엘 백성의 하나님이셨다. 그런데 바리새파에 이르면서 하나님은 개인의 하나님으로 인식되기 시작한다. 하나님을 개인적으로 친밀한 하나님으로 인식하기 시작했다는 것이다.[28]

개인의 하나님으로 인식되기 시작하면서 개인의 존엄성에 대한 인식이 강화된다. 개인의 부활은 바로 이러한 개인의 존엄을 중시하는 개인의 하나님과 직결된다. 바리새파 이후로 하나님은 개인의 하나님으로 다가 오신다. '아브라함의 하나님, 이삭의 하나님, 야곱의 하나님'은 이제 개인과 관계를 맺으시는 하나님으로 이해된다.

아브라함과 인격적인 관계를 맺으신 하나님, 이삭과 인격적인 관계를 맺으신 하나님, 야곱과 인격적인 관계를 맺으시는 하나님, 그 하나님이 나와 인격적인 관계를 맺으시는 하나님으로, 한 개인과 직접 관계를 맺으시는 하나님이시다. 그 하나님을 부르는 자, 곧 그 하나님과 관계를 맺고 있는 자는 산 자이다. 예수님은 바로 이런 바리새파의 하나님 이해를 바탕으로 부활을 설명하고 계시는 것이다.

---

28 미쉬나 『소타』 9:15에 "하늘에 계신 우리 아버지(아비누 쉐바샤마임)…"이란 표현이 나타나고 있다. 미쉬나 편집은 비록 A.D. 2세기이나, 그 이전, 즉 B.C. 4세기 이래 내려 오던 구전 율법을 묶은 것이다.

참고로 바리새파를 뒤이은 랍비 유대교에 있어서의 부활과 기독교의 부활의 차이는 전자는 의인만 부활하는 것으로 보는데 반하여,[29] 후자는 의인과 악인 모두 부활한다고 보는데에 있다.[30]

4. 미드라쉬적 접근1: 정경적 접근(Canonical Approach)에 대한 보완

19세기 이래 구약성경에 대한 역사 비평적 접근은 다양한 해석학적 방법론으로 가지치기를 하면서, 현대 성서학자들에게 외면하기 어려운 해석 영역으로 자리를 잡았다. 비평적 접근의 자세한 공과(功過)를 따지기 전에, 부인할 수 없는 한 가지 사실은 우리가 조금만 학문적 식견을 가지고 성경을 읽어도, 성경의 모든 말씀이 어느 날 갑자기 하늘에서 떨어진 것이 아니라는 점을 성경 자체가 보여 주고 있다는 점이다. 이런 측면에서 비평적인 성경 연구의 동기는 성경 자체에 내재되어 있다고 할 수 있다.

우리는 역사 비평적 연구의 공적을 전연 부인하지 못한다 할 지라도, 문제는 성경에 대한 비평적 접근이 신앙 공동체에 끼쳐 온 폐해를 도외시할 수 없다는 사실이다. 성경에 대한 비평적 접근이 가져다 주는 역기능을 한 마디로 요약하면, 개혁 교회의 교리에 바탕한 전통적인 신앙의 기반을 약화시킬 수 있다는 점이다.

개혁 교회의 신앙의 핵심은 "오직 은혜", "오직 믿음" 그리고 "오직 성경"이라는 3대 표어로 대변될 수 있을 것이다. 오직 성경이라는 표어가 지니고 있는 함축은 신앙의 절대 기준을 하나님의 말씀인 성경에 둔다는 말이며, 그 성경은 정확무오하다는 것을 의미한다. 성경의 정확무오성의 의미를 어떻게 이해할 것인가에 대한 논의는 차치하고라도, 필자가 보기에 역사 비평적 분석은 적어도 두 가지 문제점을 내포하고 있다고 본다.

---

29 탈무드『타아닛』7a.
30 요5:29.

첫째, 역사 비평적 분석은 본문의 역사성(historicity)이나 그에 따른 말씀의 진정성(authenticity) 문제를 야기할 수 있다는 것이다.

둘째, 본문이 비평적 도구에 의해 해부된 상태에서는 정경을 통해 신앙 공동체에 주시고자 하는 '하나님의 음성을 듣기가 어려워진다.'[31]

이러한 문제점을 인식하고, 이의 해결을 위해 주도적 역할을 한 학자가 B. S. 차일즈(B. S. Childs)이다. 그가 새롭게 시도한 접근 방법이 소위 정경적 접근(canonical approach) 혹은 정경 비판(canonical criticism)이다.[32] 정경 비평을 간단히 정의해 본다면, 정경의 형성 과정과 정경에 담긴 신학적 의미를 탐구하는 해석 방법론이라고 할 수 있을 것이다. 차일즈가 시도하게 된 정경 비판의 동기와 의도 그리고 변천을 파악하기 위해서는 이에 관한 그의 저술들을 연대기적으로 살펴 보는 것이 필요하다고 여겨진다.

우리는 차일즈의 정경 비평에 대한 이해를 위해 1970년에 출판된 『위기에 처한 성서 신학』(*Biblical Theology in Crisis*)[33]부터 읽는 것이 좋겠다. 이 저술은 1940년대와 50년대에 미국과 영국에서 불어 닥친 "교회의 삶을 위한"(for the life of the church)[34] 성서신학(Bibical Theology)의 "재발견" 내지 "재탄생" 운동과 보조를 맞춘 작품이다. 이 운동은 그간 성경을 잘못 이해함으로써 성경에 담긴 근본적인 메세지를 놓치게 되었다는 자각에서 비롯되었다.

---

[31] 차일즈를 따라 말한다면, '신학적 의미를 찾을 수 없다'는 말로 표현될 수 있을 것이다.
[32] 차일즈는 자기가 시도하고 있는 정경적 접근(canonical approach)이 다른 학자들에 의해 '정경 비평'(canonical criticism)으로 불리는 것을 좋아하지 않는다고 밝히고 있는데 (*Introduction to the Old Testament as Scripture* [Philadelphia: Fortress Press, 1979], 82 참조), 이는 그의 접근 방법이 다른 역사 비평적 방법들—예를 들어 자료비평, 양식 비평, 수사비평 등—중의 하나로 취급될 수 있기 때문이라는 것이다. 그러나 그럼에도 불구하고 최종 본문인 정경의 역사 과정을 고려하기 위해서 역사 비평적 도구를 사용하고 있다는 점에서, 그가 원하든 원하지 않든 차일즈의 접근을 '정경 비평'으로 부르는 것은 정당하다고 할 것이다.
[33] B. S. Childs, *Biblical Theology in Crisis* (Philadelphia: Westminster Press, 1970).
[34] Ibid., 14.

이런 자각은 근본주의의 문자주의적인 성경해석이 성경에 대한 무관심을 초래한 책임이 있다는 비판 의식과도 연관이 있지만, 무엇보다 자유주의 신학자들에 의한 역사 비평적 도구의 잘못된 사용에 대한 비판에서 비롯되고 있다. 비평학자들이 성경의 문학적, 언어적, 역사적 문제에 관한 아주 사소한 것들에 정신을 빼앗겨 성경을 난도질한 결과, 성경의 통일성은 사라지고 자연히 그 안에 담고 있던 메세지 도 상실하게 되었다는 것이다.[35]

이러한 자각에 따른 "성서신학 운동"이 나오기 전에 사실 미국에서는 1910년대에서 20년대 말까지 역사 비평적 접근과 관련하여 진보와 보수 간의 심각한 논쟁이 있었고, 1930년대 중반에 자유주의의 역사 비평학이 승리를 거둔 이후에도 대부분의 교단들은 비평학을 받아들이는데 주저하였다. 진보와 보수 간 화해를 이끌어 낼 신학적 작업이 나타나지 않은 상황에서 보수신학자들은 17세기의 개혁신학의 교리를 되풀이하는데만 열중하고 있었다.

이런 상황에서 1940년대와 50년대에 일어난 미국의 '성서신학 운동'은 일종의 좌우 통합 운동이었다고 할 수 있으며, 방법론적으로는 '성경'과 '신학'을 통합하는 방안을 모색하는 것이었다고 할 수 있다. 역사 비평적인 도구를 사용하였지만 보수적인 구약성경관을 가졌던 W. F. 올브라이트(W. F. Albright)의 학문과 칼빈주의적 신학을 통합시킨 G. E. 라이트(G. E. Wright)의 『이스라엘 신앙에 대한 도전』(*The Challenge for Israel's Faith*, 1944)가 이러한 시도의 대표적인 예라고 할 것이다.

자유주의자들에게는 성경의 신학적 전망을 잃어 버리게 한 책임이 있다면, 근본주의자들에게는 성경의 형성과 관련된 배경을 이해하는데 유용한 비평적 도구 자체를 무시한 책임이 있음을 인식하고, 이 운동은 비평 이전 시대로 돌아가지 않으면서 성경에서 신학적 의미를 찾고자 하였다. 한 마디로 역사 비평적 도구 자체는 유용하지만, 그것을 잘못 사용하거나 주변

---

35 Ibid., 14-5참조.

적인 문제에 지나치게 몰입함으로써 신학적인 열매를 산출하지 못했다는 자각이 미국의 '성서신학 운동'의 배경이라고 할 것이다.[36]

차일즈의 정경 비판은 이런 성서신학 운동과 맞물려 있다. 이런 성서신학 운동의 한 물줄기에 편승하고 있는 차일즈가 그럼에도 정경적 접근 혹은 정경 비판이란 새로운 접근법을 제시하게 된 이유는 "성서신학 운동"의 학자들이 역사 비평적 작업에 수반되어야 할 신학적 의미 산출의 필요성에 대해 많은 애기를 나누었음에도 불구하고, 실제로는 이들이 이런 목표를 달성하지 못하고 있었기 때문이다.[37] 이런 상황에서 그가 제시하는 정경적 접근의 첫 발걸음이 *Biblical Theology in Crisis*에 소개되고 있다.

차일즈의 정경적 접근의 중요한 포인트는 정경을 정경이 나온 콘텍스트(context)에서 이해할 것을 제안하고 있다는 점이다.[38] 구약정경의 콘텍스트는 신앙 공동체이다. 정경은 과거에 하나님의 실제를 경험한 이스라엘 신앙 공동체의 역사 과정의 산물로서 뿐만 아니라, 그 정경을 통해 또 하나의 신앙 공동체인 교회가 계속해서 하나님을 만나는 통로로 이해되어야 한다는 것이다.

하나님은 자기의 뜻을 무시간적인 우주적인 진리로 계시하신 것이 아니라, 시간과 공간에 제한된 구체적인 현현으로 드러내셨으며, 신앙 공동체에 속한 특정 증인들의 증언으로 계시하셨기에 성경의 해석을 위해 역사 비평적 도구의 사용이 인정은 되지만, 그 신학적 의미는 "정경적 맥락에서"(in a canonical context 혹은 in a context of canon)[39] 고찰되어야 한다는 것이다. 그는 비평 학자들을 겨냥하여, 주석의 사명이 단지 성경의 본문이 처음에 혹은 원래 무엇을 의미했는지를 찾아 내는 것만은 아니라고 주장하면서, 정경에서 원래의 의미(what the text meant)와 현재의 의미(what it means)는 불

---

36 Ibid., 19-36참조.
37 Ibid., 140-143 참조.
38 Ibid.,99-107 참조.
39 이 표현은 그의 저서 곳곳에서 반복적으로 사용되고 있다.

가분리로 연결되어 있으며, 양자의 의미를 찾는 것이 성경 해석의 임무라고 규정한다.[40]

그는 원래 혹은 역사적 의미를 찾기 위해 비평적 도구를 사용하지만, "역사 비평적 방법의 과도한 강조"(overemphasis on the historicocritical method)[41]가 몰고 온 폐혜를 인식하고, 본문을 정경적 맥락에서 해석하는 새로운 시도를 하게 된 것이다.[42] 우리는 이런 시도의 한 예를 시편 8편의 분석에서 찾아 볼 수 있다.

그는 먼저 양식 비평적 분석을 통해서 이 시편이 구약성경의 맥락에서 어떤 의미를 지니고 있는 지를 살핀다. 모든 피조물보다 뛰어난 사람을 창조하신 하나님을 찬양하며, 창조주와 피조물 사이에는 조화된 관계가 있고, 이런 창조 안에서 인간은 하나님을 알고 노래한다.[43] 그런 다음에 이 시편이 인용되고 있는 신약성경으로 옮겨 간다.

마태복음 21:16; 고린도전서 15:27; 에베소서 1:22 등, 특히 그는 "사람이 무엇이관대"로 시작하는 시편 8편을 인용하여 해석하고 있는 히브리서 2장에 집중하고 있다. 히브리서에서 시편 8편은 기독론적으로 해석되고 있다. 즉 잠깐 수욕을 당하시다가 하나님에 의해 존귀케 되는 인자(the Son of Man)에 대한 증거 본문(proof text)으로 이해되고 있다는 것이다. 그러면서 그는 양자의 의미의 연결을 시도한다. 이를 위해 그는 해석자가 시편 기자의 신앙을 신학적으로 해석할 것을 제안한다.

---

40 B. S. Childs, *Biblical Theology in Crisis* (Philadelphia: Westminster Press, 1970), 141
41 Ibid., 143.
42 비평적인 분석 이전 시대의 성경 해석은 그 신학적 의미 산출과 관련해서 중대한 가치가 있는 것이 사실이지만, 성경의 역사와 문학과 신학을 이해함에 있어서 그 방법론상 정확성을 결여하고 있는 반면에 비평적 분석 이전 시대의 해석을 단지 "비역사적인"(nonhistorical) 해석으로 치부하는 역사 비평적 접근은 정경을 산출한 신앙 공동체의 고백적인 상황을 보지 못하고 있다는 인식에서 차일즈 새로운 접근, 곧 정경적 접근을 시도하고 있다-ibid., 143-4참조.
43 Ibid., 152-155.

현대의 해석자들은 본문을 현대 사회에 가져오기 위해서는 연결하는 다리를 제공해야 하는데, 교회는 언제나 그 다리를 기독론으로 보았다는 것이다. 그래서 우리(현대 해석자들)도 그렇게 해야 한다고 한다. 그런데 문제는 흔히 구약의 원래 의미가 초기의 기독론적 해석에서 사라져 버렸다는 것이다. 그래서 그는 "기독교 해석자는 무엇보다, 가능한 명쾌하게 양자(구.신약성경)의 증언을 듣도록 하되, 그러나 상호 연관속에서 듣도록 애써야 한다"고 제안한다.[44]

차일즈가 1974년에 저술한 *The Book of Exodus*에는 이러한 의도가 좀 더 명확하게 반영되고 있다. 서론에서 밝히고 있는 바와 같이 [45] 그는 구전 전승의 초기 단계를 찾아내어서 현재 본문의 배경 뒤에 놓여 있는 정경의 형성 과정과 전승들을 추적하고자 양식 비평과 전승 비평적 분석을 시도한다. 이를 통해 그는 전체 구약성경의 맥락에서 현재 본문의 의미를 찾음과 아울러 신약성경의 맥락에서의 의미 그리고 유대교와 기독교의 주석들을 섭렵하면서, 최종적으로 본문의 신학적 의미를 성찰하고 있다. 그런데 주목할 사실은 그가 본문의 배경 이해를 위해 양식 비평과 전승 비평을 시도하고 있지만, 본문의 정경적 구조를 이해함에 있어서는 문학비평적 분석이 그 중심에 자리하고 있음을 보게 된다.

차일즈가 이러한 경향을 보이는 이유는 최종 본문의 구조적 통일성 안에서만 정경적 의미를 찾을 수 있으며, 구조적 통일성 찾기는 문학비평을 통해서만 가능하기 때문이다. 양식 비평과 전승 비평적 분석을 통해 본문이 해부된 상태에서는 결코, 신학적 의미는 도출되지 않는다. 우리가 성경의 편집설을 인정할 경우에, 최종 편집자는 자료들을 구조적으로 통일성 있게 편집함으로써, 자료들이 독립된 상태로 존재할 때와는 달리 최종 편집된 본문은 새로운 의미를 지닌 실체로 태어난다. 이 새로운 의미가 곧

---

44 Ibid., 159.
45 *The Book of Exodus* (OTL; 3rd printing; Louisville: Westminster Press, 1976), xiv.

정경적 의미이다.[46]

다시 말해서 정경적 의미의 도출은 본문의 구조적 통일성안에서 가능하며, 이 통일성은 문학 비평을 통해서 찾아진다는 점에서,[47] 차일즈가 문학비평적 분석에 무게 중심을 두는 이유를 읽을 수 있게 된다. 차일즈의 정경적 접근은 비록 개론서이기는 하나 1979년에 출판된 *Introduction to the Old Testament as Scripture*[48]에서 그 실체가 좀 더 분명하게 드러나고 있는 듯이 보인다. 그에 의하면 히브리 정경의 형성 과정에는 신앙 공동체가 반영되어 있으며, 최종 본문의 통일성은 단순한 문학적 통일성이 아니며, 역사적인 발전을 고려하지 않고는 이해될 수 없는 통일성이라는 것이다.

정경의 형성은 단 한번의 결정으로 이루어진 것이 아니라, 신앙공동체의 연속적인 결정으로 이루어진 것이다. 그런 점에서 정경에 내재된 자료들과 편집을 인정하면서 최종 본문에 담긴 편집층의 이해를 위해 편집비평적 도구를 사용하지만, 그것은 어디까지나 편집된 본문의 메세지를 더 정확하게 듣는데 도움을 받기 위함임을 밝힌다.[49] 그러나 실제로 본문을 다룸에 있어서는 편집비평의 도구를 사용하여 직접 분석하기 보다, 편집

---

[46] 물론 차일즈는 정경화되기 이전의 전승 중에는 공동체에서 이미 정경적인 권위를 인정받고 있던 전승들이 있었음을 말한다. 그러나 그 전승이 다른 자료들과 함께 최종 편집된 상태에 이르게 되면, 새로운 의미를 지닌 실체로 거듭나게 된다. 전체는 부분을 뛰어 넘는다는 것이 차일즈의 생각이다. "The canonical process often assigned a function to the literature as a whole which transcendend it parts. The Collection acquired a theological role in instructing, admonishing and edifying a community of faith, and that altered its original semantic level"(*Old Testament Theology in a canonical context*, 22-23). 이는 그가 본문에서 원래의 의미와 정경적 의미를 구분하고자 역사 비평적 분석을 시도한 이유이기도 하다.

[47] 물론 문학비평은 문학적 흐름(literary flow 혹은 narrative flow)이 단절되는 현상—예를 들어 표현의 중복 내지 비일관성 등—을 근거로 상이한 자료층의 존재를 주장하는 역사 비평적 분석의 한 도구이기도 하다. 하지만 다른 비평적 분석의 도구들—양식 비평, 전승사 비평, 편집비평 등—을 동원하여 분석하지 않는 한, 최종 본문에서 상이한 자료나 전승층을 찾아내기란 쉽지 않다. 그런 점에서 문학비평은 최종 본문의 구조적 통일성을 주장하는데, 유리하다고 할 것이다.

[48] *Introduction to the Old Testament as Scripture* (Philadelphia: Fortress Press, 1979).

[49] Ibid., 300.

된 본문들을 "정경적 맥락"에서 이해하는데에 집중한다. 편집된 본문을 정경적 맥락에서 이해하고자 할 때 여기서도 그는 편집된 본문의 통일성을 찾고자 주로 문학 비평에 의존하고 있음을 보여준다.

차일즈는 이러한 편집된 본문들을 "정경적 맥락"에서 다시 읽음으로써, 최종 편집자는 편집된 본문에 내재되어 있는 원래의 상황이 최종 편집된 본문상에서는 완전히 가려지도록 편집했다는 놀라운 주장을 펼친다.[50] 여기서 우리는 차일즈의 새로운 시도에서 비평학을 인정하면서도[51] "정경적 맥락"에서 본문의 신학적 의미를 발견해 내는 정경 비평의 진수를 발견하게 된다. 그 대표적인 예를 그의 이사야서의 분석을 통해서 찾을 수 있다.[52]

제2이사야는 원래 B.C. 6세기 중반 포로기 상황에서 나온 것이지만, 정경적 편집자는 제2이사야의 메세지를 8세기 예언자의 맥락 안에 둠으로써 그의 약속의 메세지는 어떤 특정한 역사적 대상과 연결된 것이 아니라, 미래로 향해진 예언적 말씀이 되었다는 것이다. 즉 신학적인 맥락이 역사적 맥락을 완전히 덮어버렸다는 것이다.

그로부터 6년후 1985년에 출판된 *Old Testament Theology in a Canonical Context*[53]와 1992년의 *Biblical Theology of the Old and New Testaments: Reflection on the Christian Bible*[54]에서 차일즈는 본문의 원래적 의미찾기는 도외시하고 최종 본문의 신학적 의미 산출에 주력하는 성서신학에 기울어지고 있다. 이는 성경의 모든 말씀을 하나님의 직통 계시로 이해하는 축자영감

50　Ibid., 326.
51　차일즈는 *Biblcal Theology in Crisis*에서 역사 비평 자체가 아니라, 역사 비평의 잘못된 사용 ("misuse of historical criticism by the theological liberals")이 문제임을 지적하고 있다 (15, 33, 35, 37 쪽 참조).
52　Ibid., 325-338.
53　*Old Testament Theology in a Canonical Context* (Philadelphia: Fortress Press, 1985).
54　*Biblical Theology of the Old and New Testaments: Reflection on the Christian Bible* (London: SCM Press, 1992).

설이 무너지고, 구체적인 역사적 상황 속에 있었던 제한된 인간들의 인식 활동을 통해 하나님의 뜻이 계시, 전달, 전승되며 기록되었다고 보는 상황에서, 어떻게 교회가 성경을 통해 하나님의 음성을 계속적으로 들을 수 있도록 도울 것인가 하는 "교회의 삶을 위한" 성서신학에 몰두하게 된 데서 온 결과라고 판단된다.[55]

비록 그가 그의 후기 신학 작업에서 명시적으로 원래적 의미 찾기를 시도하고 있지 않다고 하더라도, 그의 성경의 신학적 의미 추구는 비평학에 의해 분해된 상태에 있는 현재의 본문을 "정경적 맥락"으로 다시 읽어 냄

---

[55] 차일즈는 *Old Testament Theology in a Canonical Context*에서 구약성경의 본질을 계시로 이해하면서 자신의 구약 신학을 전개하고 있다. 총 20장으로 구성된 그의 책에서 3-17장이 계시의 관점에서 기술되고 있다. 여기서 그는 예언자, 사사, 왕, 제사장 및 제의 등을 하나님의 계시의 대리자 내지 통로의 관점에서 서술하고 있다. 구약에서 예언자는 언약 관계에 따른 율법의 준수를 일깨우는 자였다. 그의 신탁 내지 예언도 본질적으로 율법의 준수 혹은 비준수에 따른 상벌(reward and punishment)와 관련이 되어 있고, 회복의 약속이나 미래적 희망 내지 구원도 언약 관계의 범주에 포함되는 것이다. 따라서 구약정경에서 예언자는 고대 근동의 단순한 환상가나 꿈 해몽가도 아니며, 신비한 미래 예측가는 더더욱 아니었다. 그런 점에서 예언자들을 계시의 관점에서 보는 것은 부적절하다. 왕은 고대 근동의 왕들과 달리 언약의 집행 대리인으로서 존재하는 것이다 (신명기 17:14-20을 보라). 제사장과 제의 제도 역시 전체적으로 언약 관계의 일환으로서 주어진 것이다. 성문서의 경우도 결국, 하나님의 교훈이나 뜻을 담고 있으며, 그에 대한 순종을 명하고 있다는 점에서 전체적으로 이스라엘의 언약관계에 따른 율법적 명령으로 이해될 수 있다. 구약에서의 계시는 결코, 조직신학 내지 철학적인 개념 혹은 일반적인 종교적 개념과는 다른 것이다. 더우기 그가 18장에서 하나님의 계시에 대한 인간의 반응을 다루고 있는데, 이는 하나님의 계시에 대한 반응으로 다루어질 성질의 것이 아닐 것이다. 쌍방 언약의 당사자로서 하나님의 뜻(율법)에 순종해야 할 인간의 반응이지, 계시에 대한 반응으로 다루어질 성질은 아니다. 단순 논리로 볼 때, 하나님이 인간에게 당신의 뜻을 계시하셨으니, 거기에 응답하는 것으로 볼 수 있으나, 이는 오히려 조직신학적인 발상이지, 정경으로서의 구약성서에서 추출되는 구약신학은 아니라는 점이다. 그러면 왜 구약성경의 본질을 언약의 관점에서 이해하지 않고, 계시로 정의하며 구약신학을 전개하고 있는가? 당시 지나친 인본주의적 영향으로 성경을 인간의 산물로 보고 이성적으로만 접근하며, 교회의 삶을 도외시한 데서 오는 반발에서 나왔다고 보인다. 한 마디로 "교회의 삶을 위한" 구약신학을 서술하겠다는 그의 의도가 구약성경을 계시로 정의하게 된 것으로 볼 수 있다. 이는 구약성경이 계시가 아니라는 말이 아니라, 계시의 관점에서 구약신학을 기술하면, 위에서 보는 바와 같이 논리적으로 맞지 않다는 뜻이다.

으로써 신학적 의미 찾기를 하고 있다는 점에서 그의 정경적 접근은 비평 이전 단계에 머물고 있는 보수적인 성서신학과는 명백히 구별이 된다.[56]

그러면 이제 여기서 우리는 왜, 차일즈가 애초에 "정경적 접근"에서 의도하였던 본문의 원래적 의미와 현재적 의미 찾기의 균형된 시각을 유지해야 한다는 초심을 버리고, 1985년 이래로 현재적 의미 내지 신학적 의미 산출에만 몰두하게 되었는 지에 대해 생각해 필요가 있다. 물론 전술한 바와 같이 "교회의 삶을 위한" 신학에의 열정이 주된 이유였을 것임은 그의 저술을 통해서 짐작하기 어렵지 않다.

그러나 신학적 의미 산출 때문에 원래적 의미 찾기를 그만 두게 된 것만은 아니었던 것으로 본다. 보다 본질적인 문제가 있었을 것으로 짐작이 된다. 왜냐하면, 역사 비평적 도구를 사용하여 원래적 의미의 찾기를 시도하였을 때도, 그는 정경적 접근을 통해 신학적 의미찾기에 성공하고 있음을 그의 저술에서 보여 주고 있기 때문이다.

추측컨데, 본문의 역사적 맥락이나 원래적 의미를 찾기 위해 역사 비평적 분석을 시도하였을 경우에 뒤따를 수 있는 본문의 역사성 문제가 그의 마음을 불편하게 할 수 있었을 것이다.[57] 또한, 신학적 메세지 만을 기대하는 보수적인 목회자들을 위한다면, 차일즈는 자신의 신학 작업이 원래적 의미를 찾지 않아도 "교회의 삶을 위한" 신학으로 충분한 데, 군이 역사 비평적 분석을 통해 원래의 의미를 찾는 힘든 작업을 할 필요가 있겠는가고 생각한 데서 나온 것이 아닐까 추측해 보게 된다. 그러나 그가 직접 역사 비평적 분석을 시도하던 하지 않던간에 '정경적 접근' 혹은 '정경 비평'은 성경의 편집설을 전제하는 신학방법론이므로 성경의 역사성 내지 진정성 문제에 대해 짚고 넘어갈 필요가 있다.

---

56 예를 들어 *Biblical Theology: a Proposal* (facets edition; Minneapolis: Fortress Press, 2002), 40에서 보듯이 그는 신명기를 B.C. 7세기의 산물로 전제하고 있다.

57 역사 비평적 분석에 따른 역사성 문제에 관해 그의 책 *Introduction to the Old Testament as Scripture*, 134-5, 177-8, 199-200, 205, 221, 247을 보라.

객관성과 과학성을 추구하는 학문에서는 증거 내지 입증할 수 있는 자료의 제시를 요구한다. 역사 비평적 분석 자체는 적어도 성경 본문의 역사성 문제에 있어서만큼은 문제만 제기할 뿐이지 해결 능력이 없다. 본문의 비평적 분석의 결과에 따른 전승의 역사성 판단 여부는 고고학적 역사적 자료의 부족 내지 부재로 인해 때로는 분석자의 신학적 판단에 맡겨진다.

즉 한편으로 역사실증주의자들은 전승의 역사성을 뒷받침하는 역사적 고고학적 증거의 부재를 이유로 그 전승을 역사적 허구(fiction)의 산물로 돌릴 수도 있고, 다른 한편으로 보수적인 시각의 해석자들은 전승의 고대성을 근거로 본문의 역사성을 인정할 수도 있을 것이다. 따라서 이는 순전히 분석자의 신학적 판단에 달린 문제가 되는 것이다.

여기서 우리는 역사 비평적 분석으로 인해 제기될 수 있는 본문의 역사성 문제에 대한 해결은 분석자의 가치 판단의 문제로 귀결된다는 인식에 도달하게 된다. 가치 판단은 그 성격상 이미 믿음의 영역과 공유하는 부분이 있게 된다. 그러므로 역사 비평적 접근에 따르는 본문의 역사성 문제에 대한 해결은 새로운 해석 방법론의 창출을 요청한다기 보다, 해석자의 인식의 전환을 요구하고 있다고 보여진다.

역사 비평적 접근에서 제기된 본문의 역사성 여부는 시공에 제한되어 있는 인간의 역사실증적 안목에 의해 가려질 간단한 성질의 것이 아니라는 점을 인식해야 한다는 것이다. 이러한 인식은 본문의 역사성 문제가 새로운 증거자료의 출현 가능성을 내포하고 있는 시간적 미래와 관련되어 있음을 전제하는 동시에,[58] 근본적으로는 성경이 하나님의 말씀이며 성경

---

58 역사성 문제는 경우에 따라 시간의 문제일 수 있다. 현재 고고학적 문헌적 증거가 없다고 하더라도, 언제 증거가 나타날 지를 알 수 없으므로 지금 당장 증거가 없다는 이유로 성경에 기록된 사실에 대해 무조건 역사적 허구(historical fiction)로 치부하는 것은 지나치다고 할 것이다. 예를 들어 최근까지 (적어도 2008년 이전까지) 고고학적 증거 자료의 부재로 인하여 다윗 왕국 내지 통일왕국 시대는 부인되어 왔다. 다윗이 존재했더라면, 베두윈 쉐이크(족장) 수준이었을 것으로 폄하되어 왔다. 그러나 2007년 여름부터 발굴되기 시작한 키르벳 키야파—예루살렘 서쪽 약 25킬로미터에 위치한 엘

의 주체이신 하나님이 진리라는 사실에 기초하고 있다. 이러한 인식은 역사 비평적 분석에 뒤따를 수 있는 본문의 역사성(historicity) 및 진정성(authenticity) 문제의 해결을 위해 미드라쉬적 접근의 필요성을 일깨워 준다.

미드라쉬적 접근은 이 문제의 해결을 위해 필요한 신학적 사고의 기반을 제공해 준다. 그것이 무엇인가?

미드라쉬적 접근에는 시공을 초월하여 사고하는 신학적 창의성 내지 상상력이 있다는 점이다. 미드라쉬적 접근의 배경에는 구전 율법이 후대에 나온 것이지만, 그것은 본질적으로 영원하신 하나님 안에 감추어져 있던 것이라는 신앙고백이 자리하고 있다. 이러한 신앙고백 앞에 하나님은 과거와 현재와 미래의 시점속에 존재하는 모든 존재의 근원이며, 영원한 현재로 인식이 된다. 이러한 신앙고백은 시간에 갇혀 있는 인간에게 있어서 구분되어지는 사건의 발생 시점과 기록시점의 차이를 뛰어 넘게 하며, 성경이 시공을 초월한 영원한 현재이신 하나님의 말씀으로 다가와, 역사 비평적 분석에 의해 제기될 수 있는 말씀의 역사성과 진정성 여부에 대한 논의 자체를 무의미하게 만든다.

진리는 시공을 초월할 때에야 절대 진리라고 할 수 있다. 삼위일체 하나님의 한 위격으로 고백되는 예수는 부활을 통해 자신이 시공을 초월한 진리임을 드러내셨다. 따라서, 적어도 예수를 그리스도로, 주(Lord)로, 하나님의 아들로 그리고 하나님으로 고백하는 자들에게 있어서, 그는 성경의 주체이시며,[59] 그의 말씀 또한, 시공을 초월한 진리라는 명제가 가능하다.

라 골짜기옆 산등성이에 위치—지역에서는 약 20두남(2만 평당 미터) 크기의 B.C. 11세기말 10세기초의 것으로 돌려지는 유다의 성채(fortres)가 드러났다. 사용된 돌만 약 20만톤으로 추정되고 있는데, 이 정도 규모의 성채 건축은 강력한 중앙정부를 상정하지 아니하고는 가능하지 않다는 점에서 이스라엘 통일왕국의 존재는 더 이상 고고학적으로 부인될 수 없는 지경에 이르렀다. 흥미있는 사실은 성채의 성문이 두 개 발굴됨으로써, 이 성이 수15:36, 삼상 17:52 등에서 언급되고 있는 '샤아라임'일 가능성이 매우 높다는 사실이다. 히브리어로 성문은 '샤아르'(רעש)인 데, 두 개의 성문은 쌍수로 '샤아라임'(םיירעש) 이 된다.

59 "이 성경이 곧 내게 대하여 증거하는 것이로다"는 요 5:39 참조.

이런 명제는 본문의 후대 편집설 등으로 인해 야기될 수 있는 본문의 역사성과 그에 따른 진정성 여부를 초월하게 한다. 시공을 초월하여 영원한 현재로 존재하시는 그 분을 믿는 자에게 있어서 본문의 발생 시점과 기록 시점의 차이로 야기될 수 있는 본문의 역사성 내지 진정성 여부의 논의 자체가 무의미하다. 모세가 오경의 저자냐의 논의 여부 자체가 무의미하다.

차일즈는 19세기에 오경의 모세 저작권에 관한 진보와 보수의 논쟁은 양 진영이 정경의 본질을 제대로 이해하지 못한 데서 빚어지고 있음을 정확히 지적하고 있다.

> 정확하게 해석한다면, 오경의 모세 저작권은 정경적 증거의 일부가 되는 하나의 중요한 신학적 확언이라는 것이다(When correctly interpreted, the Mosaic authorship of the Pentateuch is an important theological affirmation which is part of the canonical witness).[60]

우리가 모세의 저작권을 호소하고자 할 때, 사실 이는 하나의 성문화된 전승체가 이미 권위있는 것으로 인정되어 왔던 신앙 공동체의 맥락 내에서만 가능해진다.[61] 다시 말해서 오늘 우리에게 주어진 정경을 낳은 신앙 공동체의 믿음으로 들어갈 때에만 모세의 저작권을 논의할 자격이 있게 된다는 말이다. 그 믿음으로 들어가는 것이 바로 미드라쉬적 접근이다.

구전 율법은 제2성전 시대에 발생되기 시작했음에도 그 모든 구전 율법이 모세에게서 나왔다는 미드라쉬적 발상이 필요하다는 것이다. 따라서 우리가 서 있는 현재의 시점에서 문헌적 증거들을 근거로 모세의 저작권을 아예 무시하는 것도 문제지만, 17세기의 교리의 벽에 갇혀 드러난 문헌적 증거들을 용납하지 않는 폐쇄된 신학적 사고도 문제일 것이다.

오늘 21세기를 살고 있는 우리는 정경을 낳은 신앙 공동체의 그 믿음으

---

60 Childs, *Introduction to the Old Testament as Scripture*, 135.
61 Ibid. 134-5.

로 들어가는 미드라쉬적 접근을 통해 더 이상 역사 비평적 분석에 의해 제기되는 역사성 문제에 관한 무의미한 논쟁에 종지부를 찍을 필요가 있다. 신명기는 B.C. 7세기에 성문화 되었지만, 이미 모세가 기록한 것이다.

5. 미드라쉬적 접근2: 21세기와 성경

이제 유대교의 역사 과정에 대해 최종 결론을 맺을 때가 되었다. 유대교의 역사 과정은 성문 율법에 대한 해석, 그 해석으로 생긴 구전 율법들의 집대성인 미쉬나와 탈무드의 편찬 그리고 그 이후로부터 현재까지라고 정리될 수 있다. 필자가 다룬 내용은 구전 율법이 시작되는 A.D. 5세기 중엽의 에스라로부터 시작하여 탈무드가 최종 편집된 A.D. 6세기 중엽 까지의 것이다.

이 시기의 중심에 서기관과 바리새파 그리고 이들의 후예인 랍비들이 자리잡고 있다. 우리가 역사를 배우는 이유는 과거 사실의 암기에 있는 것이 아니라, 지혜를 얻기 위해서다. 배움의 초기 단계는 편견없는 지식의 습득이 필요하고, 지혜를 얻기 위해서는 습득한 지식을 평가할 수 있는 안목이 필요하다. 역사의 평가는 어떤 관점을 갖느냐에 따라 달라진다.

영국이 자랑하는 대영 제국(Great Britain)의 역사는 중상주의와 제국주의 견지에서 보면 더 없이 찬란한 역사일 수 있으나, 기독교의 가치관으로 보면 더 없이 추악한 역사이다. 정복과 약탈의 역사이다. 대영 제국 박물관은 그런 점에서 보면 장물(贓物)보관소이다. 유대교의 역사도 어떤 관점을 갖느냐에 따라 달리 평가될 수 있다. 예수를 죽인 종교로 볼 때는 사악한 종교요 그 종교에 속한 자들도 악한 자들로 간주된다.

이 관점은 기독교가 313년 공인된 이래로 서구 교회의 유대교에 대한 주류적인 관점이었다. 그 관점을 지배한 중요한 하나의 요소가 마태복음 27:25의 문자적 해석이었다.

> 그 피를 우리와 우리 자손에게 돌릴지어다(마 27:25).

오늘날도 계속되고 있는 서구의 반유대주의(anti-Semitism) 정서는 근원적으로 거슬러 올라가면 이 본문의 문자적 해석을 바탕한 교회 지도자들의 막연한 기독교 열심과 무관하지 않다. 유대교에 대한 적절한 평가는 바리새파에 대한 제대로 된 평가없이는 가능하지 않다. 유대교의 중심 경전은 구약성경과 탈무드이며, 탈무드의 형성은 서기관과 바리새파 및 그 후예들에 의해 이루어졌기 때문이다. 예수님의 바리새인에 대한 책망을 어떻게 해석할 것인가에 대해서는 좀 더 깊은 학문적인 논의가 따라야 할 것이다.

한 가지 분명한 것은 마태복음 27:25을 문자적으로 읽는 것이 지혜롭지 않은 것처럼, 예수님이 서기관과 바리새인들을 책망하셨다고 해서 책망의 말씀들을 문자적으로 받아 들여 서기관과 바리새파 그리고 그 후예들의 모든 유산마저 부정적으로 보는 것은 역사를 배우는 자들의 자세는 아니라고 본다. 걸핏하면 '바리새인 같으니,' '바리새 같은 x'란 표현은 듣기 거북한 소리다. '여자는 교회에서 잠잠하라'(고전14:34)는 말씀을 문자적으로 해석하는 어느 분같은 인상을 주기에 그렇다.

우리가 성경의 문자주의를 경계해야 하듯이, 유대교에 대한 평가 역시 바리새파와 탈무드에 대한 몇 가지 피상적인 정보로 속단하는 것을 경계해야 할 것이다. 탈무드는 지혜서라 하여 탈무드만 알면 노벨상 수상자라도 될 것처럼 선전하는 것은 문제다. 우리가 탈무드를 통해서 배울 것은 탈무드의 내용보다 탈무드를 만들어 낸 정신이다.

언제부턴가 후탈무드 세대들(post-Talmudic generations), 곧 초정통파 유대인들(하레딤)은 선조들의 정신, 곧 새로운 시대에 적용되는 말씀을 찾기 위해 끊임없이 해석과 재해석의 길을 찾아 나섰던 탐구 정신을 상실해 버리고 탈무드의 고정된 내용에 자신들을 가두어 결국, 자신들의 삶 자체를 게토(ghetto) 안에 가두는 탈무드 우상 숭배자들이 되고 있다. 오늘날 이들은 일반 시민들로부터 완전히 외면당하고 손가락질 받고 있다. 그 결과 유대교가 일반 유대인들로부터 외면당하고 있다. 오늘 이스라엘에서 75퍼센트가 세속적인 유대인이다. 수많은 젊은이가 정신적으로 방황하며 뉴에이지 모임으로 몰려 들고 있으나, 탈무드와 슐한 아루카 등 전통에 얽매인 종교인들은 이들에 대한 관심이 없다.

탈무드를 낳은 힘, 그것은 시대 정신을 좇아 말씀을 새롭게 발견해 나간 에스라의 하나님 사랑과 백성 사랑의 마음이었다고 본다. 성문 경전 안에 하나님이 오는 모든 세대를 위해 모든 필요한 말씀을 넣어 두셨다고 보는 서기관들과 바리새인들의 지혜 가득한 믿음이었다고 본다. 주어진 텍스트의 해석을 통해 하나님은 계속해서 자기 백성들의 모든 삶의 환경에서 친히 말씀하시는 살아 계신 하나님께 대한 믿음이었다고 본다. 오늘 우리가 유대교에서 배우는 지혜는 이것이다.

유대교의 탈무드가 가르치는 역사적 지혜는 이것이다. 교훈적이고 재미있는 아가다(이야기)들을 한 줌 묶어서 탈무드의 모든 것인양 호도하는 것은 바람직하지 않다. 유대인들의 노벨상 수상의 힘이 지혜요, 저들 지혜의 원천이 탈무드에 있는 양 선전하는 것은 참으로 지혜롭지 못하다. 하나님을 사랑하고, 하나님 말씀을 사랑하여 어떻게 하면 말씀이 처음 주어진 때와 다른 환경에 살고 있는 백성들에게 적용될 수 있을까를 고민하던 마음이 탈무드를 출산한 정신이었다.

문자적으로 성문 경전에 없는 경우에 기본 원리라도 추출해 내어 새로운 환경에 적용될 하나님의 말씀으로 탄생시켜 백성들을 인도하고자 했던 것이 탈무드를 낳은 정신이었다. 탈무드를 낳은 정신은 고착돼 있지 않았다. 변화된 환경에 지속적으로 반응하는 끊임없는 변화와 탐구의 정신이었다. 그러나 지금 탈무드의 후예들은 선조들을 욕되게 하고 있다.

시대와 담을 쌓고, 시대의 사람들과 담을 쌓고, 탈무드를 우상으로 삼아, 그것이 하나님을 잘 섬기는 것이라는 착각의 정신으로 유대교를 오염시키고 있다.

그러면 한국 교회는 어떤가?

성경을 우상으로 삼고 있지는 않은가?

역사를 통해 배운 지혜를 삶에 적용할 때 그 지혜는 참 지혜가 되리라고 본다. 우리가 유대교의 경전인 탈무드에서 배울 것은 탈무드의 내용 자체보다 탈무드를 낳은 정신에 있다고 할 때, 그 정신의 원조인 에스라에게로 다시 한 번 거슬러 올라가서 그 지혜를 우리의 것으로 삼고자 한다.

B.C. 5세기 중엽 유대의 신앙 공동체를 다시 일으켜 세우기 위한 에스라의 말씀 운동은 성경 해석 운동이었다. 그리고 그 해석 운동의 관심은 자신이 처한 신앙 공동체의 역사적 현실에 있었다. 말씀이 처음 주어졌던 역사적 상황과 완전히 다르며, 이민족의 지배를 받는 시대적 현실에서 백성들이 어떻게 하나님의 뜻(말씀)을 좇아 살 수 있도록 도울 것인가. 에스라는 새로운 환경에 적용될 수 있도록 말씀을 해석하기 시작했다(스 7:10). 에스라의 민족 회복 운동은 말씀 해석 운동이었다.

말씀 해석과 관련하여 우리는 잠깐 에스라처럼 포로 후기에 존재했던 유대의 성서 역사가 한 사람을 언급할 필요가 있다. 역대기 저자이다. 그를 언급하는 이유는 그가 에스라처럼 시대적 관심을 가지고 역사를 재해석했다는 점 때문이다. 역대기 저자는 포로 후기에 사무엘서와 열왕기서를 다시 해석하였다. 혹자는 이를 '미드라쉬'라고 하여 역대기서를 역사(history)로 보지 않고 역대기의 가치를 사무엘서나 열왕기에 비하여 상대적으로 평가절하하기도 한다. 아마도 병행 본문들을 비교할 때, 내용의 첨가와 삭제가 있고 단어나 문장 그리고 표현들의 변경들이 있기에 역대기 본문의 진정성(authenticity)을 의심한 결과 그런 견해를 갖게 되었을 것이다.

그러나 이러한 견해는 19-20세기에 서구를 휩쓸었던 역사실증주의적 편견의 결과가 아닐까 싶다. 역사실증주의는 역사의 가치를 과거의 객관적 사실 여부로 재려고 하였다. 그러나 세상에 완벽한 객관성이란 존재하지 않으며, 완벽한 객관성에 근거한 역사는 아예 존재하지 않는다. 오늘날

고도의 과학의 시대에 조차 모든 보고되는 사건이나 사실은 보는 자의 눈에 의해 해석된 사건이며 해석된 사실로 전달된다. 역사가의 가장 중요한 관심은 과거에 있는 것이 아니라 현재에 있다.

E. H. 카르(E. H. Carr)는 역사란 무엇인가란 질문에 대해 "우리의 대답은 … 시대에 처해 있는 우리의 위치를 반영하는 것"이라고 하였고, "과거는 현재의 빛에서만 우리에게 이해될 수 있다"고 하였다.[62] 역사의 힘은 과거 사실의 객관성 보다는 시대의 소명에 응답하는 해석에 있다고 할 것이다. 역대기 역사가는 자기 민족이 처한 시대적 현실을 보고, 사무엘과 열왕기의 역사를 재해석하였던 것이다.[63]

여기서 우리는 다시 해석의 중요성을 배운다. 역대기 기자의 해석된 역사는 구약의 정경으로 편입이 되었고, 에스라를 이어서 계속 되어진 해석 운동은 미쉬나를 거쳐 탈무드로 편집되어 유대교의 제2경전으로 자리를 잡게 된다. 거듭 말하지만, 탈무드는 편집이 되고 경전화 되었기 때문에 생명력을 잃기 시작했다는 점을 간과해서는 안 된다. 현장과의 대화를 통한 해석의 개방성이 닫혀지고 그래서 우상화되기 시작했다는 점이다.

이상에서 정리되는 유대교의 역사 과정에서 배우는 몇 가지 지혜들을 가지고 우리의 현장으로 돌아와 보자.

필자가 한국 교회를 오래 떠나 있었지만, 가끔씩 방문할 때마다 주일 예배의 내용 중에 그 옛날과 조금도 달라지지 않은 하나가 있다.

---

[62] 필자는 대학 시절 E. H. Carr의 '역사란 무엇인가?'를 한국어 번역판으로 읽은 적이 있다. 이 글에서는 히브리대 성서학 교수 사라 야펫(Sara Japhet)의 논문, "Chronicles; a History, *Das Alte Testament-Ein Geschichtsbuch?* (ed. B. Janowsk et al.; Altes Testament und Moderne 10; Münste: Lit Verlag, 2005), 114에서 재인용한 것이다. E. H. Carr, *What is History?* (Basingstroke: Macmillan Press, 1986)의 책에서는 각각 5쪽과 69쪽에 있다.

[63] 사라 야펫에 의하면 역사기 사가는 신명기 사관에 의해 쓰여진 이스라엘 역사가 여러 면에서 포로 후기의 역사적 현실과 맞지 않음을 보고, 역사가로서 해야 할 일을 착수하였다고 한다. 그것은 과거를 현재에서 더 잘 이해할 수 있는 방식으로 새롭게 쓰는 것이었다 (ibid., 146참조).

어느 교회를 가건 천편일률적인 대표 기도의 내용이다.

> … 감사하옵나이다. 하오나, 지난 한 주간도 말씀대로 살지 못하고, 죄 가운데 살다가 왔나이다. 용서하여 주시옵소서 ….

어느 교회를 가건 하나같이 "말씀대로 살지 못했다"고 한다.
왜 이런 기도를 하게 되는 걸까?
지난 한 주간도 착하게 살았다고 기도하면, 일주일에 두 번 금식하고 나쁜 짓 안했다고 자랑하는 바리새인의 기도처럼 되어 예수님으로부터 책망들을 수 있으니, 그저 세리처럼 '죄인이로소이다'라고 기도하는 게 기도의 정석이라고 생각하여 모든 대표 기도자가 '모범 답안'의 기도를 하고 있는 것인가?
이런 저런 생각끝에 몇 몇 목회자들과 얘기를 나누는 중에 많은 성도가 구체적인 삶과 말씀의 괴리에 힘들어 하고 있음이 사실임을 알게 되었다. 교회에서 예배를 잘 드리고 착한 성도로 인정받는다 하더라도 삶의 현장이 말씀과 조화되지 않는다면 결국 교회 손해이다.
사도행전이 가르치는 초대 교회 부흥의 비결은 성도들의 삶이 칭찬듣는 삶이었다는 데 있다(행 4:47). 칭찬 듣는 삶은 말씀 따라 사는 삶이다. 그런데 구체적인 삶의 현장에서 어떻게 말씀을 적용해야 할지 모르니, 그저 대충 세상적인 기준이나 가치관, 교양 혹은 처세 철학으로 살다가, 교회 예배 드릴 때에는 뭔가 허전하고 잘못 됐다 싶고, 그래서 천편일률적으로 "말씀대로 살지 못했다"고 고백하는 것이라면 문제다. 여기서 간과하지 말아야 할 점은 많은 한국 교회 성도 중에는 말씀 따라 살고자 하는 의지는 있으나, 현장에서 적용해야 할 말씀이 무엇인지를 또 어떻게 적용해야 할 지를 잘 모르기 때문에 "말씀대로 살지 못했다"는 고백을 할 수밖에 없는 성도들도 많다는 사실이다. 이는 목회 현장에 계신 몇 분 목사님들의 말씀이다.

"말씀대로 살지 못했다"는 고백의 중심에 이런 현실이 담겨 있다면, 에스라가 직시했던 B.C. 5세기의 유대 공동체의 현실과 다를 바 없다. 오늘 우리의 현실에 적용되는 모든 말씀이 일일이 성경에 다 기록되어 있다면, 말씀따라 살고자 하는 성도들이 고민하지 않아도 될 것이다. 그러나 그렇지 않기 때문에 B.C. 5세기 중엽의 에스라는 성문 율법을 해석하기 시작했던 것이다.

이와 관련해서 우리는 우리나라의 대표적인 기독 실업인 중 한 분이 하셨던 발언에 대해서 생각해 볼 필요가 있다. 그 분은 자신의 기업에서 노사문제가 발생하자, 노동조합은 성경에 없다는 말을 했다고 한다. 전형적인 문자주의적 성경관에 입각하고 있음을 보여 준다.

성경에 문자적으로 우리의 삶과 관련된 구절이 명시되어 있지 않기에, 우리가 처해 있는 모든 삶의 문제를 성경적으로 풀 수 없다고 한다면, 그러면 '성경은 무엇을 위한 책인가?'라는 질문을 하지 않을 수 없을 것이다. 아마도 그에 대한 답변은 다음과 같은 것이 될 것이다.

첫째, 마지막으로 기록된 책만 해도 기록된 지 거의 2,000년이 지난 성경은 쾌쾌 묵은 책으로서 21세기를 사는 우리의 삶의 현장과는 더 이상 아무 관계가 없다.

둘째, 따라서 성경의 역할은 교회 내적으로는 예배용 및 천당 안내서, 나아가서 제한적이나마 우주 보편적인 도덕적 교훈들—예를 들어 사랑하며 살아라, 도둑질 하지 말라 등—을 제시해 주는 책으로 보아야 한다.

만일 이렇게 본다면, 성경은 '교회안에서만 하나님의 말씀'이요, 교회 밖에서는 그냥 착하게 살라는 윤리적 교훈집 그 이상도 그 이하도 아닐 것이다. 이렇게 본다면 하나님은 주일 날 예배 때와 우리가 죽어서 가는 천당에만 계신다는 논리로 이어진다.

과연 하나님은 지금 우리가 살고 있는 이 세상에, 우리가 누려야 하고 만들어 가야 할 이 땅에서의 천국의 주님으로 일하고 계시지는 않는가?

예수 그리스도를 믿는 모든 이는 하나님은 역사의 주님이시며 만왕의 왕이시라고 고백한다. 우리의 삶을 인도해 주신다고 고백한다.

어떻게 인도해 주시는가?

말씀으로 인도해 주시지 않는가. 하나님은 지금 여기 계신다. 우리를 성전 삼으시고(고전 3:16), 지금 여기에 우리가 처해 있는 모든 삶의 자리에 함께 계시며 인도해 주신다. 지금도 계속해서 말씀으로 인도해 주신다.

구약 39권과 신약 27권을 통해 말씀하신다. 우리를 성전 삼으시고 우리 안에 계시면서 우리의 이성과 영을 통해 구체적인 현장을 보게 하시고, 성경을 해석하라고 하신다. 우리의 해석을 통해 지금 말씀하신다. 우리가 오늘 당면하고 있는 모든 삶의 문제를 성경적으로 해석하라고 말씀하신다. 유대인들은 그렇게 했다. 바리새파의 후예들은 그렇게 했다. 그들은 '현재'의 삶의 문제를 '과거'의 말씀에 비추어 해석을 했다.

'거'의 말씀을 '현재'로 가져오는 미드라쉬적 해석 기술을 개발하였다. '과거'의 말씀이 '오늘'의 현장에 살아 있게 하였다. '과거'의 말씀이 '현재화'되게 하였다. '과거'의 말씀을 '현재화'함으로써 지금 여기서 하나님의 음성을 듣도록 하였다. 그것이 바로 미드라쉬(해석)였다. 유대인들은 완전한 계시인 예수 그리스도에 이르지 못했는데도 모든 삶의 영역에 걸쳐 과거의 말씀(율법)의 현장화와 현재화를 시도하였다. 그 집대성이 탈무드이다.

거듭 말하지만, 탈무드가 경전화된 이후, 해석의 개방성이 사라지고 그 후예(초정통파)들이 스스로 자신들을 사회와 격리시킨 결과 우상의 수준으로 전락된 것이 문제일 뿐이지, 탈무드를 낳은 그 정신만은 우리가 적용해야 할 지혜라고 본다. 그래야 교회는 사회와 담을 쌓지 않게 된다. 차일즈가 열정을 가지고 시도한 "교회의 삶을 위한" 성서신학의 참 뜻은 "교회안의 삶만을 위한" 성서신학이 아닐 것이다.

"교회안의 삶만을 위한" 성서신학은 결국, 오늘날 유대교의 초정통파(하레딤) 신앙 공동체처럼 사회로부터 외면당하고 손가락질 당하는 교회로 전락하게 될 것이다.

정말, 노동조합은 성경에 없는가?

만일 그렇다고 말한다면, 하나님을 죽은 하나님으로 간주하는 것이요, 살아 계셔도 교회 예배당 안에서와 저 먼 천당에서만 살아 계신 분임을 고백하는 것이다. 노동조합도 성경에 있다고 말하기 시작할 때부터 한국 교회는 정녕 세상 속에서 빛과 소금의 사명을 감당하는 성도들을 길러내는 교회가 될 것이요, 그래서 주일 예배의 대표 기도는 더 이상 "말씀대로 살지 못했다"는 침울한 기도가 아니라, "세상속에서 주의 말씀대로 살 수 있도록 인도해 주신" 주님께 대한 감사와 기쁨의 고백으로 바뀌게 될 것이다.

그런 점에서 우리는 미드라쉬적 해석이 갖고 있는 신학적 창의성을 우리의 환경에 접목시킬 필요가 있다. 인간의 역사적 환경의 제한성 때문에 야기된 말씀의 역사적 제한성은 재해석에 의해 역사적 공간과 시간을 뛰어 넘어 현재화될 수 있음을 볼 수 있어야 한다. [64]

하나님이 인간의 모든 시간과 모든 삶의 공간에 계시다면, 그분의 말씀 또한, 모든 시간과 공간의 영역에 나타나야 하고 적용이 되어야 한다. 주어진 말씀의 해석을 통해서 그것이 가능함을 바래새파와 그 후손들이 역사적으로 입증해 보여 주었다. 성문화된 그 분의 말씀은 계속적인 재해석을 통해 인간의 삶 속에서 성육화가 계속되며, 그 계속적인 성육화를 통해 본질적으로 진리이신 그 분의 말씀은 이 땅에서도 영원성을 유지하게 된다. 성경은 처음부터 끝까지 예수 그리스도의 말씀이며, 이 세상은 처음부

---

[64] 신명기의 정경형성과 관련하여 "과거의 전승이 언약의 하나님께 대한 새로운 헌신속에서 생생하게 살아있게 된다"는 차일즈의 표현은 과거의 말씀의 현재화를 함축하고 있다고 보여진다—*Introduction to the Old Testament as Scripture* (Philadelphia: Fortress Press, 1980), 224 참조.

터 영원까지 예수 그리스도의 것이다.⁶⁵ 이는 예수 그리스도가 이 세상과 이 세상에 속한 모든 것의 주인이시며, 말씀으로 통치하심을 의미한다. 그의 말씀은 그의 영이신 성령님을 통해 먼저 성문화된 성경으로 주어졌다.

이제 믿음의 사람들은 미드라쉬적 안목을 통해 성문화된 성경은 이 세상 모든 것에 대해 이미 말씀하고 있음을 인정해야 한다. 하나님이 성문 율법 속에 구전 율법을 숨겨 두셨다고 보았던 서기관과 바리새파의 신학적 지혜와 믿음이 우리의 삶의 현장에도 도입되어야 한다. 바리새인들이 그랬듯이, 성문화된 말씀 속에 감추어둔 현재의 말씀들을 우리도 찾아낼 필요가 있다. 그래서 교회에서 인정받는 성도들이 사회에서도 인정받고 칭찬받음으로써 "온 백성에게 칭송을 받으니 주께서 구원받는 사람을 날마다 더하게" 하시는 진정한 교회 성장의 역사가 다시 일어나게 해야 한다.

"말씀대로 살지 못했다"고 하는 고백의 기도가 말씀따라 살려는 의지는 있으나, 어떻게 성경의 말씀을 현장에 적용해야 할 지를 모르기 때문이라면 길은 있다. 의지가 있다면 길은 있다. 뜻이 있으면 길이 있다고 하지 않는가. 그럴려면 먼저 성경이 살아계신 하나님의 말씀이라는 절대적 신뢰와 세상의 어떤 책과 비교될 수 없는 절대 가치의 책이라는 사실부터 받아 들여야 한다.

그 다음 하나님의 지혜는 무한하셔서 시간과 공간을 초월하여 성도들의 어떤 삶의 현장에서도 적용될 수 있는 당신의 모든 말씀을 39권과 29권에 담아 두셨다는 사실을 고백할 수 있어야 한다. 모든 역사적 상황 속에서 적용될 하나님의 말씀을 일일이 문자적으로 다 기록할려면, 하늘을 두루마리 삼고, 바다를 먹물 삼아도 다 기록할 수 없을 것이다. 그런데 그 지혜가 무한 광대하신 하나님은 39권과 27권에 그 모든 말씀을 다 담아 두셨다는 사실을 믿어야 한다. 모든 개개의 역사적 환경과 관련된 구체적인 하나님의 말씀이 성문화된 말씀 사이 사이에 숨겨져 있다고 보아야 한다.

---

65 요1:1-3.

이제 우리도 신학적 상상력을 통해 문자 뒤에 감추어 두신 그 말씀들을 찾아 내라고 하시는 하나님의 음성을 들을 수 있어야 한다. 우리의 해석을 통해서 계속해서 말씀하시겠다는 하나님의 음성을 들을 수 있어야 한다. 더 이상 성경이 신앙인의 천당 안내서 내지 착하게 살아가는 도덕 지침서로 머물러 있게 해서는 안된다. 그래서 해석을 통한 성경 말씀의 현재화 내지 현장화는 이 땅에서 그리스도의 영광의 찬송으로 살아가야 할 모든 그리스도인의 삶과 직결된 문제이며, 말씀의 전문가로 부름받은 목회자와 전문 신학자들의 사명임을 인식해야 할 것이다.

참고 문헌

국외 도서

Agus, J. B. "Halakah in the Conservative Movement." *Proceedings of the Rabbinical Assembly of America* 37 (1975): 102-17.

Alon, G. *Jews, Juidaism and the Classical World: Studies in Jewish History in the Times of the Second Temple and Talmud.* Jerusalem: Magnes Press, 1977.

Ames, T. "Fellowship, Pharisees and the common people in early Rabbinic Tradition." *Studies in Religion* 34,2 (2005): 339-356.

Bacher, W. "Origin of the Word haggadah(Aggadah)." *Jewish Quarterly Review* 4 (1892): 406-29.

Baumgarten, A. "The name of the Pharisees." *Journal of Biblical Literature* 102,3 (1983): 411-28.

Boyarin, D. "A Tale of two Synods: Nicaea, Yavneh, and Rabbinic Ecclesiology." *Exemplaria* 12,1 (2000): 21-62.

Bialik, H. N. *Halakha and Aggadah*. Translated by Sir Leon Simon. London: Education Department of the Zionist Federation of Great Britain and Ireland, 1944.

_____. "Halakhah and Aggadah." 55-64 in *Modern Jewish Thought: A Source of Reader*. Edited by N. N. Glatzer. New York: Schocken Books, 1977.

Buhl, F. *Kanon und Text des Alten Testamentes*. Leipzig: Akademische Buchhandlung, 1891.

Carlebach, A. "Yavneh and its Sages", *Niv Hamidrashia* v. 22-23 (1990): 10-18.

Childs, B. S. *The Book of Exodus*. Louisville: Westminster Press, 1976.

_____. *Biblical Theology in Crisis*. Philadelphia: Westminster Press, 1970.

_____. *Biblical Theology of the Old and New Testaments: Reflection on the Christian Bible*. London: SCM Press, 1992.

_____. *Biblical Theology: A Proposal*. Minneapolis: Fortress Press, 2002.

_____. *Introduction to the Old Testament as Scripture*. Philadelphia: Fortress Press, 1980.

_____. *Old Testament Theology in a Canonical Context*. Philadelphia: Fortress Press, 1986.

Cohen, Shaye J. "The Significance of Yavneh: Pharises, Rabbis, and the End of Jewish Sectarianism." *Hebrew Union College Annual* 55 (1984): 27-53.

Connolly, P. *Living in the time of Jesus of Nazareth*. Jerusalem: Steimatzky, 1993.

Cross, F. M. *Canaanite Myth and Hebrew Epic.* Cambridge: Havard University Press, 1973.
Davies, W. D. *The Setting of the Sermon on the Mount.* Cambridge: Cambridge University Press, 1964.
_____. *The Setting of the Sermon on the Mount.* Cambridge: Harvard University Press, 1966.
Deines, R. "The Pharisees Between 'Judaisms' and 'Common Judaism'". 443-504 in *Justification and Variegated Nomism.* Edited by D. A. Carson, P. T. O'Brien and M. A. Seifrid. Tübingen: Mohr Siebeck, 2001.
De Lacey, D. R. "In Search of A Pharisee." *Tyndale Bulletin* 43,2 (1992): 353-72.
De Lange, Nicholas, *An Introduction to Judaism.* Cambridge: Cambridge University Press, 2000.
Ellis, P. F. *Mattew: His Mind and His Message.* Collegeville: Liturgical Press, 1974.
Finkel, A. "Yavneh's Liturgy and Early Christianity", *Journal of Ecumenical Studies* 18,2 (1981): 231-50.
Finkelstein, L. "The Origin of the Pharisees." *Conservative Judaism* 23,2 (1969): 25-36.
_____. "The Men of the Great Synagogue (*circa* 400-170 B.C.E.)." 229-44 in *The Cambridge History of Judaism* II. Edited by W. D. Davies and L. Finkelstein. Cambridge: Cambridge University Press, 1989.
_____. "Pharisaic Leadership after the Great Synagogue (170 BCE-CE 135)." 245-77 in *The Cambridge History of Judaism* II. Edited by W. D. Davies and L. Finkelstein. Cambridge: Cambridge University Press, 1989.
Fischer, M. and Taxel, I. "Ancient Yavneh: Its History and Archaeology", *Tel Aviv* 34,2 (2007): 204-294
Ford, J. Massingberd. "The Christian Debt to Pharisaism." 219-230 in *The Bridge v.5: A Yearbook of Judaeo-Christian Studies.* Edited by John M. Oesterreicher. New York: Seton Hall University, 1970.
Freyne, S. *Galilee from Alexander the Great to Hadrian.* Translated by M. Glazier. Wilmington: University of Notre Dame Press, 1980.
Gafni, I. "바벨론 탈무드 시대의 회당: 전승과 실제." 155-62 in *Batei Kneset Atiqim.* Edited by A. Kasher, A. Oppenheimer and U. Rappaport. Jerusalem: Yad Itzhaq ben Zvi, 1988. (히브리어). 영문 요약: x 쪽.
Grabbe, Lester L. "Second Temple Judaism: Chanlleges, Controversies, and Quibbles in the Next Decade." *Henoch* 27 (2005): 13-19.
_____. "Sanhedrin, Sanhedriyyot, or Mere Invention?" *Journal for the Study of Judaism* 39 (2008): 1-19.
Graetz, H. *Kohelet oder der Salomonische Prediger.* Leipzig: Winter, 1871.
Green, M. W. "The Construction and Implementation of the Cuneiform Writings System." *Visivle Language* 15 (1981): 345-72.
Griffiths, J. G. "Egypt and the Rise of the Synagogue", *Journal of Theological Studies* 38,1

(1987): 1-15.

Gutmann, J. "The Origin of the Synogogue, The Current State of Research." 72-6 in *The Synagogue: Studies in Origin, Archaeology and Architecture*. Edited by J. Gutmann; New York: KTAV, 1975.

Haran, M. "Studies in the Account of the Levitical Cities, II." *Journal of Biblical Literature* 80 (1961): 156-165.

Hare, D. *The Theme of Jewish Persecution of Christians in the Gospel according to St. Mattew*. Cambridge: Harvard University Press, 1967.

Harrington, H. K. "Did the Pharisees eat ordinary food in a state of Ritual Purity?" *Journal for the Study of Judaism* 26 (1995): 43-54.

Hasel, G. F. "Resurrection in the Theology of Old Testament Apocalyptic." *ZAW* 92 (1980): 267-284.

Hauer, C. "Who was Zadok?" *Journal of Biblical Literature* 82 (1963): 89-94.

Hauptman, J. "Halakhah and Aggadah Are Both Binding." 46-52 in *Conservative Judaism* 58 (2006): 46-52.

Hayes, C. E. *The Emergence of Judaism*. Westport, CT: Greenwood Press, 2007.

Heinemann, J. "The Nature of the Aggadah." 41-55 in *Midrash and Literature*. Edited by G. H. Hartmann and S. Budick. New York: Yale University Press, 1986.

Holzer, E. and Kent, O. *A Philoply of Havruta*. Brighton, MA: Academic Studies Press, 2013, 김진섭 역. 『하브루타란 무엇인가』 오산: D6 코리아 교육연구원, 2019.

Horbury, W. Davies, W. O. and Sturdy, J. (ed.). *The Cambridge History of Judaism* III. Cambridge: Cambridge University Press, 1999.

Horsley, R. A. "The Zealots: Their Origin, Relationships and Importance in the Jewish Revolt." *Novum Testamentum* 28,2 (1986): 159-192.

Josephus, F. *The New Complete Works of Josephus*. Translated by William Whiston. Grand Rapids, MI: Kregel, 1999.

Kasher, A. "프톨레미와 로마 시대에 유대 공동체의 중심으로서의 회당." 119-32 in *Batei Kneset Atiqim*. Edited by A. Kasher, A. Oppenheimer and U. Rappaport. Jerusalem: Yad Itzhaq ben Zvi, 1988. (히브리어).

Kee, H. C. "Central Authority in Second Temple Judaism and Subsequently: From Synedrion to Sanhedrin." *Annual of Rabbinic Judaism* 2 (1999): 51-63.

Kingdon, H. Paul. "The Origins of the Zealots." *New Testament Studies* 19 (1972): 74-81.

Kister, Menahem. "Biblical Phrases and Hidden Biblical Interpretations and 'Pesharim.'" 27-39 in *The Dead Sea Scrolls: Forty Years Research*. Edited by D. Diamant and U. Rappaport. Jerusalem; Magness, 1992.

_____. "Observations on Aspects of Exegesis, Tradition, and Theology in Midrash, Pseudepigraphic, and other Jewish Writings." 1-34 in *Tracing the Threads: Studies in the vitality of Jewish Pseudepigrapha*. Edited by J. C. Reeves. Atlanta, GA: Scholars Press, 1994.

_____. "Leave the Dead to bury their own Dead." Pp. 145-54 in *Studies in Ancient Mid-*

rash. James L. Kugel. Cambridge: Harvard University Press, 2001.

_____. "Words and Formulae in the Gospels in the Light of Hebrew and Aramaic Sources." 117-47 in *The Sermon on the Mount and its Jewish Settings*. Edited by H.-J. Becker and S. Ruzer. Paris:Gabalda, 2005.

Klawans, J. *Impurity and Sin in Ancient Judaism*. New York: Oxford University Press, 2000.

Kraeling, C. H. *The Excavation at Dura Europos, Final Report VIII, Part 1: The Synagogue*. New Haven: Yale University Press, 1979.

Levine, L. I. "The Nature and Origin of the Palestinian Synagogue reconsidered." *Journal of Biblical Literature* 115 (1996): 425-48.

Lewis, Jack P. "Jamnia After Forty Years", *Uebrew Union College Annual* 70-71 (1999-2000): 233-259.

Maccoby, H, "Jesus the Pharisee." *Jewish Quarterly* 194 (2004): 37-42.

_____. *Early Rabbinic Writings*. New York: Cambridge University Press, 1988.

Malamat, A. "Mari." *Encyclopedia Judaica* 11 (1971): 972-89.

Mason, S. "Pharisaic Dominance before 70 CE and the Gospels' Hypocrisy Charge (Matt 23:2-3)."*Harvard Theological Review* 83,4 (190): 363-81.

Meier, J. P. *Law and History in Mattew's Gospel*. Rome: Biblical Institute Press, 1976.

Millard, A. R. "The Practice of Writing in Ancient Israel, *Biblical Archaeologist* 35 (1972): 98-111. Crenshaw, J. L. "Education in Ancient Israel." *Journal of Biblical Literature* 104 (1985): 601-15.

Moore, G. F. *Judaism in the First Centuries of the Christian Era* vol.1. Peabody: Hendrickson, 1997.

Na'aman, Nadav. "The 'Conquest of Canaan' in the Book of Joshua and in History." 218-81 in *From Nomadism to Monarchy*. Edited by I. Finkelstein and N. Na'aman. Jerusalem: Yad Izhak Ben-Zvi, 1994.

Narkiss, B. *The Golden Haggadah*. Rohnert Park, CA: Pomergranate Artbooks, 1997.

Neusner, J. "The fellowship in the second Jewish commonwealth." *Harvard Theological Review* 53,3 (1960): 125-42.

_____. "The Rabbinic Traditions about the Pharisees in Modern Historiography." *Central Conference American Rabbis* 19,2 (1972): 78-108.

_____. "Pharisaic-Rabbinic Judaism: A Clarification." 50-70 in *Early Rabbinic Judaism*. Edited by Jacob Neuser. Leiden: Brill, 1975.

"Formation of Rabbinic Judaism: Yavneh (Jamnia) from A.D. 70 to 100." 3-42 in *Aufstieg und Niedergang der r ömischen Welt* II, 19.2. Edited by H. Temporinin and W. Haas. Berlin: de Gruyter, 1979.

_____. *From Politics to Piety: the Emergence of Pharisaic Judaism*. Hoboken: Ktav Publishing Press, 1979.

_____. *Invitation to the Talmud*. New York: HarperCollins Publishers, 1984.

_____. *The Midrash: An Introduction*. Northvale, N.J.: Jason Arnoson, 1994.

_____. *Halakhah and the Aggadah: Theological Perspectives.* Lanham: University Prees of America, 2001.

_____. "Prolegmenon to the Theological System That Animates the Aggadah." 107-9 in *Handbook of Rabbinic Theology: Language, System, Structure.* Leiden: Brill, 2002.

_____. *The Talmud: What it is and What it says.* Rowman & Littlefield Publishers: Lanham, 2006.

Neusner, J. and Avery-Peck, Alan J. (ed.). *Encyclopaedia of Midrash:Biblical Interpretation in Formative Judaism.* Leiden: Brill, 2005.

Oppenheimer, A. "바벨론 포로기 회당과 바벨론 탈무드 시대 회당의 역사적 연결." 147-54 in *Batei Kneset Atiqim.* Edited by A. Kasher, A. Oppenheimer and U. Rappaport. Jerusalem: Yad Itzhaq ben Zvi, 1988. (히브리어).

_____. "Rabban Gamaliel of Yabneh and his Circuits of Eretz Israel." 145-55 in *Beteen Rome and Babylon: Studies in Jewish Leadership and Society.* Edited by Nili Oppenheimer; Tübingen: Mohr Siebeck, 2005.

_____. "Contacts between Eretz Israel and Babylonia at the Turn of the Period of the *Tannim* and the *Amoraim.*" 417-32 in *Beteen Rome and Babylon: Studies in Jewish Leadership and Society.* Edited by Nili Oppenheimer; Tübingen: Mohr Siebeck, 2005.

Pawlikowski, John T. "Jesus—A Pharisee and the Christ." 174-201 in *Introductionto Jewish Christian Relations.* Edited by M. Shermis and A. E. Zannon. New York: Paulist Press, 1991.

Pixner, B. "Jesus and His Communinty: Between Essenes and Pharisees." 193-224 in *Hillel and Jesus.* Edited by J. H. Charles Worth and L. L. Johns. Minneapolis: Fortress Press, 1997.

Qimron, E. and Strugnell, J. (ed.). *Qumran Cave 4, V.* DJD 10; Oxford, 1994.

Rainey, A. F. "The Scribes at Ugarit: His Position and Influence." *Proceedings of the Israel Academy of Science and Humanities* 3 (1969): 126-47.

Rivkin, E. "Scribes, Pharisees, Lawyers, Hypocrites", *Hebrew Union College Annual* 49 (1978): 135-142.

_____. *A Hidden Revolution.* Nashville: Parthenon Press, 1978.

Rofé, A. "The Onset of Sects in Postexilic Judaism: Neglected Evidence from the Seputagint, Trio-Isaiah, Ben Sira, and Malachi." 39-49 in *The Social World of Formative Christianity and Judaism.* Edited by J. Neusner et al. Philadelphia: Fortress, 1988.

Rowley, H. H. "Melchizedek and Zadok." 461-72 in *Festschrift Alfred Bertholet.* Edited by A. Baumgartner. Tübingen: Mohr Siebeck, 1950.

_____. "Zadok and Nehushtan." *Journal of Biblical Literature* 58 (1939): 113-41.

Ryle, H. E. *The Canon of the Old Testament.* New York: Macmillan, 1892.

Safrai, S. "The Synagogue and its Worship." 46-7 in *Society and Religion in the Second Temple Period* . The World History of the Jewish People, vol.8. Tel Aviv: Masadah, 1977.

Sasson, H. H. (ed.). *A History of the Jewish People.* Cambridge, Mass.: Harvard University Press, 1976.

Schaper, J. "The Pharisees." 402-27 in *The Cambridge History of Judaism III.* Edited by W. Horbury and W. Davies and J. Sturdy. Cambridge: Cambridge University Press, 1999.

Schiffman, L. H. "Ancient Synagogue and the History of Judaism." xxvii-xxix in *Sacred Realm: The Emergence of the Synagogue in the Ancient World.* Edited by Steven Fine. Oxford: Oxford University Press, 1996.

_____. "The Pharisees and their legal traditions accounting to the Dead Sea Scrolls." *Dead Sea Discoveries* 8, 3 (2001): 262-77.

Schmandt-Besserat, D. "From Tokens to Tablets: A Re-Evaluation of the So-Called 'Numerical Tablets.'" *Visible Language* 15 (1981): 321-44.

Schwartz, D. "On Some New and Old Wine in Peter's Pentecost Speech (Acts 2)." *Studia Philonica Annual* 3 (1991): 256-71.

_____. "Jesus, early Jewish Literature and Archaeology." 177-98 in *Jesus' Jewishness: Exploring the Place of Jesus within Early Judaism.* Edited by J. H. Charlesworth. Philadelphia: American Interfaith Institute, 1991.

_____. "Scribes and Pharisee, Hypocrites: Who are the Scribes in the New Testament?" 89-101 in *Studies in the Jewish Background of Christianity.* Edited by D. Schwartz. Tübingen: Mohr Siebeck, 1992.

_____. "Introduction on the Jewish Background of Christianity." 1-26 in *Studies in the Jewish Background of Christianity.* Edited by D. Schwartz. Tübingen: Mohr Siebeck, 1992.

_____. "On Christian Study of the Zealots." 147-53 in *Studies in the Jewish Background of Christianity.* Edited by D. Schwartz. Tübingen: Mohr Siebeck, 1992.

_____. "Kingdom of Priests—a Pharaisaic Slogan?" 57-80 in *Studies in the Jewish Background of Christianity.* Edited by D. Schwartz. Tübingen: Mohr Siebeck, 1992.

_____. "Hasidim in I Maccabees 2:42?" *Scripta Classica Israelica* 13 (1994): 7-14.

_____. "MMT, Josephus and the Pharisees." 67-80 in *New Perspectives on Qumran Law and History.* Edited by J. Kampen and M. J. Bernstein. Atlanta: Scholars Press, 1996.

_____. "Hillel and Scripture: From Authority to Exegesis." 335-62 in *Hillel and Jesus: Comparative Studies of Two Major Religious Leaders.* Edited by J. H. Charlesworth and L. L. Johns. Minneapolis: Fortress Press, 1997.

_____. "Antiochus IV Ephiphanes in Jerusalem." 45-56 in *Historical Perspectives: From the Hasmonians to Bar Kokhba in Light of Dead Sea Scrolls.* Edited by D. Goodblatt, A. Pinnick and D. Schwartz. Leiden: Brill, 2001.

Shinan, A. *The World of Aggadah.* Translated by J. Glucker. Tel-Aviv: MOD Books, 1990.

Shulam, J. *A commentary of the Jewish Roots of Galatians.* Jerusalem: Academon, 2005.

_____. *A Commentary on the Jewish Roots of Acts.* Jerusalem: Academon, 2003.

_____. *A Commentary on the Jewish Roots Romans*. Baltimore: Messianic Jewish Publishers, 1997.

Sigal, P. *The Emergence of Contemporary Judaism I: The Foundation of Judaism from Biblical Origins to the Sixth Century AD* 2 vols. Pittsburgh: Pickwick, 1980.

Silberman, L. H. "Aggadah and Halakhah: Ethos and Ethics in Rabbinic Judaism." 223-33 in *The Life of covenant: The Challenge of Contemporary Judaism*. Chicago: Spertus College of Judaica Press, 1986.

Smith, M. "Zealots and Sicari, Their Origins and Relation", *Harvard Theological Review* 64 (1971): 1-19

Stern, D. *Midrash and Theory: Ancient Jewish Exegesis and Contemporary Literary Studies*. Evanton: Northwestern University, 1996.

Stern, M. "The Second Temple Period." 177-294 in *History of the Jewish People I*. Edited by H. H. Ben-Sasson. Tel Aviv: Dvir, 1969. (히브리어).

Strak, H. L. and Stemberger, G. *Introduction to the Talmud and Midrash*. Translated by M. Boc킬로미터uehl. Minneapolis: Fortress Press, 1992.

Surburg, R. F. *Introduction to the Intertestametal Period*. 김의원 역, 신구약 중간사. 서울: 기독교문서선교회, 1999.

Trautner-Kromann, H. (ed.). *From Bible to Midrash: Portrayals and Interpretative Practices*. Lund: Arcus Förlag, 2005.

Van der Horst, P. W. "Was the Synagogue a Place of Sabbath Worship before 70 CE ?" 18-43 in *Jews, Christians, and Polytheists in the Ancient Synagogue*. Edited by Steven Fine; London: Routledge, 1999.

Van Tilborg, S. *Jewish Leaders in Mattew*. Leiden: Brill, 1972.

Wigoder, G. (ed.). *The New Encyclopedia of Judaism*. New York: New York University Press, 2002.

Wilson, M. R. *Our Father Abraham: Jewish Roots of the Christian Faith*. 이진희 역. 서울: 컨콜디아사, 1995.

Zeitlin, S. "The Origin of the Synagogue." 14-26 in *The Synagogue: Studies in Origin, Archaeology and Architecture*. Edited by J. Gutmann; New York: KTAV, 1975.

국내 도서

최인식. 『유대교 산책』. 부천: 예루살렘 아카데미, 2008.